本书是由聂莉主持的 2018 年度广州市哲学社会科学"十三五"规划课题"社会化媒体环境下广州城市文化空间的符号生产与重构"（2018GZGJ82）的最终研究成果。

都市版图

多元都市文化空间的构建

江冰 聂莉 著

暨南大学出版社
JINAN UNIVERSITY PRESS

中国·广州

图书在版编目（CIP）数据

都市版图：多元都市文化空间的构建/江冰，聂莉著．—广州：暨南大学出版社，2021.9
ISBN 978 - 7 - 5668 - 3209 - 2

Ⅰ.①都… Ⅱ.①江…②聂… Ⅲ.①城市文化—研究—中国 Ⅳ.①G127

中国版本图书馆 CIP 数据核字（2021）第 164384 号

都市版图：多元都市文化空间的构建
DUSHI BANTU：DUOYUAN DUSHI WENHUA KONGJIAN DE GOUJIAN
著　者：江　冰　聂　莉
···

出 版 人：张晋升
策划编辑：晏礼庆
责任编辑：陈绪泉
责任校对：张学颖　林玉翠
责任印制：周一丹　郑玉婷

出版发行：暨南大学出版社（510630）
电　　话：总编室（8620）85221601
　　　　　营销部（8620）85225284　85228291　85228292　85226712
传　　真：（8620）85221583（办公室）　85223774（营销部）
网　　址：http：//www.jnupress.com
排　　版：广州良弓广告有限公司
印　　刷：广州一龙印刷有限公司
开　　本：787mm×1092mm　1/16
印　　张：16.75
字　　数：250 千
版　　次：2021 年 9 月第 1 版
印　　次：2021 年 9 月第 1 次
定　　价：59.80 元

（暨大版图书如有印装质量问题，请与出版社总编室联系调换）

序 在新岭南文化中发现"都市"

粤港澳大湾区，实际上给我们提供了一个重新认识岭南文化的契机。在此之前概念中的岭南文化，更多地属于一种乡土建构。其实，广东由于面向大海，使它较早就具有了对外贸易的城市品质。广州作为千年商都、海上丝绸之路的必经之路，已经在历史上构成欧洲乃至世界想象中国的最初来源。

叶曙明新著《广州传》（广东人民出版社 2020 年版）中有一个鲜明观点：海上贸易成为广州城生命力之所在，贸易兴则城运兴，贸易衰则城运衰。所以，清代"一口通商"的地位，使之一跃成为世界了解中国最重要的窗口。

这样一种历史境遇，恰好构成岭南文化中的城市形象与都市气质，以及其海洋性与世界性特征。明清以降的全球化趋势下，广州由城市进而发展到都市，呈现出更为纷纭复杂的景象，急待应对与研究。

如今粤港澳大湾区的文化建构，必须给予充分的重视。我们必须再造属于自己的文化标杆，这种文化标杆一旦停留在过去而未能适应 21 世纪，就可能延宕我们的文化建设。因为观念的落后，同样会构成另一种文化建设的障碍。

我始终坚持一个观点：粤港澳大湾区作为一个都市圈，作为一个异质文化的都市群——所谓"一个国家、两种制度、三种货币"——却有可能成为未来中国都市最具创新力之地，展现最新的观念、生活方式。简言之，就是提供新质的诸多变化中的元素。

在我看来，未来 50 年能够与粤港澳大湾区竞争的国内区域，只有以上海为龙头的"长三角一体化"。我最近在做广州市社科联的课题"江南文化和岭南文化的比较研究"，研究过程也是我对粤港澳大湾区都市文化自信心的提升过程。

当我们将"都市"作为关键词时,许多历史与当下,即刻焕发出新的意义。

比如,20世纪80—90年代的广东"文化北伐",意味着广东人的价值观与生活方式恰逢其时地成为时尚、标杆、时代先锋。广东女作家借此机遇,通过写作打开"都市通道",为"都市欲望"正名,影响全国,风靡一时。张欣、张梅小以及黄爱东西等人的"小女人散文",甚至成为都市时尚样板。

广州这座城市有五个特点:低调、务实、包容、进取;有开放、多元的文化和海洋性、咸淡水文化;尊重个人选择和个人隐私;移民城市、英雄不问出处,淡定面对成败得失;地域文化特征相当突出。理论家甚至概括了"广州四领先":市场经济领先、人生观念领先、消费观念领先、媒体传播领先。

如此文化背景下,大家尊重个性,亦尊重物质和精神,由此给作家提供了丰富的写作与精神资源,也给予广州女作家相对自由的人生选择,爱美、享受毫不顾忌,买得起房子和奢侈品甚至艺术收藏品,等等。

上述理论与现实的概括,就构成了我们研究团队最初成果《都市先锋》——以作家张欣的创作为切入点——具体研究都市文学与文化形态的学术动机。

回头看看,我与广州都市文学与都市文化研究基地的团队伙伴从"'80后'文学与新媒体文化"走向"都市研究",研究动力就源自新岭南文化的有力推动:由城市而都市,由都市群而大湾区。这也是《都市魔方》与《都市版图》的研究指向。

都市是什么?以广州为原点,以"都市"为关键词,我们一直在追寻答案。但学术未有穷期,研究还在路上。我们一直在努力。

是为序。

江 冰

2021年6月于广州

目　录

第二辑 都市书写——都市文学叙事所构建的精神空间

第三辑　都市肌理——社会生活空间中的都市文化表征

附　录

参考文献

后　记

第一辑 都市景观

——从物质到虚拟的公共文化空间嬗变与重构

社会化媒体环境下都市文化空间的建构及其意义

随着中国城市化进程的加速与都市扩容，文化成为城市综合竞争力和现代治理水平提升的内在持久驱动力，城市公共文化建设越来越受关注。近年来，发展和升级中的各级城市的公共文化空间充满活力，无论是官方的公益文化场所、经营性的文化空间，抑或文化产业园区，都在蓬勃发展。而在社交网络环境下，城市公共文化空间已不仅仅是物质性建筑或景观，网络社群是现实都市生活的镜像，网络空间成为形塑都市文化的重要场域，变化中的公共文化空间不断进行着新的意义生产，在线上线下空间与人展开互动，成为都市生活方式的一部分。重新审视城市公共文化空间的发展，需要重构其体系。

一直以来，相较于北京、上海，广州总是被主流精英文化视为"缺乏文化"之地。广州市在不断发展，人们对其城市形象的认知、书写与传播却仍停留在最传统古老的地域文化上，它所特有的都市新文化特质极少被学者所关注。

这些年，广州市大大小小的文化空间更像是讲述着城市故事的文本，有着独特的文化魅力。据说在全国文艺青年圈子中流传着这样一句话：如果去广州，可以不去其他地方，但必须去北京路的歌莉娅225空间。这些文化新现象与都市生活方式，乃至都市文化发展变迁有着怎样的关联？为什么这样一个由陈旧建筑改造的文化空间可以成功地成为年轻人膜拜的圣地？仅仅是因为其成功的建筑设计吗？为什么一个民间而非官方的旧建筑改造项目可以得到市民的高度认可？其在城市的文化版图中占据一席之地，无意中成为地方性文化的代表，它传递了什么？是如何传递的？文化空间的塑造和延展，以及在空间内的文化生产又是如何发生的？

进而，在社交网络时代，物质的空间如何向虚拟空间延伸？它们之间是对立的、区隔的还是交互的、依存的？社交关系与城市公共文化空间的互动关系是什么？社会化媒体的情感叙事与地域文化呈现及建构是否存在内在互动机制？社会化媒体内容生产与城市文化内涵生成之间有着怎样的互动效应？文化空间的塑造和延展，以及在空间内的文化生产又是如何发生的？发展中的中国城市需要构建一个怎样的、能包括网络在内的公共文化空间体系？

对于以上种种问题的思考，正是我们关于都市文化空间系列研究的缘起。

在人文社会科学领域，"文化空间"是一个常用术语，中外学者从不同的研究视角出发，存在诸多不同表述。

从理论渊源上说，20世纪70年代出现的"空间转向"（the spatial turn）是西方人文社会科学发展中的重大事件，其标志是亨利·列斐伏尔（Henri Lefebvre）的空间理论。在其1974年出版的《空间的生产》一书中，他提出了空间性与社会性、历史性相结合的"三元辩证法"，成为当代人文社会科学的内在理论视角之一。福柯（Michel Foucault）是"空间转向"的另一位领军人物，他提出了"异托邦"（heterotopia）和"他者空间"（other space）等概念，以全景敞视监狱为"纪律"的原型，探讨了现代社会中空间与知识、权力之间的互动关系，丰富了社会理论的阐释框架和视域，对后来的研究者产生了巨大的影响。

空间转向之后，对文化与空间关系的探讨进入更多学者的研究视野。人文主义地理学家段义孚指出，空间在不同文化中有不同的意念，地方是由文化长期作用于自然地理空间而来的。后现代地理学家爱德华·索雅（Edward W. Soja）在著名的"空间三部曲"中，在物质世界和精神世界的基础上，提出了"第三空间"（third space）的概念，将空间看作赋予深刻文化意义的文本，从文化的视角来解读空间，实现了文化与空间的融合。社会学家沙朗·佐京（Sharon Zukin）深入发掘了空间的文化意义，指出文化是控制城市空间的有力手段，经济和政治精英们通过控制城市公共空间来塑造公共文化。

西方的"空间转向"对中国学术界影响颇为深远，到20世纪中后期，随着全球化、城市化等问题成为研究的热点，这一思潮波及众多领域，与中国的大规模现代化、商品化、城市变迁、农村人口迁移等现实问题相结合，出现了本土化研究的趋势，我国人文社会科学研究也发生了"空间转向"，这正是全球性学科融合发展的必然结果。

国内有关文化空间研究的理论视角是多元的，主要集中在以下几个方面：

人类学视角与文化地理学视角下的文化空间，是具有文化意义的物理空间、场所、地点，它既有一定的物化形式，也有人类周期性的行为、聚会、演示及其搬演和重复。那些定期举行传统文化活动或集中展现传统文化表现形式的场所，兼具空间性、时间性、文化性。聚焦于文化区——具有相似的人类活动、传统和文化属性的空间地理区域，其研究目的在于通过空间文化特质重建文化结构以及群际关系。在数据时代，文化空间具备了空前的传播能力和大规模生产与再生产的能力，不断产生新的文化产品，并不断制造新的文化空间。

文化学与社会学视角下的文化空间，则更多的是精神空间、社会空间，或是将其看作文化在一定区域的空间表现以及在这个区域进行文化交往的表达方式；或是一种由意义符号、价值载体构成的体现意义、价值的场所、场景和景观，其关键意旨是具有核心象征性。文化空间是人及其文化赖以生存和发展的场所，包括器物、心理、精神和制度等多个维度，与文化时间一同构成文化环境；文化空间是联系人们内心世界的纽带与精神性血脉的交织，它能通过文化载体的生产进行扩张，并指出转型时代的中国需要开拓新的文化空间，实现从"单向文化空间"向"互动式双向文化空间"的转变。

而都市研究视角下的文化空间，则是物理空间与社会空间的融合，城市文化空间具有文化记载、传播、生产和消费功能，受市民普遍认同的公共空间和场所，将文化空间看作一种体现文化实践与社会空间之间相互作用关系的活态存续。

通过梳理，我们发现，关于城市文化空间的研究是多维度、多学科的交叉性研究，开放性、宽泛性和包容性是其学术传统。文化空间理论在国内的非物质文化遗产保护和民俗文化、旅游开发方面得到了较广泛的应用，尤其是城市建筑规划设计领域的设计实践。近年来，国内对城市历史文化景观价值的挖掘尤为关注，无论是来自建筑规划学、人类学还是来自文化地理学的相关研究，通常是基于物质实体的历史传承、物质形态的城市记忆的视角，最终落在城市公共文化空间营造、历史文化空间保护与活化、空间秩序建构等层面。而从城市传播、符号互动、空间叙事视角切入的相关研究极少，这为我们在传播视域下开展都市文化空间研究提供了极大的可塑性。

在物理的建筑空间之外，文化空间有着非常大的延展性，都市文化空间可以是精神（心理）空间、社会空间乃至虚拟网络空间，这也为我们的多元研究视角提供了不断深入拓展的可能性。

我们发现，都市文化空间是都市生活方式形成的场域，它的版图是多元的。都市文化空间传达的是另一种形态的都市叙事，这种叙事既有形亦无形，既有物理意义上的空间叙事，也有内在层面的精神叙事。其在物质层面至少包括作为都市景观的城市建筑等公共文化空间，在精神层面则包括作为都市书写的都市文学表达空间，以及作为都市肌理的风俗人情、市民生活模式等社会文化空间。而在网络时代，我们还需要把更多的视野延伸到虚拟的文化空间，网络文化构建了新的都市文化版图，无法回避，不容忽视。正是基于以上的基本判断，我们的研究成果集中在三个层面：一是都市文化空间如何在互联网时代从公共物理形态向网络转换，并发生互动，这部分被纳入研究的都市景观除了传统的公共文化空间，关注点更多地放在了网络空间，特别是社交媒体构建的新的网络文化空间上；二是都市文学所构建的都市精神空间；三是以都市生活模式为表征的社会文化空间。据此我们搭建了本书的研究框架，以都市版图的形式呈现。

一、都市景观——从物质到虚拟的公共文化空间嬗变与重构

（一）物质公共空间的文化符号化生产与互动

建筑空间符号传达着文化意义，当我们从传播叙事的角度来考量时，我们会发现非物质性的叙事资源与物质性的城市空间相结合，承载着深刻的城市历史文化，一个特定的叙事空间是由不同时间段所发生的多样性事件所叠加的，因此具有唯一性。它对城市文化生活的参与，除了提供了一成不变的空间景观外，是否还有另一种介入的路径与可能？作为城市文化空间标本，其传播上的意义何在？

我们以位于广州中心城区北京路上的歌莉娅225空间、太古汇的方所、1200bookshop、海珠区十香园等不同类型的公共空间为研究样本，通过深度访谈、文化影像文本分析、田野参与式观察，考察其历史、事件、空间设计、呈现与延展，深入现场体验空间文化符号的生产过程，并进行量化的受众（参与者）调查，发现：

1. 空间叙事与文化表达为城市传播开辟一个新的思路

城市的历史、故事、变迁可以通过空间来表达与传播，空间是符号、是媒介，有强大的叙事功能，且这种叙事跨越了时空本身，文化空间不是静态的，它是流动的，人在文化空间的体验、人与空间互动的过程同时也是城市的叙事过程。

2. 空间的符号化生产，通过空间文化物质重建文化结构以及群际关系

文化空间与社会群体文化之间具有相互依存的互动关系，文化空间的特质会建构特有的文化结构乃至群际关系，进而影响人们的生活方式，而生活方式也会反作用于文化空间的建构。

城市叙事空间用非物质性的叙事资源与物质性的城市空间相结合，承载着城市历史文化而被人认识，以人在空间中的心灵感受来塑造城市空间特色。一个特定的叙事空间是由不同时间段所发生的多样性事件所叠加的，复杂的符号化生产构建了城市文化空间的唯一性。

3. 文化演进过程中的标出性与翻转

传统的文化景观或遗存可以通过文化空间的重构实现传统文化标出性翻转的机制，产生新的认同，从而争夺更多的中项力量。非常多鲜活的案例表明，建筑叙事方式的改变，以及整个城市生态，包括消费生态的变化，推动着文化空间的发展，进而成为促使其文化标出性翻转的重要力量。当代城市地标式的文化空间具有典型的作为异项的标出性特征，通过标出性历史翻转完成从被压抑、排斥向被认可、膜拜的根本转变。当然，前提条件是，其在形态、意义内涵及其与时代、社会之关系上必须具有明确的前卫倾向。

（二）虚拟文化空间重构都市文化空间版图

在物理的建筑空间之外，文化空间有着非常大的延展性，都市文化空间可以是精神（心理）空间、社会空间，在移动互联网时代，其也可以延展至网络文化空间。

在移动互联网时代，都市生活中无处不在、无时不在的微信、微博、QQ成为当代都市社会的一道景观，社会化媒体构建了独特的社交网络语境，其中的符号生产、意义表达的嬗变表征着社会变迁带来的人们自我意识的转变，折射出文化，尤其是都市文化价值观的演变，呈现出丰富的文化镜像意义。在此框架下，对社交网络符号生产动态的考察具有文化研究的价值。都市文化的传播及其建构早已不再是单一传统的模式了，其维度更加多样，渠道更加丰富，传播效果当然也更为复杂与多元。无可否认，开放的互联网向我们呈现的是一个多元的文化图谱。在这个去中心化、混杂的文化生态下，很多问题需要重新梳理与审视。

"城市是文化的器皿"，一个特定的叙事空间是对城市文化生活的参与。所谓空间不仅提供一成不变的物质空间景观，在新媒体环境下还有另一种介入的路径与可能。传统与现代、时间与空间融合，空间与人互动，城市公共文化空间不断地进行着符号生产，形塑着都市人的生活方式，推动着都市文化的演进。以符号生产来审视移动互联网时代的新型城市文化空间非常有现实意义，对未来城市文化表达与文化体系构建有启发性和建设性的应用价值。

基于此，我们对移动互联网时代如何增强地域文化传播力提出主张，设计了构建都市文化空间传播体系的理论构想：搭建一个依托线下公共文化空间与线上社会化媒体的传播空间体系，由官方的权威性、社会组织的公益性、商业社交媒体的黏合性、民间自媒体的即时转发性以及个人自媒体、意见领袖的名人效应与深入性相结合，构成一个完整的移动互联时代的都市文化社会化传播体系。在这个体系的社会化传播机制下，岭南地域文化或将焕发新的生命力。

二、都市书写——都市文学叙事所构建的精神空间

文学与现实世界的不同之处在于：前者是绽放在作家心田上的奇异花朵。新闻停止的地方，正是小说的开始。由此有理由要求小说家创造更多的艺术方式，超越现实，超越套路，传达不一样的生活感受，并抵达城市精神内核与本质，这折射出一部当代中国人以城市为中心的冲突、碰撞、挣扎的心灵史。

王安忆对当下大都市人群内心的剖析，张欣对都市生活商业内部的描写，吴君对深圳城市社会结构的描写分析，石一枫对北京都市精神漂泊的讲述，所有这些站在前沿的探索尤为可贵。我们评判都市文学价值的重要标准不是短篇小说的技巧与结构，中篇小说的厚度与主题，而是其是否表达了强大的都市精神。他们是否真正"进城"，建构了城市精神？是否将都市真正彰显出来？我们期望小说家不是站在乡村写都市，而是写出真正的都市文学。因为我们在许多作品中，还没有完全看到都市生活的特质，虽然在外部形态上——咖啡厅、商业街、都市大厦、写字楼等——初步具备，但内在精神尚未完全显现。我们所期待的那种人物、情节、故事，一下子触动读者的惊心动魄的城市故事尚未出现。城市外来者的两类人——农民工与白领构成了新兴城市文学描写的主要对象。广东作为"移民"大省，打工文学蔚为大观。在这些外来人群中，始终伴随着一种"城市疼痛"：从乡村撞击城市的异乡人，到充满漂泊感的城市流浪者，尖锐呈现了从"熟人社会"到"陌生人社

会"的社会进化过程，生活目标、日常伦理、价值观等物质、精神各个层面均被不断颠覆，而在城市生存方面的艰难，又造成一种拒绝感，其间不免笼罩着人生绝望的阴影。这样一种明显的"身份拒绝"，形成"城市边缘人"进城不得、前后失据的一种彷徨心理，外来者的"身份焦虑"有增无减——所有这些在文学作品中均有真切表现。改革开放让中国的社会结构、生活方式等发生了巨大变化，这也为城市文学带来了巨大的书写空间。

三、都市肌理——社会生活空间中的都市文化表征

区域特色的生活方式是典型的文化基因，有目的地针对某个中心城市市民的生活习惯和方式进行系统的梳理、调查和回溯观察，是留存这个城市文化基因库的基础工作，也是充分了解之后引领发展的底蕴和启示。

通过对都市与生活方式的观察，我们认为，衣食住行等生活方式是都市文化的表征，构成了丰富的社会生活空间，无数的细节、习俗和仪式组成了都市的肌理。

广州身为千年商都，其餐饮文化中除了蜚声中外的饮早茶外，商务宴请及居民宴席的文化习俗亦积淀深厚。广州是商贸平台的中心和繁华地，虽随着岁月一起或缓或急地向前流淌，这里的居民们却有意无意地固守和传承着有自己节奏的生活方式，或者说仪式感。

那是一整套的价值观和具体到每个操作细节的生活仪式。这种细节甚至涵括、累积了此地居民们对一蔬一饭滋味达成的共识和标准，在看似平常的每个时刻，人们都有机会领略到，似乎有小型的幸福刚刚从自己身边路过。此地居民埋头过日子，心无旁骛，甚至让你恍惚觉得所有的文化，都是为了让如此密不透风、太过实在的凡俗生活更加滋润，才衍生出来的锦上添花和褒奖。

在这个历史悠久、城间烟火气息浓郁的城市繁华地，某种对人生和生活的选择，以及具体实施的所有日常细节、态度和传承，就是文化。乍看是水银泻地，不知如何提纲挈领，实际上一直蕴含着脚踏实地的平静和安然专注

的生活态度，根深蒂固地贯穿其中、囊括所有。这是种铁了心拿定主意，要全盘仔细过好每餐、每天、每月、每年的态度和文化。

由于历史渊源和所处地理环境，此地相当多的居民成了资深小康生活的"科代表"。如果说，人间幸福有着不同的达成模式，那么我们所观察注视的"广式幸福体系模式"，无疑是当地人们世代累积而成的。

四、都市版图的突破与意义

关于城市文化空间的研究是多维度、多学科的交叉研究，开放性、宽泛性和包容性是其学术传统。而从城市传播、符号互动、空间叙事视角切入的相关研究极少。因此，我们在传播视域下开展都市文化空间研究具有很大的延展空间。

成果的学术价值主要体现在两个层面：过往的空间叙事理论研究多是针对文学文本、视觉图像等介质，没有进入都市文化空间的范畴；过往的文化符号理论关注的仍旧是基于历史的文化符号与基于文本的文化符号。因此，本研究所关注的都市文化空间叙事以及都市文化空间符号的文化表达与互动，突破了相关理论研究的边界，既是空间叙事理论在都市文化研究的延伸，也是文化符号理论在都市文化研究的拓展，具有一定的理论价值。

我们所进行的多元广州文化空间形态的现状描述，为广州都市文化相关研究提供宝贵的基础，对传统文化之外的新型都市文化与新城市精神的梳理，以及广州城市形象、品牌的形成与实践有一定的参考价值。传播视域下的都市文化空间叙事对未来广州都市文化的表达与构建有启发性和建设性的价值。

我们的成果以开阔的研究视角展开，以新涌现出的现象级新都市文化空间为研究对象，在物理的建筑空间之外，深入都市文学文本的精神空间，延展至虚拟公共文化空间，以新型空间的文化生产与文化符号互动为主要研究点，同时涉及都市时尚文化人群与新城市精神，突破了以往偏重传统地域文化的城市文化研究格局。

我们的研究运用了跨学科的理论资源，包括传播学、人类学，以符号生产、空间叙事为理论阐释框架，增强了都市研究的丰富性和多样性。

本书在研究方法上借鉴人类学的田野调查，通过线上线下田野作业的质化研究与个案的实证调查，研究者以参与者身份进入现场，参与城市文化空间的文化符号生产过程，使研究更加深入。

另一种城市叙事：传播视域下的文化空间研究

——以广州歌莉娅 225 空间为个案

骑楼一直以来都是岭南建筑文化的代表，亦是广州作为岭南文化发祥地的城市名片。老骑楼作为南中国所独有的集商业、居住、人行交通、休憩、娱乐为一体的混合型建筑，是传统意义上的多功能市民生活空间、商业空间或公共空间。近年来，挖掘其历史文化景观价值的研究日益兴起，但通常是基于物质实体历史传承、物质形态的城市记忆将其纳入研究视野的。过往的对老骑楼的相关城市研究，基本来自建筑规划学、历史学、人类学，也有一些文化研究，但最终还是落在城市公共文化空间的营造、历史文化空间保护与活化、空间秩序建构等层面。

正如刘易斯·芒福德所说，"城市是文化的器皿"，建筑空间符号在传达着文化意义。当我们从传播叙事的角度来考量，我们会发现非物质性的叙事资源与物质性的城市空间相结合，承载着深刻的城市历史文化，一个特定的叙事空间是由不同时间段所发生的多样性事件所叠加的，因此具有唯一性。它对城市文化生活的参与，除提供了一成不变的空间景观外，是否还有另一种介入的路径与可能？作为城市文化空间标本，其传播上的意义何在？

位于广州中心城区北京路上的歌莉娅 225 空间是一个非常有价值的研究样本。广州老城区繁华腹地之中的北京路 225 号，是一栋近 70 年的精巧的老式骑楼，原是华侨的私人物业，后由女装时尚品牌歌莉娅接手，出资将其重新设计改造（原设想的是改造成品牌文化概念店，但实际上成为非营利的文化展示空间）。2009 年 6 月，歌莉娅 225 空间正式开幕，这栋由广州传统老骑楼改建而成的五层建筑融合了时尚花店、艺术展览、文艺二手书店、主题旅行空间、顶层骑楼民宿等商业与艺术场域，经过 8 年的发展，成了颇具影响力的广州时尚文化地标。

歌莉娅 225 空间将古老的建筑元素与时尚、艺术、旅行共冶一炉，运营者延伸出衣食住行的面向，在花店、展览、旅行空间的基础上，纳入骑楼民宿体验及西式素食主张等时尚生活方式，是一个颇具时代精神的整体复合概念空间。

一楼偌大的玻璃温室阳光花园 GLORIA fleuriste 以法式自然花艺为核心，提供精致的日常花束、节日及活动花植装置设计，自然主义的花园之中，来自世界各地的进口花材为老城区的喧闹街头增添了一份浪漫与超现实感。二楼的 GLORIA travel 是迷你的多维度旅行展示空间，面积达几十平方米，呈现环球旅行文化、花艺与设计、古本阅读书籍，并以艺术情境展的方式，打造呈现当季旅行地及文化的旅行主题，让访者身临其境地感受"旅行就是活出美丽"的品牌主张；这里还以自助卖书的形式，持续分享书籍的阅读与社交乐趣，这里会不定期地举行小型的书籍主题展览，有如隐秘的地下阅读俱乐部。三楼的 GLORIA space 是白色敞开的展览空间，这里是帮助女性实现艺术梦想的展览平台，更是广州每年度文化盛会"广州书墟"的主场，至今已举办超过 60 场展览及文艺活动，是广州最为活跃的公益艺术空间之一。四楼的 GLORIA vegetables 是以澳洲袋鼠岛为主题的西式素食餐厅，将袋鼠岛众多艺术家原作及岛产特色食材、岛屿植物编织成一个精致的美食空间，由法餐大厨 Chris 主理，秉持"从农场到餐桌"的新饮食理念，由歌莉娅 225 从化有机生态基地直供新鲜的本土食材，辅以袋鼠岛特产的进口调料、果酱、葡萄酒等绿色食材，配合法式烹饪手法与精致摆盘，让素食色香味兼具，在广州这个美食之都，推动都市族群的饮食文化革新。五楼的 GLORIA dreams 最具创意，这里设计了独有一套的民宿体验空间，在这一房一厅的开放式民宿中，身处其中可独拥绿植茂盛的户外花园及顶楼花园，并可尊享到由艺术家夫妇梁洛文和张小川为歌莉娅 225 空间打造的"蚁泉"主题户外艺术装置。在最传统的骑楼之上吸收了设计酒店关于舒适环境及美感的理念，以岭南特色与西洋风家居设计为混搭风格，在保持 Airbnb 的本地化浸入氛围的同时，又能提供贴心、周到的服务，让人在千年广府城央入梦。

可以说，歌莉娅225空间的每一个空间都独具特色，层次丰富、细节迷人。它不仅仅是一栋有历史的建筑或景观，它活色生香，不断进行着新的空间生产，展开着空间与人的互动，传统与时尚、时间与空间相融合，它更像是讲述着与发生着城市故事的文本。

从歌莉娅225空间的设计与再造过程中的叙事设计理念与思想入手，通过深度访谈、文化影像文本分析、田野参与式观察，考察其历史、事件、空间设计、呈现与延展，深入现场体验空间文化符号的生产过程，并进行量化的受众（参与者）调查，我们有以下研究发现。

一、空间的叙事与文化表达为城市传播开辟一个新的思路

从空间尺度与体验的互动角度来理解建筑的叙事性，既是当代非常重要的建筑设计思维方式，也是一个全新的城市传播理念。空间叙事学源自以历史学、文学等社会科学理论为基础的叙事学；在人文科学空间转型之际，被引入城市地理研究中，城市公共空间与人们的情感体验紧密联系，必须唤起场所认同感，增强参与性，这已成为当代设计师关注的热点，引介"叙事"这一概念，从语汇、结构、表达媒介三个方面入手，将叙事手法引入空间设计，融合表达与空间，成为当代城市建筑规划新的设计方法或者哲学。那么，如果换个角度，我们可以理解为城市的历史、故事、变迁可以通过空间来表达与传播，空间是符号、是媒介，有强大的叙事功能，而文化空间不是静态的，它是流动的，文化空间的体验与互动过程同时也是城市的叙事过程。

二、空间的符号化生产，通过空间文化物质重建文化结构以及群际关系

文化在空间里呈现，空间是文化的容器，两者的共融产生了以文化承载

为主题的空间形式。然而，这种空间的内涵由空间里的人来决定，没有人的空间是死空间，有了人的空间才会有文化的鲜活力。这又使得空间里的人必然会因空间里的文化而产生符号性互动，最终建构起某种社会群体性文化。因此，文化空间与社会群体文化之间是一种互动关系，文化空间的特质会建构特有的文化结构乃至群际关系，进而影响人们的生活方式，而生活方式也会反作用于文化空间的建构。

城市叙事空间传承着城市文化、影响着人们情感。营造良好的城市叙事空间，可以满足人们对城市空间日益增长的情感需求。人们认知城市叙事空间有三个途径：时间、空间、多样性事件，而城市多样性事件与现实空间的有机结合是城市叙事空间营造的重点。城市叙事空间是编辑、组织城市重点地段历时发生的多样性城市事件后而形成的，是一种多样性城市事件在同一空间或相邻空间共时性聚群的现象，是一种具有易认知性、会讲故事的空间，会使该区域的人群或外来的观察者对空间中所发生的不同时期的多样性城市事件及其事件空间形成深刻的空间认知意象。简而言之，叙事空间是用非物质性的叙事资源与物质性的城市空间相结合，承载着城市历史文化而被人认识，以人在空间中的心灵感受来塑造城市空间特色。由此可见，一个特定的叙事空间是由不同时间段所发生的多样性事件所叠加的，因此具有唯一性。

三、文化演进过程中的标出性与翻转

一栋陈旧的骑楼作为过往岭南文化的历史印记，通常的逻辑是作为历史文物或者城市记忆怀旧景观保存（事实上也是大多城市历史建筑的出路），歌莉娅225空间却"古老变时兴"，成为"90后"膜拜的文化时尚之地，体现了显著的文化演进中的标出性。传统文化与现代都市文化，特别是与大众文化之间的不对称带来的标出性，会随着文化发展而变化：文化的发展，就是标出性变化的历史。在中国现代城市发展的初期，时尚的、新生的、西化的文化是标出的，随着现代化国际化城市的兴起，传统文化成为标出项，大众文化盛行，实现翻转，而当代文化超熟发展进入所谓"后现代"的当下，可以看到长期处于边缘地位的传统文化的标出项有可能再度翻转，造成文化的再次否定变迁。

通过文化空间的重构实现传统文化标出性翻转的机制，产生认同，从而争夺更多的中项力量。建筑叙事方式的改变，以及整个城市生态包括消费生态的变化，则推动着文化空间的发展，进而成为促使其文化标出性翻转的重要力量。由此，像文化空间这类当代城市地标具有典型的作为异项的标出性特征，通过标出性历史翻转完成从被压抑、排斥向被认、可膜拜的根本转变，其前提条件就是，其在形态、意义内涵及其与时代、社会之关系上有明确的前卫倾向。

当我们把对文化空间个案的考察放在传播的视域下，当我们以城市空间叙事、符号互动、文化符号标出为分析的理论框架时，发现了另一种城市叙事的可能，开启了另一片城市文化研究的天地。

城中央，一盏灯

十几年前，闲时我喜欢去广州购书中心的六楼，在密集的卖教辅、各类考试书籍的格子小书店群里藏着一家不起眼的"必得书店"，这里有非常小众的人文书，特别是杂志，时不时还能觅得一些很棒的港台版书。

必得书店走的是高冷文艺的路子，店主是一位师奶，常驻的两个店员也都是中年妇女，很是亲和，却又个性鲜明，不媚俗，有料、低调、不做作，令人觉得"很广州"。还有学而优书店，那里人文社科类的书多，能找到很专业的学术书，格局是我喜欢的知识分子气息。中山大学旁的学而优书店，这些年来，学术味儿越发浓厚，就着中山大学这个好平台，常常有很棒的学术沙龙，一时间"谈笑有鸿儒，往来无白丁"，倒也热闹。

那时书店就真的是卖书，因为纸质读物不像今天这么尴尬，那是南"先锋"、北"万圣"、独立书店的黄金时代，即使在据说是"文化沙漠"的广州，还是有着忠诚如我等的顾客。

当然，也曾附庸风雅地逛过开在广州美院里的博尔赫斯书店，到华乐路上的唐宁喝过咖啡，好像很文艺的样子，其实装的成分更多些。真正为了书而去的还是必得和学而优书店。

有那么几年，因为亚马逊、当当把实体书店压得无力招架，书店凋敝，在夹缝中求生存。后来，北京路开了联合书店，一如步行街的气质，商业味比较浓，卖的文创产品多过书籍，书的种类也都是生活、时尚、畅销类，毕竟要在这样的环境下生存，不可能"只求阳春白雪，不食人间烟火"。

再后来，太古汇的方所成为城中热点，在高档商业中心将近两千平方米空间的铺排，很是大手笔，开创了商业地产与独立书店合作的成功商业模式。方所创始人毛继鸿正是例外（EXCEPTION de MIXMIND）的创始人兼董事长，他是有品质、有情怀的商人。方所集书籍、服饰、生活美学产品、咖啡、展览及文化讲堂于一体的复合业态书店经营模式，很快被行内复制与推广。不久，对面万菱汇进驻了"过江龙"西西弗书店，形成对峙局面，唐宁也搬到了高净值人群聚集的珠江新城，连老牌的广州购书中心都改变了布局与经营理念……于是，好像"没有一点点防备"，一直遭到唱衰、几近被宣判死亡的实体书店，突然又活了过来，以新的姿态复兴了。

当资本向风雅致敬，书店迎来了春天。高品质的文化空间为商业带来了颇具消费潜力的人群，提升了层次。而商业资本的介入让书店运营少了后顾之忧，双赢，这是好事儿。

而1200bookshop的出现，让人发现，实际上书店已不是书店，阅读固然还是表面上的主角，但通常人们的"醉翁之意不在酒"，以阅读的名义，寻一个温暖的、安心的、有故事的处所，求得每一个疲惫都市人内心渴望的心灵栖息地。

24小时不打烊书店不是行为艺术，书店主人刘二囍从偶遇的从东北走到广州的驴友的故事里受到启发，请来自己的朋友、书店里装有满肚子故事的顾客，在城市的深夜开讲自己的经历，这个环节慢慢变成1200bookshop最具特色的深夜故事活动。讲演的人不是明星、名人，在这里，深夜的主角可能是保安，是独立舞者，是骑单车环游世界的学生，甚至是以书店为家的流浪儿童、流浪汉。深夜故事从一开始就很受欢迎，高朋满座，不断有读者为广州城里这盏深夜不灭的灯慕名而来，我们有多久没有经历过秉烛夜谈或深夜聚谈了？这本身已是很可贵与美好。有了这盏灯，书店开始变成一种新型的空间，陌生人之间重拾了互动、交流，每个人在其中都获得了地位对等的平等感、发自内心的尊重感，这也许是比如今大部分关系更弥足珍贵的情感联结吧，因为不为所求，只为内心的情感与精神需要。

前些日子，我去参加了一家新开书屋的活动，三乐文创开在番禺区的保利大都汇，是一栋让人惊艳的三层书店。整个书店以"空间美学"为设计理念，整体布局充满文艺美感和空间艺术气息，书屋的名字实在是委屈了它"奢侈"的规模。当然，它走的也是商业地产资本与文化创意合作的路子，但运营者的理念似乎又向前进了一步，倡导将空间美学融入社区，更关注文创与社区群体的互动。

我以为他深得日本著名独立书店 COW BOOKS 创始人松浦先生的真传：书店的意义不只是卖书，最重要的是跟周围产生关联，努力成为社区所需要的分子，让自身具有社会性。

是啊，谁会想到，原本读书人买书的所在会一步步走到今天呢？

都市文化空间不仅仅是简单的建筑或景观，它活色生香，不断地在进行着新的空间生产，展开着空间与人的互动，成为都市人的生活方式的一部分。在都市文化空间中，传统与现代、时间与空间融合，空间与人互动，在空间生产中形塑着都市时尚与市民行为模式，乃至都市人生活方式，推动都市文化的演进发展。它是连接、是符号、是叙事，更是为匆忙焦虑、彷徨浮躁的都市芸芸众生点燃的一盏暖色的灯。

城深不知处

有历史的城有故事，故事留下痕迹，城市便是由这无数的痕迹组成的。看似平淡无奇，因着时光印证，实是无价之宝。它就在我们身边，不应仅成为追忆，更可变为日常。

广州城历史可以追溯到公元前887年的楚庭，一座近3000年历史的古城，至今繁华熙攘，北上广深也只有她了。这是我深爱她的原因。一想到我每天出出入入的芳草街，早在秦汉"赵佗城"时代就处在城周十里范围内（赵佗城位置东起农讲所、芳草街附近，西至教育路华宁里，南自西湖路禺山市场，北达越华路），总会小小激动。我生活着的空间和脚下的这片土地令我自豪。奇特的是，我却极少听到身边地地道道的广州人表达过这种激动，是因为他们无视这厚重还是早已习以为常？以我几十年的观察，试着这样理解：自豪与骄傲化在了骨子里，演化成岭南人自得其乐、笃定平和的强大内心。不夸不炫，它就在那里，任谁也拿不去带不走，重要的不是过去而是当下，幸福与底蕴不是"晒"出来的，而是"过"出来的。

我可没有那么淡定，我激动着，我爱隐匿在这城中的那些珍宝。每发现一处宝地，总是忍不住想起一句广州老话——真喺禾草襟（盖）珍珠。近日游历十香园亦如此，一路走一路问人，竟十问九不知，唯一一位晓得的阿嫲却说不清，最后还是靠手机导航给我指了路。

海珠区江南大道中转入内巷，有一条长长的河涌，据说叫马涌，沿河涌一路向北走，两岸绿树成荫，只可惜了河涌的味道不佳（广州河涌整治真的是任重而道远），但依稀能够想象当年清清河涌边的美景。涌上数十米便有一座桥，到隔山村社区，远远便见一处青砖园子，门廊上书"隔山祖祠"，十香园到了。

不起眼的庭院大有乾坤，始建于1856年的院落，是岭南画派鼻祖、晚清画家居巢、居廉兄弟的故居，也是居廉开馆授徒、开近代广东美术教育先河之地，从这里走出大批后来的岭南画派大家，入门弟子高剑父、高奇峰、陈树人被称为"岭南三杰"，也是其中最负盛名的代表，十香园乃当之无愧的岭南画派宗祠。

园子是典型的岭南民居的庭院式建筑，据说是仿东莞可园格局，古朴而雅致，因栽种瑞香、素馨、鹰爪、茉莉、夜合、珠兰、白兰、含笑、夜来香和鱼子兰等数十种香花而得名，工于花鸟的二居，种花并非仅为观赏，更是为他们写生入画所需。每当花开时节香飘十里，奇石点缀，桥涵待月，甚是风雅。

园子不大，今夕庵是堂兄居巢的居所画室，啸月琴馆里住着堂弟居廉，紫梨花馆则是居廉授徒作画所在地，馆前有一株紫藤，门旁一木匾有对联"月在凝枝梢上，人行末丽花间"，真是诗情画意之所在。

二居的花鸟画属小写意，尺幅都不大，有着鲜明的岭南地域特征，以岭南风物入画，重写生，创"撞粉""撞水"技法，独树一帜，也奠定了岭南画派的创新传统。啸月琴馆里展示了岭南三杰的高仿画作，虽继承居氏画风，却又各具特色，融合了日本绘画元素，兼容并蓄，至此，结合中西、融汇古今的岭南画派已成型。特别是高奇峰的画作，水墨渲染尤为大胆，别出一格，画风刚劲，只可惜英年早逝。陈树人既是居廉弟子，又是居家的女婿，其故居就在十香园旁，也是佳谈。

观后叹息，深藏静巷的无价之宝，尽管历时数年被修缮复原维护，政府设作纪念馆完善管理，但实在是太过低调。试问有多少广州人知道？更不要说外地人知晓。一座3 000年的城，让人记住的为何总是寥寥？岭南文化中最可书写铭记的岭南画派，影响深远、薪火相传，且至今生机勃勃。这十香园，我看其在史学、美学乃至文化层面都是瑰宝，就在城中、就在身边、就在眼前，相见恨晚，可惜可惜……

河北的一张床与河南的一间房

　　老广州都知道一句老话，叫"宁要河北一张床，不要河南一间房"，河南河北的说法令外地人迷惑，这个河实际上指的是珠江，旧时珠江两岸来往不便，桥少，需摆渡，江北的荔湾、越秀、东山是广州城政治、经济、文化的中心，商业繁华之地，江南是今日的海珠，聚集着最底层的劳苦大众，众多的疍家（以船为家的渔民、水上人家）安置在此，大片的农田荒地未开发，后来开办了很多有污染的工厂。这实际上与沪上的"宁要浦西一张床，不要浦东一间房"是一个逻辑，偌大的广州城，却也有着很大的地域差异，这差异主要来自经济发展的不均衡，当然也有区间的文化差异。如果说当年的老广州看不上"河南"的穷人，那么当下广州海珠区早已大开发，繁华便利，寸土寸金，是不是没有地域歧视这一说了呢？好像是，但又显然不是。

　　东扩南拓的广州在版图变化上可用日新月异来形容，核心中轴线在几十年间也向东移了好几轮，西关小姐、东山少爷的说辞早已成追忆。天河、番禺、南沙、海珠、芳村、广佛边界……都是后起之秀，应该说，比起河南河北的二元对立，地域之分变得越发复杂与扑朔迷离起来。

　　前段时间，一篇《京城地域歧视指南》的文章被刷屏，作者白描了帝都西城的"金融民工"、北城的"互联网码农"与东城的"传媒之花"，当然在因拆迁而拥有数套房产的南城土豪面前，一切都弱爆了。文章虽为调侃，却道破了伴随时代变换、产业演进的城市变迁的肌理。文中说："上海的地域歧视是圆的，以人民广场为圆心，黄埔、静安为半径，一层一层画同心圆，离圆心越远，被歧视程度越深。北京的地域歧视是方的，有棱有角，线条分明，言必称东南西北。"就此仔细想想,广州的所谓地域歧视板块还真有些无章法,很有点状分布的态势。

随着城市东移,河北老城区不复昔日荣光,人口老化,现代气息不足,但也不至凋零,自有它历史文化的优势,特别是在教育上。教育是需要时间积淀的,十年可以从农田上崛起一座珠江新城,但速成不了一所百年老校。广州中小学名校高度集中在老东山与越秀,在北京的学区房炒上天的当下,广州虽说还算克制,但也是能与本城新贵拼一下的。而老东山新河浦一带、农林路一带隐匿着许多有根基的人家,从祖上传下来的深宅大院甚是低调,大隐隐于市。然而,即使是东山、越秀,其环境也是复杂而多样的。比如越秀,以越秀中路为界,过了大东门靠东往较场东,迎面而来的是浓浓的市井气息,而大东门以西往番禺学宫(今农讲所)至文德路,书院遗迹、南越王宫遗址、文房四宝,文化氛围更浓,文德路至北京路区域则商业味十足。盖因这大东门是千年古城的东城门,古时出了此门便是郊野,现较场东路是古时城门外的刑场,现中山三路一带多做棺材殓葬生意,三教九流聚集。而另一边的西关,出了西门口的十三行盛景不再,但商业传统遗存仍浓,各类专业市场、小商品集市云集。历史真是神奇,千百年过去了,有些特质就是这么顽强地传承了下来。也正因着广州城区在不断扩张的过程中,最初并未能连成一片,东山与天河间隔着个杨箕村,天河与海珠间隔着个猎德村⋯⋯遂形成一些相对分割的点状的核心区,自成体系。加上特殊的地理环境,珠江两岸、白云山系边麓自然形成区间的核心带,也就造就了广州东西南北各有长短、多元的、去中心化的复杂景象。

当然,如今最风光的当属城中新贵板块,以花城广场、小蛮腰(广州塔)为中轴线,珠江新城 CBD 无疑汇聚了最高大上的企业、机构与人群,光鲜亮丽、豪气冲天、名盘林立,我亲眼见证它十年间拔地而起的奇迹,感叹之余也有些忧虑,我常在珠江新城迷路,它的路名和格局实在是带着深深的"大干快上"的简单粗暴。可喜的是,猎德村的土豪们显然比京城南城的土豪们更硬气,除了有很多套房,他们毕竟身处新板块,未被隔绝,融为一体。

地铁是串起各个核心带的便利交通工具，连接起了番禺、南沙等区，往西至佛山，往北至花都、从化，往东至增城。城外的郊区别墅，成为有钱人度假时的新去处，隐而不彰。

于是，我们看到的广州城，年轻人奋斗在东城，老年人留守在老城，外来人打拼在全城，成功者驻扎在新城，当下是珠江新城，未来还有更新的城。珠江已不是屏障，地域也无所谓高下，放却不安与充满幻灭的焦虑，你有你的一间房，我有我的一张床，各自相安，没什么好纠结的。

岭南地域文化的社会化媒体传播实践与思考

随着媒介环境的变化，特别是移动互联网发展的当下，地域文化的传播及其形象的建构早已不再是单一且传统的模式了，其维度更加多元，渠道更加丰富，传播效果当然也更为复杂与多样，而这其中，社会化媒体在文化传播中越来越成为不可忽视的力量。过往的关于地域文化传播实践的研究集中于传统媒体领域，如新闻出版、广播电视等对地域文化的呈现与建构，而关于新媒体传播内容的研究则鲜有特别针对地域文化的。由此，从学理上探讨新的传播生态下社会化媒体对岭南地域文化传播之适用性、现状、互动机理，分析其发展的趋势与可能，对推动本土地域文化发展、促进本土文化体系的建设而言，无疑具有现实的价值与意义。

一、社会化媒体对岭南地域文化传播的适用性

社会化媒体（social media），又译为社交媒体，指一系列建立在 Web 2.0 的技术和意识形态基础上，允许用户自己生产内容的创造和交流的网络应用。[①] 在社交媒体平台上，内容与应用不再简单地由个体创造和发布，而是经由参与、协作的方式，持续不断地被所有用户改动和调整，由此产生了 Web 2.0 时代特有的参与、公开、对话的特性。从早期 BBS 时代的天涯、猫扑，到后来出现的视频分享、SNS 社区、问答、百科，以及微博、微信等微信息

---

① KAPAN, ANDREAS M. and HAENLEIN, MICHAEL. Users of the world, unite! The challenges and opportunities of social media. Business horizons, 2019, 53（1）: pp. 59 – 68.

社交，乃至当下基于强联系、小圈社交概念，共同兴趣细分需求的垂直社交网络应用，社交媒体仍在不断地进化与发展，并已成为现代人社区生活中不可或缺的一部分。特别是随着移动互联网的发展，微信息社交产品逐渐与位置服务（LBS 技术）等移动特性相结合，微信等移动客户端产品极速发展，在 SoLoMo（即社交＋本地化＋移动）时代，社交功能逐渐成为互联网产品的标配，甚至已经无法准确区分社交产品的范围。

社交媒体印证了人际联系网"六度分隔理论"（six degrees of separation）[①]的有效性：任何两个素不相识的人之间，通过一定的中介方式，总能够产生必然联系，并由此形成社会性网络（social network），人们关注朋友、熟人和家人的生活，进入社会性网络的人呈几何级数增长。商业机构试图开掘其中的商业价值，这样的网络可以用来向有着相似偏好的人们进行消费推荐。同样地，社会性网络的价值对文化传播而言，特别是为原本受制于地域局限的本土文化传播带来了更广阔的空间与更多的可能。

（一）地缘、社交关系与地域文化

地域文化在传播过程中有两个最为关键的核心：一是地缘关系与情感认同，以地理位置为联结纽带，由于在一定的地理范围内共同生活、活动而交往产生的人际关系。如同乡关系、邻里关系，故土观念、乡亲观念就是这种关系的反映。由共同地理空间带来的强烈的情感共鸣与身份认同是地域文化传播的重要基础。二是社交关系与固有圈层，由特定社交关系而形成的固有圈层是地域文化传播的重要场域。

---

① WATTS, DUNCAN J. Six degrees: the science of a connected age. New York: Norton, 2003.

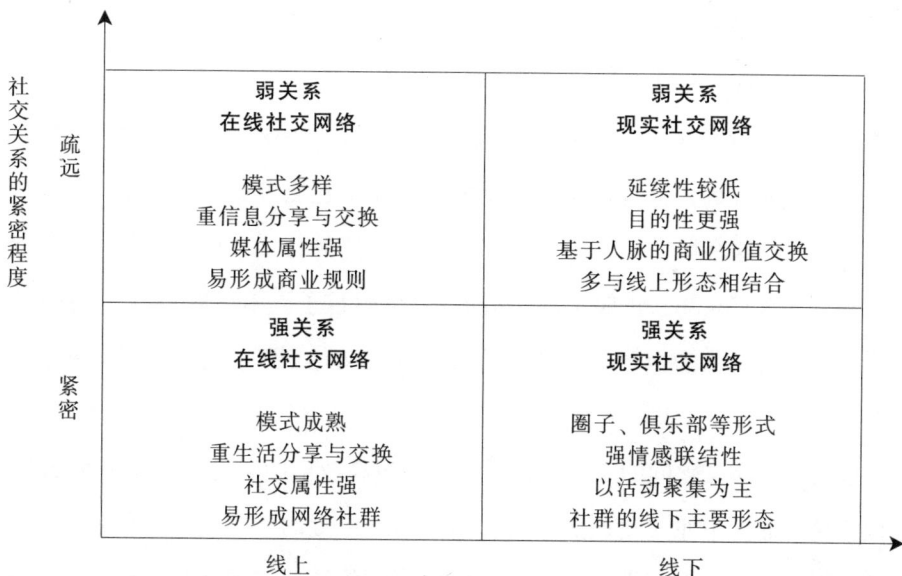

社交关系模式矩阵图①

从上图可见，在社交关系与社交渠道两个维度上，可以将社交网络分为四种主要的发展模式。其中，强关系的社交网络以更强的联结性和社交属性为特点，更易形成社群形态，从而基于社群的特征和成员兴趣形成线上与线下的互动；弱关系的社交网络则具有更强的媒体属性，通过信息分享与商业价值的交换，获得更多有用的内容，从而满足用户的需求。弱关系的社交网络也可以向O2O的形态拓展，形成场景化的商业价值变现。而线上与线下的不同渠道则为社交网络提供了不同的沟通交流方式，在移动互联网逐渐成熟的今天，二者之间往往具有关联性。

由此，无论线上线下，不管是基于强关系的社交网络社群、圈子，还是基于弱关系的更偏向于媒体属性的内容分享社交网络，均与地域文化传播的两个核心高度对应：基于地缘关系的情感认同与基于社交关系的地域圈层。

---

① 艾瑞咨询：《2016年中国移动社交系列研究报告——产业篇》。

（二） 跨文化传播、身份认同与社交媒体间的耦合

岭南文化资源非常丰富，如近代岭南建筑园林、广东音乐、岭南派书画、南粤文学以及岭南美食、民俗、名人等，广州更是一座颇具地域特色之城：既有千年传统历练，又有百年洋风熏陶，文化底色复杂，内涵丰富。岭南文化，乃至广州这座城市，具有不是那么容易说清的特质，而粤人似乎对说清楚也并不那么有兴趣，正应了那句俗语："会生孩子，不会取名字。"怎么把这些宝贵的财富化为全球化的文化符号，进行文化创新，进而有效传播，这是个难题。

同时，异质文化间的交流与传播是需要极高技巧的，岭南文化更是如此，岭南文化与北方中原文化迥然不同，由于地理位置的遥远和方言的隔膜，加之意识形态上自古就有平视正统、对峙中原的传统，与湖湘赣文化自古忠于中原、维护正统的文化姿态是完全不一样的。不要说走出国门，就是走出省门都要考虑如何消解文化差异的问题。实际上在传统媒体的地域文化传播方面，确实一直存在着"经济大省、文化小省"的劣势。即使是广州电视台的粤语节目也是自说自话、自娱自乐而已，没能够在跨文化传播上发挥应有的作用。[①]

文化身份认同体现着人的相互依赖、渴望精神与情感有所归依的本性，文化身份的意义不是现在的给予，而是在文化竞争中的勾连，因此岭南文化需要表达的传播意愿格外地迫切，岭南本土文化急切需要被描述、被传播、被理解、被认同。

可以说，岭南文化在对外跨文化传播中遭遇的是情感认知与体验、文化差异与长期形成的文化弱势带来的困境。过往缺乏体验、互动与中心化的传统媒体的传播方式，其消解文化差异、获得文化认同的效果非常有限。移动互联网时代，社交的价值核心聚焦于基于内容的用户情感联结与多维数据，

---

① 聂莉：《破解跨文化传播中的语言悖论——以"推普废粤"之争为例》，《前沿》2014 年第 8 期。

这对于文化传播尤其是跨文化传播的价值是非常大的。

首先是内容，在社交媒体平台上的内容生产方包括专业的媒体、公关机构、网络红人、KOL（Key Opinion Leader）、大 V，甚至粉丝及普通用户，概括来说就是所谓 PGC（专业生产内容）与 UGC（用户生产内容），在社交媒体平台上用户通过各种技术手段对初始信息进行评论、讨论、解读、扩展、改编甚至颠覆，用户参与了对信息的再创造与 N 次加工，并产生相应的认知反馈，这个过程是传统固化的中心化的传播手段根本无法比拟的，[①] 因此社会化媒体承载的内容是多元丰富的，充满包容性；其次是情感联结与互动，用户在选择社交平台时，受到社交关系链的影响较大，转移平台的成本较高，因此生产者的社交关系深度影响内容的传播力，这些特质与文化传播中的文化感知、个人体验、身份认同相耦合；最后是社交媒体所形成的社会性网络，使文化推广行动的快速实现有了广阔的社会基础。可以说，社交媒体平台与之形成的社交性网络，为破解岭南文化的跨文化传播困境提供了新的可能与方向。

二、岭南地域文化的社会化媒体传播路径与建构方式

在当下的新媒体环境下，至少有以下一些有效的社会化传播路径，自觉或不自觉对岭南地域文化进行着各种方式的形塑与建构。

（一）官方自媒体的"文化推广"

各级地方政府、官方文化组织、官方旅游管理机构等有着非常明确的"文化推广"的政绩动机或行政自觉，在当下的新媒体环境下，也都普遍意识到社交媒体传播的巨大作用，在原有官方网站的基础上，各机构近年来都开办了官方微博、微信平台，注重社交媒体上地方文化的宣传。但在形式上往往把网站内容移植到"两微一端"上，多数仍是一些基本的资讯、相关电子

---

① 聂伟：《新媒体语境下城市文化传播方式创新研究——以郑州为例》，《新闻知识》2015 年第 1 期。

政务、咨询的内容，与社交媒体可承载的交互性、多元性内容文本相去甚远，缺乏整体的策划与针对性，更新也比较慢。

可以说，当下的官方自媒体的形态是具备了，但作用还没有发挥出来，仅将其作为一个与其他传统渠道一样的内容发布平台，缺少社交媒体运营的理念，社会化传播的能力与技巧尚需要学习与加强，需要投入更多的资源真正把平台运转与运作起来，扩大其传播力与影响力。

官方背景的自媒体"文化推广"应该如何发力？广州市文化馆辖下的广州非物质文化遗产保护中心，其所做的社会化传播创新与实践为我们提供了启示。从 2016 年 5 月起，广州非遗微信公众号开始陆续发布"聆听广绣"的专题推文，历时近半年，从广绣与设计、广绣与戏服、广绣匠人故事、广绣历史知识、广绣创作工艺等各个角度对广绣文化做了全方位的内容推广，与此同时配合举办线下的广绣体验课程、广绣文化沙龙等互动活动，并在全市推出了"广绣风创意大赛"，组织了专业而声势浩大的评选活动，优秀作品在广州图书馆展出，并举办了隆重的颁奖礼，还特别将 220 余幅获奖作品进行了线上版权交易，使古老的广绣艺术创作融入当代社会，真正得到活化与利用。这种依托官方自媒体平台展开的线上线下全方位的岭南广绣文化推广活动无疑是比较成功的，甚至引入了市场化，将文化版权利用与商业化融入其中，不仅推动了文化的传播，更是一次文化创意产业管理的创新实践。

（二）民间文化组织的"公益行动"

除了上述官方机构与组织，更有一些由有识之士组成的民间文化公益组织，在岭南地域文化的社会化传播中发挥着非常积极而重要的作用。非官方组织通常以社会企业的方式存在，具有很强的文化自觉性与社会性，其"公益性行动"与社会化传播有着天然的关联。

岭南文化公益团是一个由来自中山大学、广东财经大学和深圳大学等多所高校大学生共同发起的文化公益组织，该组织倡导"以新媒体（线上）和实体活动（线下）为媒介，极具创意地向广东青少年传扬岭南文化并付诸行动"，以社会企业方式进行文化保育，特别是利用社交媒体所做的系列文化推广活动，赢得了政府、公众的广泛关注，具有一定的影响力。其旗下的文化公益品牌开设了"拾纷端城"微信公众号，不遗余力地传承肇庆本土文化，公众号根据微信传播的文本特点，围绕西江端州文化，设计了包青天在肇庆、肇庆话图解字典、肇庆街道老照片等栏目，内容深入、专业且极具趣味性。近几年，其依托自媒体平台在线上线下开展了一系列有影响力的文化公益行动，包括：肇庆迎春花市本土文化创意产品推广；围绕肇庆老城区市民生活变迁，与用户进行充分互动，发起行走在肇庆骑楼街与古街巷的文化行动，并广泛征集图片、影像、实物、文字资料，组织图说历史主题展览；摄制"肇庆GOGOGO"游戏综艺节目……均取得非常好的传播效果。

另一个涉及文化推广与保育的乡村实践项目——江门"仓东计划"，同样可算作公益组织社会化传播的创新案例。"仓东计划"探索的是以社区社群的模式来参与乡村文化遗产保育与活化，开展立足乡村实际与开拓国际视野的文化教育实践，其依托的同样是社会化媒体平台。通过自媒体聚合的文化社群，不断开展线上线下的传统文化、乡村文化的传播与教育活动，如通过"走进开平"暑期学术营地，加拿大"UBC"师生侨乡学习之旅，在江门各地实地考察传统村落格局、村民信仰、祠堂、碉楼等方式将自媒体文化传播与线下互动紧密结合，并通过文化活动与教育、旅游勾连，真正实现了社会化传播与文化行动乃至商业变现间的融合，为地域文化传播提供了非常宝贵的创新实践范例。

（三）本地号的商业化"垂直内容"

如果说以上官方、非官方组织的地域文化社交媒体传播是有意为之，那么大量的商业化地域自媒体则是在实现自身商业目标的同时无意中成为地域文化传播与推广的助推器。

以广州为例，"吃喝玩乐 In 广州"是广州第一大地域自媒体公号，比较著名的还有"遇见广州""广州潮生活""广州影像手册""爱潮客""娱乐小风暴"等，这些围绕广州城市生活方方面面，以本地生活、消费为主打的垂直内容自媒体，带有浓厚的地域特征与文化属性。一方面，它不同于传统主流文化传播，更多地带有都市文化特征，地域文化与都市流行文化在此很好地交融，因此交互性、活跃程度更高，在新生代群体中传播力更强。另一方面，在专注本地内容的同时，上述本地商业化社交媒体还具有很强的消费变现能力，因为涉及城市生活场景，在与本地消费场景的对接上有着先天的优势，这成为这类自媒体内容变现、基于 LBS（Location Based Services，基于位置的服务）的商业应用的先天条件，以"90后"年轻用户为主，更年轻时尚，也更懂得社会化媒体传播与市场运营的规律。尽管对于商业化的自媒体而言，文化传播并不是其最终目的，但承载大量文化信息的有价值的优质内容是其实现商业化目标的前提。因此，无论是具有地域特色的衣食住行的生活方式与生活美学，还是都市生活风尚的传播、推广，做垂直内容的市场化自媒体，对岭南地域文化起到了重要的推动与补充作用，且其本身也构成了文化产业的一部分。

（四）意见领袖的"本土言说"

在岭南，一大批本土知名人士，包括作家、学者、知名媒体人、文化人士等，他们通常有一定的社会影响力，特别是作家、媒体人，本身已有一批忠实的读者与粉丝，这是一群生产高品质文化内容的微博大 V、KOL，甚至是学术网红。基于对本土文化的热爱、对岭南文化深切的关注与体验，他们通过自媒体尽情描绘岭南风情，对生活图景、人、语言、民俗、美食、风物等文化标识的描述，充满地域色彩，对岭南特质进行积极的义化建构。这其中，土生土长的意见领袖当然更有说服力，他们具有方言的、人脉的、情感的优势，在社交平台上更易获得共鸣与认同。即使有些内容生产者是这个文化系统之外的观察者，但只要拥有足够的话语权与个人影响力，他们在社会化媒体上的文化言说，同样具有获得认同甚至超越地域圈层的可能。如《舌尖上的中国》导演陈晓卿在腾讯大家微信平台上有一篇《一份鱼饭的接力》的推文，北方人对潮汕传统美食乃至潮汕文化的言说妙趣横生，这种别有一番风味的另类文化解读，其传播力同样惊人。

由此可见，意见领袖在个人自媒体上的"本土言说与表达"是构建岭南地域文化形象的有效路径，鲜明的文化描述凸显文化的精神，借着意见领袖在社交媒体中的粉丝效应（网络影响力），其传播往往有着超越地域隔阂，冲破跨文化传播情感认知、文化认同困境的力量。

（五）草根自媒体的民间"个人叙事"

社会化媒体最大的特征就是去中心化，UGC 使任何一个有表达意愿的用户都可以产出内容，而最接地气的文化描述往往来自民间。依托自媒体平台，尤其是微博、微信进行个人表达的民间"个人叙事"可谓数量庞大、题材丰富、民间话语特性鲜明，在个人体验的描述中再现了地理景观，传播了地域文化，拓展了文化构建的空间。在社会化媒体平台上进行随时随地的分享，通过文字、图片等来呈现、播报现场，与人互动，这本就是最有效的传播行为。那些对美食、美景等文化现场的即时分享互动，将私人情境并入公共情境，新颖的形式和内容突破了地理空间界限，产生了新的空间表征，自媒体成为延展地域性、重新表征地理空间并传播地域文化的重要媒介。① "个人叙事"有助于引导受众深入了解文化脉络，展示多元视角下的文化图景，展开文化想象，开拓地域外个体对当地的认知途径，对推进文化传播有明显的作用。

更有一些来自民间的个人自媒体，尽管其点击率与阅读量有限，但因为内容定位清晰，有一定的文化品质，自有其传播空间，一定范围地锁定了志同道合的社交人群，是岭南地域文化传播非常有益的补充者。如微信个人公众号"百年广州人"用证据观照生活，努力呈现广州人个人生活史；个人自媒体"潮汕物食"执着于挖掘潮汕老式物件、风味美食，热心弘扬潮汕文化。

三、岭南地域文化与社会化媒体的互动关系

基于以上对岭南地域文化的社会化媒体传播实践行为的分析，我们可以

---

① 贾雯霞：《自媒体的"旅行叙事"与城市的形象营销——基于对新浪微博"带着微博去旅行"活动的研究》，《唐山师范学院学报》2014 年第 3 期。

看到，两者之间存在着显著的互动关系。

（一）社交关系与文化传播的互动

社交媒体构建的强大社会性网络为文化传播提供了巨大的空间与可能：强关系的社交网络以更强的联结性和社交属性，形成巨大的文化社群，基于社群的特征和成员兴趣偏好形成线上与线下有效的文化互动；弱关系的社交网络则以其更强的媒体属性，通过高品质文化内容实现文化信息分享甚至文化资源商业价值的交换，使受众获得更多有价值的文化内容，或者满足自身的文化消费需求。

高品质文化内容的传播强化了社交媒体的关系联结，通过社交媒体所形成的朋友圈、社会网络平台已渐渐成为我们重要的信息源，承载岭南地域文化的内容与资讯在平台上的传播，更加聚合了各个具有相同类似文化偏好的文化社群，进一步强化了以文化为纽带的社会关系。

（二）自媒体的情感叙事与地域文化呈现及建构的互动

用户在社会化媒体平台上充分进行个人表达，在个人情感叙事过程中完成了对地域文化的呈现与建构，同时对地域文化传播与建构的热情与文化自觉加深和拓宽了自媒体的文化描述与表达的深度和广度。这是一种良性的互动，也是岭南文化在过往传统的传播环境下没有被充分激发出来的。社会化媒体平台的内容生产特质极大地激发了文化表达的热情，同时也在岭南文化呈现建构中推动了更为丰富与深刻的文化描述，甚至文化的批评与反思。

（三）自媒体内容生产与岭南地域文化内涵生成的互动

就内容生产而言，社会化媒体与文化内涵互为支撑，以岭南地域文化为基石的内容生产空间广阔：一是题材上，不仅包含传统文化，还应包含融合了传统文化的丰富的地域城市文化、流行文化；二是创新利用上，不要只停留在文化的传承层面，更应不断挖掘与发现文化资源的价值，并将其形成文化资本，在文化的传播中实现文化的积累传承，实现文化的利用与开发，使其焕发生机与活力。通过这样的互动，使社会化媒体在信息传播扩散中极大地提高了岭南地域文化的推广效率，同时通过对岭南地域文化内涵的深度挖掘，推动社会化媒体内容生产的价值实现。

四、移动互联时代增强岭南地域文化传播力的再思考——构建完整的社会化传播体系

完整的媒介生态是增强地域文化传播力的最有效环境，这个完整的生态应该包括传统的传播渠道和网络渠道，包括信息化技术、智能化城市建设中出现的更多级的传播渠道，当然，更应该包括这里所讨论的社会化网络。在当下的移动互联传播环境下，上述媒介环境中最为核心的是依托社会化媒体形成的社会化网络。据此，同时根据前文对实践的梳理与分析，笔者在这里提出一个岭南地域文化的社会化传播体系的构想。

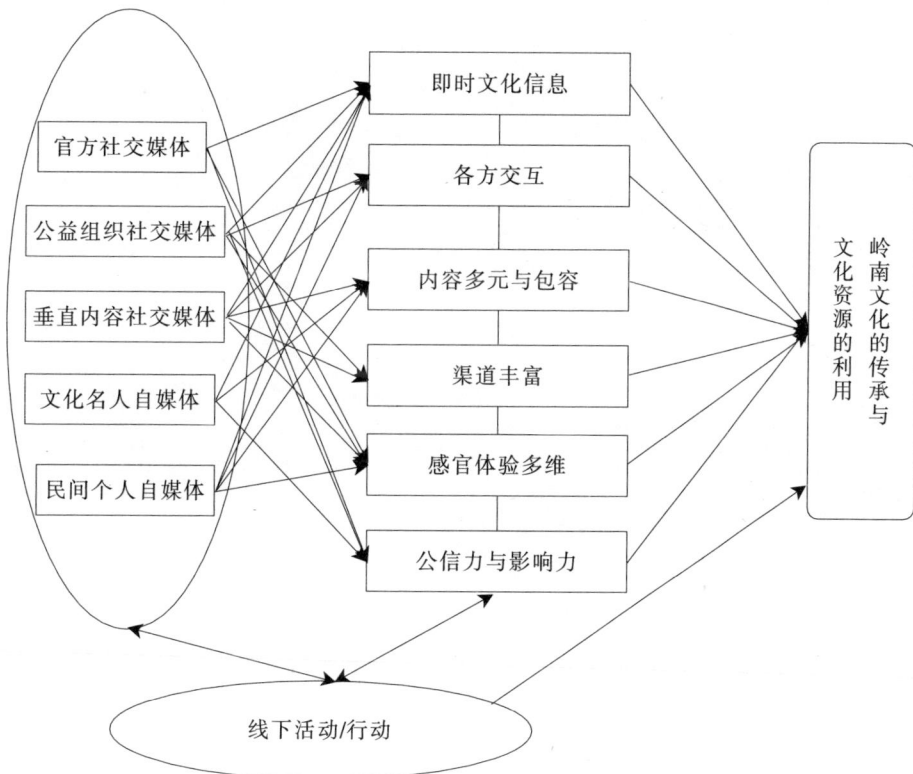

岭南地域文化的社会化传播体系与机制图示

如上图所示，要达到岭南地域文化传承与文化资源价值实现的最终目标，需要完成文化传承、传受各方的交互、传播内容的多元与包容、传播渠道的丰富、感官体验的多维、传播的公信力与影响力等各个子目标，由此，搭建一个依托社会化媒体的传播体系，包括线上线下，由官方的权威性、社会组织的公益性、商业社交媒体的黏合性、民间自媒体的即时转发性以及意见领袖个人自媒体的名人效应与深入性相结合，构成一个完整的移动互联时代地域文化社会化传播体系。在这个体系的社会化传播机制下，岭南地域文化或将焕发新的生命力。

社交网络语境下的都市文化镜像：从"鸡汤励志"到"颓丧治愈"

在移动互联网时代，都市生活中无处不在、无时不在的微信、微博、QQ成为当代都市社会的一道景观，社会化媒体构建了独特的社交网络语境，虚拟网络的符号生产意义生成乃至话语体系建构与现实都市社会现实间如何勾连？又有着怎样的互动或互塑机制？这里试图以媒介的视角，从社交网络符号互动切入，管窥当下都市文化的发展进程。

一、拉康"镜像理论"与自我身份认同

雅克·拉康在1936年提出了"镜像理论"，从精神分析学的角度重新审视了人类认识世界和自我的途径。拉康在镜像理论中提出"我"的自我意识是在"想象的激情"和"与本身身体形象的关系活力"中形成的，并在象征语言符号中重建"我"的主体功能。镜中的"我"是主体我所构想出的客体。现实肉身的不和谐，镜像则建构出"完整的我"作为现实的替身。镜像理论表明主体通过"镜中自我"确定自己的身份，从而完成真实身体认同"镜中自我"的身份确定过程。[①]

拉康以此说明，在"镜像阶段"主体的形成是建立在三个结构之上的，即想象、象征、实在，从而构成拉康精神分析的三维世界。拉康的三维世界不是一个时间上的序列，不是此消彼长，而是一个逻辑上的发展，彼此之间

---

① ［法］拉康著，褚孝泉译：《拉康选集》，上海：上海三联书店2001年版，第91页。

的关系是包容、贯通的。想象界的基础是镜子阶段自我的形成，自我是通过认同相似者或者镜像而形成的，所以认同是想象界中的一个重要因素。想象界不受现实原则的支配，而是遵循着视觉的或者虚幻的逻辑。想象界是"妄想功能"、不现实的幻想综合。在拉康的表述中，镜像阶段正是所谓的"主体"形成的过程。

二、媒介与镜像

在媒介研究领域，最初以镜像理论来分析电影，后来逐步拓展到其他大众媒介。可以说，几乎所有的大众媒介都具有镜子的特征。

首先是凝视。大众媒介的接受行为就是"观看"，无论是报纸还是电影、电视以及网络，都有一个既定的，或称为版面、或称为银幕、或称为荧屏、或称为显示器的界面，这些实物从表象上就有镜子的特征。凝视"既是知觉，也是解释；既是眼前呈现的事物，也是在光学的物理世界和人的主观世界中的呈现和消逝"①。

其次是认同。受众接受大众媒介的心理机制首先是对自我的认同，认同是建立在自我已知的世界之上，以已知世界理解未知世界，这是人类认识世界的基础。将自我理解成他者，或者将他者理解成自我，否则，世界就变得无从得知，媒介也变得无法理解。媒介成为认知的基地，是自我理解世界发现自己的镜子。对于每个个体而言，由于知识结构、文化传统、性别以及意识形态等不同，已知的世界也有所不同，因而对世界的认知也不同，"一千个读者就有一千个哈姆雷特"，人们根据自我选择性地理解媒介。

最后是幻象。媒介尤其是视觉媒介为人们建构了一个虚幻的世界——"白日梦、幻象、打算、逃避现实"和"对常识知觉的歪曲"，享乐主义的世界充斥着时装、摄影、广告、电视和旅行。"这是一个虚幻的世界，人们在其

---

① ［美］克里斯蒂安·麦茨、吉尔·德勒兹等著，吴琼编：《凝视的快感——电影文本的精神分析》，北京：中国人民大学出版社 2005 年版，第 64 页。

间过着期望的生活，追求即将出现而非现实存在的东西。"① 大众媒介为我们创造了一个虚幻的世界，鲍德里亚将其称为"模拟社会"或者"超现实"，德波称其为"景观社会"。大众媒介无处不在，人们生活在大众媒介中，必然产生幻象。这种幻象不仅是柏拉图洞穴中的影像，也是拉康镜子中的幻象。正如美国传播学者梅尔文·德弗勒在《大众传播理论》一书中指出：大众媒介通过有选择地提供信息，或突出某些问题，或知道什么是社会所赞同或认可的价值、信仰与行为规范，从而迫使受众根据公认的规范行事，采取社会规范所认可的行动。

而在社会化网络语境下，社交媒体的镜像意义就更为显著，社交网络是现实社会的镜子，更是都市社会的万花筒。网民运用"想象的激情"，在社交网络中二次编码出各类网络文本符号，这些符号代替主体的"我"在社交过程中表达话语，如各式个性化涂鸦的表情包，这些被塑造的虚拟替身可以在网络中相对自由地表达自己所认同的非主流政治与文化，同时又能逃避现实权力规训的风险。② 如果我们把镜像阶段看作自我认知和自我构建的第一次完成过程的话，那么通过社交媒体及其话语体系所提供的认同，个体又开始了新的第二次的自我认同和自我构建，③ 以此影响并作用于真实的社会关系。

三、社交网络符号的文化研究价值

社交网络语境下的符号及其意义生成从某种程度上是为了强化群体标识与认同。网民不断地进行符号互动，循环唤醒符号中的隐喻表达，将重复使用的符号累积成特定群体或阶层的文化资本，并形成群体共同追求的趣味，最终维系着身份标识的阶级运作。社会学家布尔迪厄认为：趣味的等级差异

---

① ［美］丹尼尔·贝尔著，严蓓雯译：《资本主义文化矛盾》，南京：江苏人民出版社2007年版，第71页。

② 杜丹：《网络涂鸦中的身体重塑与"怪诞"狂欢》，《青年研究》2015年第5期。

③ 许文郁：《解构影视幻境：兼及与文学、历史、性、时尚、网络的关系》，北京：中国社会科学出版社2004年版，第261页。

有特定的社会功能，其能帮助划定阶层的分界。① 由此看来，热衷使用社会网络的群体（尤其是青年群体与都市群体），将会依照这一"趣味的差异"将社会分为两个阶层：一个通过信任而达成一致性的阶层，此阶层中都是喜欢使用网络符号（如表情包）表达情感的群体；另一个则是需要规避与远离的具体化阶层，该阶层抵触、反感使用表情包。② 阶层的分割线便是群的象征符号，对于"我群"身处的文化阶层，"我群"的象征符号在群体内部互动中被赋予情感能量，甚至是道德品质。一旦"他群"与"我群"意见冲突，"我群"所做的第一步反击便是冒犯"他群"的象征符号。③ "我群"与"他群"的分隔造成个体的内群偏好与外群敌意。群体认同会让个体偏于消极地解释"他群"行为，夸大"他群"的差异与敌意。

正是在上述的认同机制下，社交网络与人的社会实践互塑，社会化媒体使虚拟人际交往与现实人际交往相互融合，通过丰富而多元的符号生产、信息沟通与意义互动过程介入人们的生活空间，影响着人们的自我体认和现实社会关系。社交网络语境下符号的生产与消费在迎合网民社交与娱乐需求的同时，在传播过程中衍生出新的亚文化现象。

也正因如此，社会化媒体语境下的符号生产、意义表达的嬗变表征着社会变迁带来的人们自我意识的转变，折射出文化尤其是都市文化价值观的演变，呈现出丰富的文化镜像意义。在此框架下，对社交网络符号生产动态的考察具有文化研究的价值。

四、社交网络语境下"鸡汤励志"向"颓丧治愈"的转向

（一）市场化、城市化进程中的"鸡汤励志"

对于 20 世纪 80 年代以来的中国城市而言，尤其是北上广，"心灵鸡汤"

---

① ［法］皮埃尔·布尔迪厄著，刘晖译：《区分：判断力的社会批判》（上册），北京：商务印书馆2015年版，第2页。

② ［法］塞尔日·莫斯科维奇著，管健、高文珺、俞容龄译：《社会表征》，北京：中国人民大学出版社2010年版，第156页。

③ ［美］兰德·柯林斯著，林聚任、王鹏、宋丽君译：《互动仪式链》，北京：商务印书馆2009年版，第147页。

是伴随着城市化进程、社会转型和大众文化的兴起而出现的。人们最为熟悉或喝得最多的"心灵鸡汤"大致与个人奋斗、励志、不气馁、自强不息、相信自己、神话般的爱情、扎根大城市、坚持理想、实现梦想等相关。现代都市文化天然带有"心灵鸡汤"的特色，或者说大众文化的基本功能是维系社会认同和安抚人心。

"心灵鸡汤"浸淫了两大领域：文化与教育。

先是20世纪80年代日本文化、美国文化进入中国，中国本土的大众文化工业开始勃兴，随着90年代市场化进程的加快，21世纪以来，文化产业化、大众文化已经成为重要的文化形态。文化工业强调商品性、个人消费和欲望，大众文化首先是商业文化、消费文化，是受利润和资本驱动的文化；其次是个人主义文化，个人主义强调自由、解放，摆脱体制的束缚；再次是城市文化，文化产业和消费群体主要集中在大城市；最后是青春文化，青年人成为文化消费的主力军，因此网络游戏、电影等文化产品都带有青春化和低龄化的色彩。大众文化有着清晰的边界，只有在市场经济发达的地区的人尤其是青年人，才有可能成为文化的主流消费者。

二十世纪七八十年代之交恢复高考和以高考为指挥棒的中学教育秩序确立了一种选拔式的精英教育模式，这种教育模式使人们从小养成或适应竞技状态和竞技文化，每个人在资源有限、高强度的竞争下生活的终极目的就是赢得比赛，全民崇尚"胜者为王，败者为寇"的法则。这种竞争者文化是丛林法则和"适者生存""优胜劣汰"的最佳写照，与此相匹配的则是90年代末，尤其是21世纪以来出现的职场文化、公司文化、企业文化，在优胜劣汰的食物链中，只有占据高端才能活下去。而这一切使"励志鸡汤"成为人们精神的良药。

（二）社交网络语境下"鸡汤励志"向"颓丧治愈"的转向

在充斥着戏仿、拼贴、调侃、恶搞等后现代式狂欢，去中心化、去神圣化、表达粗鄙化的娱乐至死的网络时代里，那些在字面上进行了格调包装和深度营造的东西，往往因格外易于凸显而赢得敬畏。在融媒体、网络交互中，相比于结合产品和时事热点的长文干货，励志段子和名言名句无疑是最容易获取、最容易转载，也最不容易受到版权诉讼的万能灵药，因此大量自媒体以此作为内容资源的补充来保持更新度。

然而，作为廉价成功学和灵魂按摩术，近年来"心灵鸡汤"已经不再像前些年那样爽甜可口、滋心润肺，一篇文章如果被指认为"鸡汤文"，基本意味着浅薄、虚伪和欺骗。这种对"心灵鸡汤"的免疫力，不是因为"鸡汤"的品质下降了，而是随着社会的发展变化，"鸡汤"无法再给人们带来心灵的抚慰。

在这个越来越难遭遇奇迹的时代里（正如人人都可以机会平等地购买彩票，而中奖的却只有极少数），寂寂无闻的都市人更渴望，也更相信幸运之星的降临，而那些更加底层的幸运儿逆袭成功的"奇迹"背后，是都市中产阶层、白领日益底层化的事实。成功故事与其说向人们展示了一种逆袭成功的希望，不如说更加暴露了成功的偶然性和奇幻色彩，曾经的勤劳致富、公平竞争变成了一种赌徒心态和赌博游戏。其貌不扬、没有接受过正规教育，依靠视频网站、电视选秀节目"一夜走红"的明星，如同中了彩票或者"贫民窟的百万富翁"般成为这个时代的"幸运儿"。面对这四十多年里中国社会的巨变，"心灵鸡汤"的文化功效主要是精神按摩，而不是鼓励人们改变那些不合理、不平等的社会规则，因此，"心灵鸡汤"失效的时代，也是人们寻找真正的苦口良药的时代。

在社会急剧转型与现代都市人面临巨大竞争生存压力的当下，开始出现由奋斗励志的"鸡汤"文化向"葛优躺"式的"丧文化"的转向。"葛优躺""马男波杰克""废柴""佩佩蛙"等表情包仿佛一夜间走红社交网络，随之出现的是在都市年轻人群体中流行开来的一种以自嘲、颓废、麻木的生活方式为特征的"丧文化"。"我差不多是个废人了""其实并不是很想活""漫无目的的颓废""什么都不想干"……这些散发着绝望特质的话语，配上生动的表情包，成了新聊天形式的流行内容。

（三）"丧文化"解析

"丧文化"的概念可以界定为：指目前流行于青年群体当中的带有颓废、绝望、悲观等情绪和色彩的语言、文字或图画，它是青年亚文化的一种新形式。[①]

如果从源头上找起，这种看上去消极无助、绝望麻木的表情包和流行语，其实大都不是社交平台的原创。从"丧歌天后"Lana Del Rey 的作品到网络神曲《感觉身体被掏空》，从欧美那只悲伤的佩佩蛙到来自日本的萌物懒蛋蛋，从每一集都很致郁的马男波杰克到最大的心愿就是"永远被人养着"的日剧主人公，这些音乐、动漫、影视中的"丧文化"才是真正源头。而"丧文化"表情包只是"丧文化"音乐、动漫、影视的二次传播与言语反映。

从一定程度上来说，以"废柴""葛优躺"等为代表的"丧文化"的产生和流行，正是大众流行文化和青年亚文化在社交网络时代的一个缩影，它反映出当下人们，特别是青年人的精神特质和集体焦虑，成为转型期社会心态和社会心理的一个表征。它通过自嘲的方式表达青年群体对现实的沮丧不满，甚至是颓废绝望，同时又通过先抑后扬的手法，表现出部分青年在奋斗路上的不服输、颓而不废的精神。年轻人，特别是特立独行的"90后"，他们内外统一，乐于做自己，对于成功有自己的认知。在他们眼中，"三好青年"不一定是完美形象，承认自己有缺陷、颓废、悲观，甚至一无是处并不可耻，他们选择接受不完美的自己。

五、都市文化镜像折射的现实及其社会心理机制

社交网络上大量的"丧文化"符号摒弃的正是主流文化中的深度、严肃与思辨，追求的是个人化趣味的满足，随着社会激烈变动而不断改变的个人欲望显然比追求真理更重要，[②] 因此游戏的"恶搞"成为常态。我们常常看

[①] 萧子扬、常进锋、孙健：《从"废柴"到"葛优躺"：社会心理学视野下的网络青年"丧文化"研究》，《青少年学刊》2017年第3期。

[②] ［美］约翰·菲斯克著，祁阿红、张鲲译：《电视文化》，北京：商务印书馆2005年版。

到，大量碎片化的、肤浅的、戏谑的网络讨论呈现出一种"网络狂欢"的景象，[①] 用世俗和生活化的语言进行宣泄从而形成一个人人可以参与的世界，体现出强烈的防抗意识和主体参与意识，情绪的狂欢带动着意义的消解与建构，改变原来的意义或增加新的见解，看似是在圈子里自娱自乐，但往往在青年人群中传播极快极广，影响力很大。恶搞中那些离经叛道、销蚀权威同时又触动眼球的内容，在展现了反叛精神的同时融合了网络世界娱乐至上的大众心理，这也正是后现代文化的精神体现。

"葛优躺"式的"丧文化"是一种无声或有声的娱乐化集体表达，其盛行的社会原因和群体心理机制反映在三个层面上：社交媒体自身特有的表演性、都市青年群体的"自我污名化"以及网络符号互动中的自我抚慰与妥协。

社交媒体本身具有表演性。欧文·戈夫曼（Erving Goffman）的表演理论认为，日常生活中人们就如同演员一样，预先设计、展示自己的形象并进行表演，以期获得好的效果。这在社交媒体上得到了极大的印证。都市青年群体无法在现实社会中排解压抑、颓废的情绪，因此他们借用社交网络平台间接性地表露自己的内心状态和社会心态，以获得自我实现。青年群体通过网络的表露来"拟构"自身的真实状态，其实质是在虚拟世界里进行自身探索和真实揭露。

社会心理学认为，自我概念的形成是后天获得的，是个体在社会环境中、在与他人的互动中逐渐形成的。其中，费斯延格（L. Festinger）认为自我的形成的重要渠道就是"社会比较"，而社会比较的目的有"正确的自我评价""自我美化""自我保护"等。在社交网络的特定场域，颓丧成为自我形成或丑化的过程，或者说是一个"主动污名化"的选择过程，是对贴在身上的标签的叛逆表达方式。因此"丧文化"既是"颓废"的表露，更是"反颓废"的呈现。都市青年群体在互联网时代已经被贴上了足够多的标签，其中很多标签是被污名化的。由于青年群体自身的个性发展、自我表露的需要和自我

---

① 叶虎：《巴赫金狂欢理论视域下的网络传播》，《理论建设》2006 年第 5 期。

意识的觉醒，他们并没有选择被动地服从"垮掉的一代"等负面标签，而是选择一种"主动污名化"的叛逆表达方式，因此，"屌丝""废柴""葛优躺"等带有自嘲的词汇他们常常脱口而出。

符号互动论认为心灵、自我和社会的形成和发展都是以符号的使用为先决条件的，而符号的使用和意义的阐释很大程度上建立在语言的基础之上，心灵是社会过程的内化，社会的内化过程又伴随着个体的外化过程。因此，行为建立在个体与社会间的互动内化的基础之上，即不断地在外化中解释各种社会事物，赋予其意义，而并不是对外界刺激的机械反应。所以，在巨大的现实压力下，"丧文化"和"小确丧"是人们对现实的无奈、逃避，以及和纠结的自己握手言和的一种妥协。

在个体的互动中，人们共享一定的符号系统，并在对意义的协商中形成理解、共识和对自我的认识。个人和他人并不存在于自身之中，而是存在于互动本身之中。人们的符号行为总是借助一定的媒介来进行，在不同的媒介环境中，符号形式、沟通方式与获得的意义不同。随着当前社交网络对传统人际传播与信息沟通方式的根本影响，微信、微博等社会化媒体正在重塑人们的交往空间和意义生产。用符号互动论研究社会化媒体中盛行的"鸡汤"与颓丧编码，为理解其中的信息传播、意义共享，以及个人的自我认识提供了成熟的理论基础，打开了新的学术视野。社交网络已日益成为精神生产与消费的话语中心，在社交媒体中，网络符号在主流话语体系当中建立了另外一种支流。由此，我们在后现代文化视野下对社交网络语境下充斥的大量传播符号进行深度解读，审视社交网络中流动性、碎片化、去中心的符号的社会文化学意义并进行反思，具有一定的现实意义。

六、都市文化从现代到后现代嬗变带来的迷思

（一）都市文化从现代到后现代嬗变是历史的逻辑过程

透过虚拟网络世界的镜像，从"鸡汤励志"的"爱拼就会赢"到颓丧治愈的"有时你不努力一下，你都不知道什么是绝望"，我们清晰地看到中国开

始了都市文化的后现代转向进程，并且与当下社会发展，尤其是经济发展有着密切的关系。实际上这个过程在西方社会发展中已有完整的呈现，西方都市文化已经历了从现代性特征明显到后现代性特征突出变化的历史和逻辑的过程，为我们提供了先期经验。

早在 19 世纪，波德莱尔的《恶之花》中以巴黎为背景的描绘便对都市文化的现代性进行了深刻的探究，他认为所谓的现代性不是时间性的，而是一种时代的特征，这种特征是和古典文化区分的，强调暂时性、当下性，"现代性就是过渡、短暂、偶然"①，这种现代性求新、进步，甚至到了一种疯狂的地步，躁动不安、因追求进步而忘记操守的现代性弥漫在都市中。现代主义非常关注追求美好的未来，但是屡屡受挫，甚至这种追求变成了一种病态的偏执狂行为。

而西方社会对都市文化的现代性反思，始于对城市问题的反思，发轫于现代化进程中所遭遇到的困难。城市问题种类复杂，不同时期有不同特点，但也有共性，比如人口膨胀、就业困难、住房拥挤、交通紧张、污染严重等。城市问题更表现在文化、意识方面。从人的意识来看，现代性、城市、媒介、消费、分层、文艺等形成一个严密的网络，使人们安于异化、乐于异化甚至是追求异化。如果把城市发展放在一个比较大的空间生产的角度来看，城市难题的形成是在很多复杂的关系中进行的：农村和城市对立；资本、市场和空间的相互作用；精神生活和社会空间的关联；城市治理中的企业主义即趋利倾向；资本主导的单一城市化模式等。

正是都市社会变得日益复杂，比如流动性增加、碎片化、没有中心、在复杂的形式上进行新的重新组织，我们正在转向一种复杂的后现代大都市。这种复杂性中有一个情况比较明显："城市的重构和后大都市转向加速了社会经济不平等和意识形态与政治的极化。虽然不平等在工业城市中已经明显存

---

① ［法］夏尔·波德莱尔著，郭宏安译：《现代生活的画家——波德莱尔美学论文选》，北京：人民文学出版社 1987 年版。

在，但是在过去的三十年中不平等和极化已经变得比以往更糟糕，同时还采取了新的形式。"这些新的形式包括性偏好、相对空间位置、文化同一性或者身份，在移民和本土民众之间的差异尤其显著。

现代性文化重视同一性，而后现代主义则剥夺了这种可能性。后现代主义对价值和信仰（甚至不信仰）历史的连续性抱着怀疑的态度。① 这种没有延续的文化和态度，也变得没有深度，甚至这种没有深度是人为的。时间维度逐渐变得不被人们重视，片刻变得重要了。"时间维度的崩溃和专注于片刻，部分地产生于当代强调有关事件、表演、偶然和各种媒介形象的文化生产。"② 而后现代文化是现代文化的一个延伸，试图对现代性问题进行解决，它关注其碎片、多中心等特征，此种文化是一种新的话语方式，也是未来都市文化发展的一个出发点。

概言之，都市文化呈现出一种发展趋势，从现代性的、现代化的、现代主义的都市文化，逐步向后现代性的、后现代主义的都市文化发展。这是一个历史的过程，但更像是一个逻辑的过程。

（二）同质化与碎微化的后现代都市文化症候

那么，在这个过程中，同质化符号复制生产是其文化表征，包括"鸡汤"或颓丧符号的生产。弗雷德里克·詹姆逊将复制定义为后现代主义最基本的主题，复制技术为后现代社会带来巨量的符号及批量生产的产品，以供庞大的消费群体享用，同质化、海量的产品甚至会改变主体对客观世界的感知方式。复制技术在社交媒体时代被广泛运用，时空距离感的消逝也正根源于此。

符号的消解与过度消费进一步加深了大众文化碎微化的危机。碎微化的概念始于后现代主义思潮，强调从时间的连续中断裂出来，转向空间并置：滕尼斯认为脱离社群关系的现代社会会不可避免地产生碎片化；本雅明认为

---

① ［美］戴维·哈维著，阎嘉译：《后现代的状况——对文化变迁之缘起的探究》，北京：商务印书馆2003年版。

② ［美］戴维·哈维著，阎嘉译：《后现代的状况——对文化变迁之缘起的探究》，北京：商务印书馆2003年版。

人类因启蒙之后有了自我理性与独立，现代社会呈现出更为复杂多样且碎片的状态；鲍曼则总结了前人对社会的研究，提出随着现代化的进程，碎片化提升到全新阶段——碎微化，如"水滴"般杂碎。[①] 当下的社交网络符号便是如此，其解构了原有严谨且缜密的文字叙事形式，单个表情包包含各类符号如文字符号、图片符号、涂鸦符号，每个符号都可被独立解码，符号与符号之间的连续性不强，因此又能颠覆传统线性逻辑式叙事。社会网络符号的碎微化拼接，使碎微形象实时、迅速传递的同时导致人们的断章取义与偏见，记忆稍纵即逝，无法沉淀有价值的思想。长此以往，社会将迎来"肤浅低智"的时代，人们只愿意浸淫在碎微化的垃圾中，却不愿深入地思索社会中的重大现实问题。

无论"鸡汤"还是颓丧，商业裹挟着文化诉求，成为营销内容或符码，甚至成为商业方法论，这值得我们警惕。如广告中的"鸡汤"营销、商品营销中的颓丧元素。碎微化符号经过文化工业的收编与改造，形成风格化的消费品和强大的商业利润：通信应用软件连我（lINE）每天发送表情包达 10 亿多个，从中发财致富；微博、微信等社交媒体出现了付费表情包；专门网站出售表情包涂鸦服务；淘宝上兜售印有自制涂鸦表情包的 T 恤衫、水杯、饰品……符号的消费俨然形成一种独属亚文化群体的时尚。对消费品的过度依赖，弱化了消费者间情感的交流。青年群体意图以戏谑、娱乐的方法对抗权力与秩序，其标识却在进入大众消费过程中成为商家追寻的目标，商业将"流行"变得"平庸"，一切用金钱衡量其价值，最终符号仅有的隐喻抗争精神也被商业文化所消解，丧失了反讽、批判的本质。

原本强烈的抵抗与主体参与意识演变成了"娱乐的大麻"，麻痹了大众的神经。都市人群离开社交符号表达甚至会产生社交焦虑，无法进行日常正常的社会交往，精神空虚。新媒体"新世相"在 2016 年 7 月 19 日曾发起一项"24 小时不用表情"的实验，共约 5 300 名志愿者参与，其中竟然有约 30% 的

---

① 转引自周宪：《时代的碎微化及其反思》，《学术月刊》2014 年第 12 期。

人在这 24 小时内无法离开表情包进行社交生活。人们因过度依赖社交网络符号而丧失了个体意识、深度的思考能力和独立判断的能力，在自我麻醉的狂欢中失去"自我"，变成"异化"的群体。泛滥的符号抒发导致"乌合之众"的聚集，带来的负面影响值得我们高度警觉。从这个层面上看，重申社交网民的主体性，注重网络意义生产与消费的文化价值，变得越来越重要。

（三） 回到文化镜像——迷思

社交媒体是一面镜子，但是它与镜子又有本质的不同，尽管它也像后者一样可以反映被投射的一切，但是有一种东西它永远也不能反映，那就是观者真实的身体。在特定的位置上，镜子突然变成了透明的玻璃——透镜。观者或者看到自己，或者看到幻象。

媒介作为象征的符号对事实的传播实际上就是不断地选择和放大。当世界通过视觉机器变成了纯粹的表征的时候，也就意味着在这个世界里，不再有本质与现象、真实与表象之分。幻象就是真实本身。这种"真实"满足了观者对认同的需要。视觉的本能就是希望自己和自己熟悉的世界在某种可能下复现，这是我们一直寻找媒介的根本动力。我们在凝视中不再孤独，并且可以释放内心的压力。一旦媒介成为一面镜子，那么，以拉康的观点：这样艺术对象便由客体变为了主体。在拉康看来，"凝视"不仅是主体对对象或他者的观看，而且也是作为欲望对象的他者对主体的注视，是主体的看与他者之间的相互作用。因此，凝视与其说是主体对自身的一种认知和确证，不如说是主体向他者的沉陷。也就是说，在我们凝视的过程中，一方面是我们窥视性地、主动地介入世界，另一方面也是世界作为主体作用于我们，我们看到了世界即是我们自身，媒介的意义在于其发挥了桥梁的作用：链接了内在世界和外部世界，并使主体在象征界上不断重复想象界和实在界，永无休止。正因如此，无论"鸡汤"抑或颓丧，都是社交媒体投射的现实都市社会的影子，真实之于幻象，幻象也许就是真实本身。

主流文化在青年社群传播中的裂变与再建构

——当传统纪录片遇上二次元 B 站

随着媒介环境的变化，在移动互联网时代，主流文化的传播及其建构早已不再是单一传统的模式了，维度更加多样，渠道更加丰富，传播效果当然也更为复杂与多元，这其中的社会化媒体在文化传播中逐渐成为不可忽视的重要力量。无可否认，开放的互联网向我们呈现的是一个多元的文化图谱，在这个去中心化、混杂的文化生态下，很多问题需要我们重新梳理与审视。

一个非常有趣的现象是，从《我在故宫修文物》《寻找手艺》《国家宝藏》到《人生一串》，近年来众多传统题材的优秀纪录片影视节目都与二次元弹幕网站 bilibili（简称 B 站）碰撞出了奇妙的火花。从 2015 年起央视的一部传统纪录片《我在故宫修文物》成为 B 站爆款之后，陆续有各种类型的严肃纪录片遇热，乃至"中国版深夜食堂"美食纪录片《人生一串》直接选择以 B 站为首播平台。在年轻人聚集的 B 站，传统纪录片是如何发酵为爆款的？严肃的主流内容是以什么样的方式变异与再创造的？其中所透视出的主流文化与网络青年亚文化碰撞的新图景，出乎意料的传播效果，非常值得我们在学理层面予以解读与思考。

一、新媒体环境下主流文化与青年亚文化的关系——一个后亚文化的理论视角

在阐释关于主流文化与青年亚文化在网络社群平台上的碰撞与化学反应现象之前，我们首先需要对亚文化经典理论在网络时代的发展，即"后亚文

化"理论进行一个基本的回顾与梳理。

我们所熟知的以英国伯明翰学派为代表的文化研究，源于 20 世纪 "二战"后的社会背景之下，在其对于亚文化的经典理论论述中，认为"亚文化通过风格化与另类符号对主导文化进行抵抗进而建立认同，而支配文化和利益集团将会对已产生的亚文化抵抗风格进行不懈的遏制与收编"①。上述传统的亚文化研究是一种"二元对立"的视角，带有结构主义的理论特色，将亚文化（主要是青年亚文化）与统治阶级主流文化之间的关系固化与单一化。②随着社会环境的急剧变化，尤其是信息时代、互联网时代的到来，20 世纪 90年代发展起来的"后亚文化"理论（Redhead，1990 年），淡化了之前的理论的阶级背景，认为亚文化族群并没有表现出对主流文化的明确反抗，而是更多地游离于主流文化之外，在远离中心的区域自得其乐，其呈现的风格也是不确定的，是流动变化的，可以进行多样化的解读；同时，后亚文化关系群体也并非紧密的，而是非常个人化，没有固定的形态，组织通常是松散的。由此可见，后亚文化理论拆解了传统亚文化理论中最核心的风格、抵抗、团体等关键词，③ 并建构起新的概念，以一种更加多元化而非二元对立的视角来重新审视后现代社会的新的文化生态。

显然，在当下的网络环境中，传统二元对立的先验视角制约了我们清晰解读与认知那些具有鲜明后现代特征的互联网亚文化群体及其现象，上述的后亚文化理论无疑是一种突破，并提供了新的研究立场，为我们重新审视主流文化与亚文化间的新关系提供了理论依据。

在传统场域中，亚文化无法通过主流文化允许或设置的合法渠道达到其情感归属、价值认同的诉求目标，只能以不合法的方式"越轨"；而在网络环

---

① ［美］迪克·赫伯迪格著，陆道夫等译：《亚文化：风格的意义》，北京：北京大学出版社 2009 年版，第 67 页。

② 陶东风、胡疆锋：《亚文化读本》，北京：北京大学出版社 2011 年版，第 83－85 页。

③ 胡疆锋：《亚文化的风格：抵抗与收编》，北京：首都师范大学出版社 2007 年版，第 97－113 页。

境中、后现代语境下，亚文化有了开放的出口与平台，呈现出不同以往的多样性的后亚文化表征。由此，原本是传统对立关系的主流文化与亚文化发生转变，形成了一种不同过往的新的互动关系，这种新的互动关系表现为：

（一）从固化到多样化

风格是亚文化形成的最重要表征，甚至可以说，对风格的解读就是对亚文化本身的解读。对于传统亚文化研究而言，亚文化风格具有深刻的内涵、明确的指向性，反映明确的价值观，是一种意义固定和别具一格的符号形式。那些朋克亚文化中服装、发型、语言所显示出的不同于流俗的、难以接近的反叛风格，重金属摇滚音乐节奏中所表达出的对世俗的抵抗与冲撞风格等，都是如此的固化而鲜明。

而在后现代文化语境下，风格及其代表的意义发生了变化，风格只是符号本身，[①] 思想具有不稳定性而知识亦无常，风格的本真性丧失，因而可以被任意采用，没有固定的意义。这实质上从另一个方面反映了亚文化群体反抗性的消解，意义的不确定性也反映了亚文化参与者身上存在的丰富的差异性和多样性。后亚文化即使存在脱离世俗的反抗，也不再以过往那种激烈的仪式感风格来表达和呈现，它通常与日常融合在一起，只是一种独特的生活方式罢了。这一切在网络世界尤为突出，创作者的不确定，使互联网文本本身表现出显著的风格易变性。网络的多元开放使主流与非主流文化之间并非泾渭分明，有时甚至边界模糊。

（二）从抵抗到互动

同时，网络亚文化有很大的弹性空间，具有碎片化和流动性的特点，一个人可以从属于不同的文化形体，这些文化形体为他提供多样化的亚文化轨道，传统亚文化研究所特别强调的所谓"团体"被消解，网络社群往往是以知识或技术图谱和价值观为索引而自行聚合的虚拟组织。法国社会学家马福

---

① REDHEAD S. The end-of-the-century party: youth and pop towards 2000. Manchester: Manchester University Press, 1999.

索利（Maffesoli，1996 年）提出"新部落"的概念来形容这些后亚文化群体，即是相互熟悉的人之间建立的一种没有固定形式的组织，依靠一种具体的气氛、一种思想状态，更确切地说是通过一种由共同喜欢的外观和形式所规定的生活方式来形成。① 这其中并未明确强调意识形态，也淡化了阶级背景，用"生活方式"代替了原有亚文化群体形成的文化依据。因此，以网络社群为表征的亚文化族群并没有表现出对主流文化的明确反抗，而是游离于主流文化之外，在远离中心的位置自得其乐。

因此，主流文化与网络亚文化间已不再是非此即彼的对抗关系，更多的是一种互动的关系。正如现实中我们看到的，带有鲜明二次元文化标签的网络热词"吓死宝宝了""我也是醉了""重要的事情说三遍""前方高能""红红火火恍恍惚惚""hhhhhh"等被广泛地运用到主流文化的传播内容中，后现代的戏谑式画面感的表达也成为主流大众文化所接受的方式。亚文化并未与现实隔绝，相反，在技术不断普及进步、传播裂变速度惊人的当下，网络亚文化所设置的文化代码门槛并不高，符号障碍是短暂的，圈层很快被打破，被破解演变成大众流行文化，进而与主流文化频繁互动。

（三）从收编到融合

后亚文化即使风格、团体形态发生了变化，但其作为亚文化的逆反特质仍在，只是被收编与反收编的抵抗会表现得更加温和。青年人以网络平台特别是社交网络平台为载体来表达、展示自己的文化，碎片化的多元信息、实时的社群交互式传播构成了亚文化的多元形态与风格，发展到一定阶段或程度时，被解码并收编，特别是不可避免地被商业收编，原本特立独行或离经叛道的风格成为亚文化的资本，亚文化符号以商品的方式转化成大量生产的物品，成为所谓的流行时尚与热点，换得经济资本与社会资本，建立一套新

---

① MAFFESOLI M. The time of the tribes: the decline of individualism in mass society. London: Sage, 1996.

的惯例，从而使亚文化僵化，使其不同程度地丧失了对抗性。[①] 这个收编的过程依然存在，只是更加隐蔽，或者说显得更加顺理成章。在商业文化与消费主义的夹击下，被青年亚文化群体所接受。

在上述的现实中，网络亚文化对商业收编往往并不拒斥，相反，态度暧昧，甚至成为大众文化的同谋，它并不是商业文化的对立面，常常与消费相伴生。在新媒体环境下，亚文化与主流文化、大众文化有了更多相互转化的空间与可能，这个过程中有收编、有妥协，但更多的是相互交融与互通。甚至，亚文化在与主流文化对接、融合的进程中会激发商业上的创新。随着微博、微信等社交媒体的发展，亚文化所搭载的社交网络平台快速成为大众文化热点与时尚的策源地，亚文化进而反哺主流文化，影响主流文化的发展，丰富主流文化的内涵。

二、以 B 站为代表的弹幕亚文化形态及其后现代特征

在实践层面探讨上述新媒体环境下主流文化与后亚文化间所呈现的新型关系，需要选取一个合适的样本，而青年亚文化群体聚集地 B 站毫无疑问是具有典型性的。

B 站是一家以 ACG［Animation（动画）、Comic（漫画）、Game（游戏）］为主题的娱乐站点，网站有动画、音乐、舞蹈、游戏、科技、娱乐、电影、电视剧等十大板块，充斥着"番剧""鬼畜"[②] 这类二次元亚文化内容。从最初的一个小众的二次元亚文化圈子（小破站），仅用十年的时间就发展为活跃用户过亿的国内最大的年轻人线上聚集社区之一，近年来更是频繁地进入主流视野，成为越来越有影响力的视频平台。

（一）以 B 站为代表的二次元亚文化形态——弹幕

二次元文化自 20 世纪 80 年代传入中国后就呈现高速发展的态势，使其

---

① 胡疆锋、陆道夫：《抵抗·风格·收编——英国伯明翰学派亚文化理论关键词解读》，《南京社会科学》2006 年第 4 期。

② 指一类通过剪辑，用高频率的重复画面或声音组合而成的一段节奏配合音画同步率极高的视频，是二次元视频网站上常见的风格形态。

成为网络时代主流文化表层下存在感明显、影响力强大、持续性突出的青少年亚文化类型。二次元拥有庞大的用户群体，艾瑞咨询的数据显示，2019 年中国二次元用户规模约为 3.32 亿人，预计 2021 年将突破 4 亿人。随着二次元文化的泛化发展以及其主力用户群体消费能力的提高，二次元视频产业呈现出巨大的发展潜力。随着二次元视频内容商业化道路越来越趋于成熟，由此产生的商业价值也有助于提升像 B 站这类视频平台的综合盈利能力。①

　　这是一个年轻人占据绝对主力的巨大亚文化群体。据 B 站提供的数据显示，在其所有活跃用户里，"90 后"以及"00 后"的用户占据了绝大多数，30 岁以上的用户不到 10%。基于相似的心理与兴趣，御宅族②们对弹幕网站具有很高的忠诚度，甚至达到"若没有弹幕交流就会觉得视频内容索然无味"的程度，实质上这是御宅族对彼此生活模式、社会感知的认同追求，他们需要在这种"逆反"差异中寻求共识。

　　B 站不仅代表了最年轻的一代人，更代表了不同于主流的内容创作和传播方式，为了体现认同并防御认同感丧失，御宅族利用以分享 ACG 作品为主的弹幕网站，构建出一个独特的弹幕圈子，圈内人共享相似的隐语、爱好，利用"发弹幕"这种独一无二的沟通形式，制造出有别于主流文化的"逆反"风格作为区别"圈内人"和"圈外人"的标志。

　　所谓弹幕实质上是一种突破时间、空间限制的即时互动评论方式，这些具有鲜明后现代特征的弹幕内容，依托于视频的时间轴，用户发表的评论以弹幕的形式同步出现在视频画面上，自右向左迅速飞过画面。用户在观看某视频时会自动加载先前所有人的弹幕，这样在该视频的某一时间点上，就可能有成百上千条不同用户在不同时间发出的弹幕如子弹穿梭般飞过，甚至遮蔽整个视频的画面内容，蔚为壮观，成为一场充满肆意符号表达的狂欢。③

---

① 艾瑞咨询：《艾媒报告：2019—2020 中国二次元视频行业专题研究报告》。
② 泛指热衷于动漫、游戏等二次元文化，并对该文化有极深入了解的人。
③ 王晟君：《弹幕网站 Bilibili 的网络亚文化建构研究》，《东南传播》2015 年第 11 期，第 74 页。

（二） 弹幕文本的后现代特征

弹幕内容具有鲜明的后现代特征，主要表现为虚拟性、短暂性、碎片化、娱乐至上、异质和个人主义等。

弹幕的文本内容通常会通过故意扭曲原视频文本表达的意义来制造生成自己的意义，其乐趣在于集体的恶搞与解构，在观看分享的同时获得快感。同一个文本有无限多解释的可能性，正是这种意义的不确定性，导致了弹幕内容的模糊、间断、弥散、多元与游戏等一系列的解构性的表达，① 青年人借弹幕解构传统、反讽权威、张扬个性，弹幕亚文化体现出显著的无深度、无历史感、主体丧失的特点②。

（1）虚拟、短暂、碎片化：平日我们所熟悉的一部完成度高的传统影视文本，无论故事线索、结构、画面，还是演员、道具、布景，都必须是符合常识与系统的，被要求是逻辑严密的，而且除了满足娱乐需求外，通常还具有意识形态的教化意义。相对应地，传统的评价标准也是把对整个电影、电视剧的故事情节、主题内容放在时代背景之中来进行评判，而弹幕的世界却颠覆了这一切。基于单个画面、无须联系上下文，甚至割裂一个画面内的东西，进行无厘头的解构与建构的弹幕模式，其本质就是拒绝历史感。主流影视所力图表现的那些曲折深奥的真理和各种抽象的理念对于御宅族而言是正统而乏味的，弹幕摒弃的正是主流文化中的深度、严肃与思辨，追求的是个人化趣味的满足，随着社会激烈变动而不断改变的个人欲望显然比追求真理更重要，③ 因此，在弹幕的文本世界里，游戏式的恶搞成为常态。

（2）娱乐至上、异质、个人主义：B 站上大量碎片化的、肤浅的、戏谑的网络讨论呈现出了一种网络狂欢的景象，④ 用世俗和生活化的语言进行宣

---

① ［美］伊哈布·哈桑著，刘象愚译：《后现代转向》，上海：上海人民出版社 2015 年版。

② ［美］弗雷德里克·詹姆逊著，王逢振等译：《快感：文化与政治》，北京：中国社会科学出版社 1998 年版，第 93 页。

③ ［美］约翰·菲斯克著，祁阿红、张鲲译：《电视文化》，北京：商务印书馆 2005 年版，第 49 - 51 页。

④ 叶虎：《巴赫金狂欢理论视域下的网络传播》，《理论建设》2006 年第 5 期，第 63 页。

泄，这是一个人人可以参与的平台，在娱乐的、异质的表达中体现出强烈的反抗意识和主体参与意识，情绪的狂欢带动着意义的消解与建构，改变原来的意义或增加新的见解，看似是在圈子里自娱自乐，而在青年人群中传播极快极广，迅速流行开来，影响力很大。恶搞中那些离经叛道、销蚀权威同时又触动眼球的内容，在展现了反叛精神的同时融合了网络世界娱乐至上的大众心理，这也正是后现代文化显著的精神体现。

但当我们考量二次元亚文化形成及其后现代特征时，常常会忽略一个非常重要的信息：弹幕在本质上给传统单一的内容观看加入了社交基因，这点至关重要。因为社交元素，让青年亚文化群体通过体验、链接、社群、数据四个要素构建了一个评论与影像同步的奇妙的观影场景，它极大地满足了网络时代原子化个体的自我表达和"群体观影"的社交需求。更重要的是，这种创作和传播方式不仅覆盖了最潮流的内容，同时也覆盖了最传统和经典的内容，为二次元青年亚文化和主流文化的对接打下了合理的基础。

三、主流文化在亚文化社群传播中的文化裂变

在上述的后现代亚文化理论梳理及弹幕社群传播形态的后现代特征分析基础上，我们对 B 站传统纪录片爆款进行进一步深入的后亚文化文本解读。

（一）**融合：在内容解构与重构中实现对传统主流文化的后现代式膜拜**

如果说，基于二次元的弹幕文化本是源于对 ACG 内容的分享，但现实中更能体现其价值的却是对传统内容的解构与重构，以及重构后的快速传播。上线短短几个月间，《我在故宫修文物》在网站上就被点击播放了数百万次，单集播放量超 50 万次，累计近 6 万余条弹幕，豆瓣评分 9.5，纪录片中的钟表修复师王津被年轻网民追捧，一夜爆红，并由此还诞生了多版本 cut[①]，以至引发当年有超过 15 000 名大学毕业生报名要到故宫从事文物修复工作……

---

① 网络用户对初始视频内容进行局部剪辑切割、重新编辑，通常由剪辑素材视频搭配背景音乐构成，是 B 站上常见的内容。

因其火爆与出乎意料的传播效果，还衍生出了 2016 年底同名纪录电影的拍摄与上映（尽管影院电影的效果差强人意）。

然而，爆红的为什么偏偏是《我在故宫修文物》《寻找手艺》《国家宝藏》这类沉重的历史题材呢？后现代亚文化不恰恰是反抗教化、拒绝历史感的吗？它们在 B 站的爆红到底是偶然，还是存在着必然？

从这个层面思考，我们反倒发现了端倪。国内推出的关于故宫的文物的历史纪录片实际上并不少，通常有着非常沉重的历史感，采用宏大的叙事风格与拍摄手法，属正统说教。《我在故宫修文物》显然是从一个不同以往的相对微观的侧面入手，以文物修复师为主角，《国家宝藏》则集合中国九家顶级的博物馆馆长，营造镇馆之宝的悬念，串联其前生今世的故事，它们都是以一种更有趣的方式把普通人与文物、历史、传统文化联系起来，在宏大的背景下从小处着眼，以平民化接地气的手法叙事，有较强的故事性，充满生活气息。实际上，正是《我在故宫修文物》等纪录片自带的那些消解权威与正统的元素，才使其在 B 站上与后现代亚文化对接与融合成为可能。

于是，一个题材严肃高冷的纪录片，放在看似风马牛不相及的二次元亚文化语境下，竟然引爆了一场狂欢，承载主流文化，弘扬传统文化的传统内容，以二次元的文化方式被观看、解读与分享，在新的文化语境下被赋予新的生命力，文化基因发生了融合与裂变。或者说，通过弹幕，在对传统主流文化后现代式的膜拜的过程中，内容被解构且被重构。

（二）多元化：在社交场景下被张大的反差文化理念与行为

同时，片中呈现的内容与人们对老旧高冷事物的认知存在很大反差，超出人们的刻板印象与期待，这种反差为其在"90 后"和"00 后"的网络世界爆红埋下了伏笔。

非常多看似很平常的情节和细节，因为文化的反差，在共同观影的社交狂欢中，打动了年轻人的心。

像《我在故宫修文物》纪录片中出现的众多文物修复师，在我们心目中这么偏门"高冷"的职业，却与你我一样有着普通人的喜好情感，职业的神秘感与现实中的有血有肉，这种反差"萌"征服了年轻人。手艺高超、温文尔雅的钟表修复师王津，在片中像去邻居家串门一样随口说"我去寿康宫一趟"的情节，被大家视为云淡风轻，宠辱不惊。很多"00后"被王师傅的气质与个人魅力折服，觉得他酷萌，一时间王师傅被封为男神，满屏飞过"王师傅好帅""王师傅嫁我"等各种花式表白。

又比如"焕彩生辉"一词引发了出乎意料的文化崇拜。当木器师傅修复好黄花梨衣柜时说了一句听似平常的"这擦完了真是焕彩生辉啊"，便有一片弹幕飞过："新词 get""师傅气质一个个真不是盖的""我觉得他们开口都是文化，我只会说'卧槽'"等。

场景、人物、故事的反差所传达出的效果，恰巧与后现代审美趣味吻合，传统文化以后现代的方式被青年人所接受，反差与传统文化成为 B 站上弹幕社交内容互动与解构的热点，反差的文化理念与行为在社交场景下被张大。

（三）互动：被价值尺度多元的社交网络吸纳、变异与形塑的主流文化

主流文化与亚文化两者之间的对接除了有上述的内在动因外，社群传播平台也尤为重要。主流文化与亚文化的一次邂逅，效应被社群化传播的方式所张大。搭载 B 站的亚文化群体，通过各种技术手段对初始信息进行解读、评论、讨论，进而进行扩展、改编甚至颠覆，UGC 的过程中，对原始信息进行了 N 次加工与再创造，并产生相应的认知反馈，效应不断叠加，其效果是传统固化的中心化的传播手段所无法比拟的。比如，在《我在故宫修文物》热播的同时，B 站用户制作了很多版本的 cut，包括王师傅的单人剪辑版本及衍生出来的各种高校剪辑版本，还通过微博、微信等社交媒体进行快速的病毒式传播，进一步加速了《我在故宫修文物》的爆红。在亚文化社群传播中主流文化经历了一场文化裂变，在网络化的过程中被赋予新的内涵。

像 B 站这样的亚文化社群平台，具备互联网所特有的多媒体全息传播、超时空和"点对点"传播等强大的文化基因，对进入其中的主流文化进行基因重组并将属性信息融入其中，从而形成具有鲜明后现代特征与网络化特征的文化新基因。多媒体全息传播所建立的类似现实世界的虚拟仿真空间，融

合了多种文化因素，与大脑的精神时空形成异质同构的关系，信息接收者进行沉浸式体验形成强烈共鸣；超时空将过去、现在和未来打通，形成共时性结构，信息接收者摆脱时空的物理限制进入自由的时空穿越并获得强烈的超时空体验；"点对点"传播的网络化、平面化、私密化和互动性，深刻影响了主流文化的属性和品质。

与传统空间里亚文化在主流文化的夹缝中生存发展不同，网络世界所凝聚的社群为亚文化提供了极佳的避开主流文化的发展场域与土壤。在社群化传播的效应下，亚文化形态进入主流文化是对主流文化进入网络的一次文化逆袭，潜移默化中网络亚文化引爆的热点被广泛传播，进而主流文化形态对亚文化形态进行吸纳，变得"你中有我，我中有你"。这并非传统意义上的收编，而是两者互动、发生融合的过程，是多元化文化在社群传播中的共生，或者说是文化在社群传播中的裂变和重新形塑的过程。

四、结论与启示

在这些个案中，作为阐释性社群，B站用户虽然对传统纪录片的权威文本进行了"再创造"，当满屏都是弹幕时，视频原创作者的构图、打光、剪辑节奏等传统主流影视形态全部被"肢解"，从御宅文化衍生出来的弹幕亚文化形态，以其表达方式的娱乐化、互动圈层的草根化以及内容的多元化等特点将主流社会中的"权威"和"等级"轻松解构。但是，主流文化中最有价值的内核，如传统的坚守、工匠精神、文化自信等，并未被摒弃，"90后"甚至"00后"亚文化群体对主流文化、传统文化并不是完全排斥与抗拒的，甚至对诸如匠人精神这类文化符号非常认同与推崇，对老祖宗流传下来的瑰宝心存敬畏，只是需要以他们的方式表达才能使其产生共鸣。因此，当《我在故宫修文物》《寻找手艺》《国家宝藏》等遭遇二次元文化B站时，便产生了巧妙的文化融合。传统文化基因与互联网文化基因发生碰撞，传统文化在二次元的解构与建构中，与亚文化互动相融。在亚文化社群传播中主流文化经历了一场文化裂变，在网络化的过程中被赋予新的内涵。

它予我们的启示是：

（1）在网络后亚文化语境下，亚文化与主流文化间的风格、抵抗、收编等对应关系与模式都发生了变化，网络呈现出一个多元的文化图谱，文化互动、融合的过程中充满张力。亚文化与主流文化是相互渗透的，主流文化不可能完全独立于外，被主流纳入不代表着亚文化的消失，只是纳入渗透的方式在不断地变化。增加主流文化的多样性和丰富主流文化的价值内涵是互联网时代所必需的。

（2）作为新时代的新生力量——"90后"，甚至"00后"的青年人，他们表达自己内心意愿的渠道层出不穷，亚文化的反叛精神、张扬个性、用户黏度、传播途径等元素都是当代青年所需要的，对主流文化起着一定的推动作用。只要加强鉴别力和批判精神，社群化传播将会是助力而不是阻力，借用亚文化的一些形式，注入社会核心价值观的内容，有利于增强主流价值观的吸引力和感染力。这需要内容生产与输出者们更多地重新思考新的平台及传播路径与传播形态。

基于此，代表主流文化甚至是意识形态的"CCTV9""共青团中央"等早在2017年就相继入驻了B站。"共青团中央"继"CCTV9"之后正式进驻B站时，在微信公众号推文中宣布："从两微到知乎，团团的每一天，都在努力离大家更近一点，2017年，团团正式入驻B站，只要中国好青年在的地方，无论千山万水，团团都赶来见你。"显然，无论是"两微"、知乎还是B站，"共青团中央"都在试图向年轻人靠拢。

尽管"共青团中央"在B站发布的多数视频基本仍是传统的制作风格，但它也表示"说不定哪天团团会做鬼畜"，这预示着"共青团中央"未来可能会尝试更多更适合在B站传播的视频形式，其后的发展及效应值得我们持续观察与研究。

而这些主流文化在青年亚文化平台上的姿态与变化，很难说是一种妥协或者收编。主流文化的尝试与创新无疑是对上述内容所做的最好的注脚，我们乐见其变。

（3）青年亚文化同样也存在着融入主流文化的焦虑与内在驱动。

如果说伴随着二次元文化成长起来的最初的那一代人，也已经开始步入30岁的而立之年，那么，文化身份上的"转正"摆上了日程，何去何从的文化焦虑渐浓。那么，青年亚文化如何进入主流文化？是褪去原本的亚文化外衣，去二次元化，获得主流文化的官方认可，还是以其他什么方式与主流文化融合或者说勾连？我们可以在近期B站种种的破圈之举中发现一些蛛丝马迹。

2020年五四青年节，B站的宣传片《后浪》在央视的黄金时段播出，这一次，主流文化官方平台（前浪代言人）直接为青年亚文化平台B站（后浪聚集地）背书，由此引发了极大的争议，再一次印证了本文的观点——不管是出于商业的抑或意识形态的考量，不得不承认，主流文化与青年亚文化在社群传播领域进行着有效的融合互动，这显然已经不能以简单的妥协或收编来阐释。

对于主流文化与青年亚文化两者而言，融合、互动、连接是互联网时代共同的诉求，无论是主流文化通过亚文化社群平台传播所发生的文化裂变，还是亚文化社群对主流文化的后现代式传播、解构与重构，乃至亚文化群体向主流化的靠拢所引致的文化冲撞，这些高频度的碰撞、融合与互动都揭示着：在社群化传播的效应下，亚文化形态进入主流文化是对主流文化进入网络的一次文化逆袭。

文化经济视野下的地域文化新质

——岭南文化与江南文化的碰撞、共生与对话

一、问题的提出

文化是行走的经济，经济是可持续的文化。"粤港澳大湾区"与"长三角区域一体化"上升为国家战略，这是本文研究的背景与逻辑起点。两大战略正对应着两大文化：粤港澳大湾区——岭南文化，长三角区域一体化——江南文化。最具对应性的两种经济模式及其相应的两种异质文化，文化与经济在此奇妙地勾连，由此有了碰撞、互动乃至对话的可能。地域文化与历史机遇，与经济持续发展有何关系？如何形成时间和空间的匹配？如何从文化角度呼应国家战略设计是对中国当代文化未来走向的一次探讨。

在过往的国内外研究中，作为文化比较，岭南文化与江南文化几乎没有过交集，但作为单独的文化研究，岭南文化与江南文化各有大量的研究成果，涉及的文化研究主题多样，内容庞杂。

梳理后发现，无论是岭南文化还是江南文化，各自的整体研究主线是清晰的，多以文化人物、文化史及文化艺术研究切入，通常在两个研究范畴内展开：一是传统文化的范畴，二是地域文化的范畴。

传统文化范畴的研究，包括岭南/江南文化地理、岭南/江南文化传承与传播；地域文化范畴的研究，包括对岭南/江南文化在建筑、绘画、民间艺术设计乃至文学、戏剧等艺术形态中的呈现，对岭南/江南文化的内涵、特征、品格精神、价值的深入剖析等。

看似非常丰富的内容，实际上都没能跳出这两个基本研究范畴，研究的

范式相对单一，囿于传统的文史研究。

自"粤港澳大湾区"与"长三角区域一体化"上升为国家战略以来，有学者开始关注地域文化与经济的关系，意识到无论是粤港澳地区还是长三角地区，其语言、文化、习俗相同，有着共同的岭南/江南文化基因，基于深厚的地缘、史缘、亲缘等关系，形成不同文化特色和相互间独特的文化关系。有学者提出，粤港澳大湾区不仅是一个经济概念，也是一个文化概念。[①] 另有学者认为，长三角在区域一体化过程中，江南文化构成了长三角共同的精神家园。[②] 总之，都是强调应当充分发挥文化在各自地域经济建设中的助推作用。

上述所有研究观点的提出，是分别对应两个不同地区及其文化的各自分立的研究，而将岭南文化与江南文化联系在一起的相关研究基本空白，即使略有涉及，亦只散见于一些关于地域比较的简单描述中（如广州与上海的城市比较），缺乏深入的学理性，且始终无法突破传统地域文化或传统文化研究的视野局限。至于将两者纳入两大国家战略层面来探讨，以文化经济学的理论视角进行阐释的研究更是空白。

而从另一个视角来看，自 20 世纪 90 年代后半期开始，西方经济地理学的研究亦呈现出一种文化研究的趋向，经济地理学家和文化地理学家开始思考并重视文化等非经济因素在经济活动及经济空间格局的形成和演化中的作用，并强调在社会文化与政治经济相互作用的动态过程中来认识资源、资本和劳动力等生产要素的空间特征，突出社会文化在经济增长中所扮演的角色作用，引发了经济地理学的"文化转向"。[③]

由此，本文认为，在相关地域文化研究与经济地理研究的基础上，开创性地将岭南文化与江南文化进行比较，并创造性地将这种跨文化比较放在两大国家战略层面，基于文化经济的视野进行探讨，是非常有意义且有极大拓

① 徐远通：《充分发挥岭南文化在粤港澳大湾区建设中的作用》，《岭南文史》2018 年第 3 期。
② 王战：《解码江南文化》，《社会科学报》，2019 年 2 月 28 日第 6 版。
③ 庞效民：《90 年代西方经济地理学的文化研究趋向评述》，《经济地理》2000 年第 3 期。

展空间的论题。

将岭南文化与江南文化的对话放在文化经济的视野下，其意义在于对文化和经济两个领域都具有战略助推作用。探索文化的经济面、经济发展的文化脉络，将两大国家战略的文化与经济价值整合起来，讨论文化资本与经济发展下的文化新质，具有跨学科的研究价值。

基于此，我们思考，历史发展中岭南文化与江南文化曾在什么样的经济发展背景下发生过碰撞，各有什么样的不同姿态，各自产生了什么影响；当下，粤港澳大湾区与长三角区域一体化的发展，文化与经济渗透融合衍生出什么样的文化经济新形态，岭南文化与江南文化在其中有什么推进经济发展的文化共性；进而，在两大国家战略发展进程中，伴随着经济的交流互动和互补合作，文化是否可以连接并对话，如何对话，需要建立怎样的文化实践与文化对话机制，又将产生怎样的文化新质。

文化对经济的影响是复杂而多层面的，涉及宏观经济、微观层面的个体行为与企业行为，即不仅会影响长期经济增长、地区经济发展、收入分配、公共财政、出口贸易等宏观经济变量，还会对个体的劳动力市场参与、个人消费决策行为、创业选择、是否参与社会保险等产生影响，而企业的风险承担、代理成本、并购绩效等也会受到文化因素的影响。[1] 我们的分析仅在宏观经济层面展开。

二、岭南文化与江南文化的碰撞——关于历史

回溯历史，以中原文化的强势文明为参照系，江南文化是中原文化在江南的积淀，深厚、精致、精英，而岭南文化作为弱势文化受中原文化冲击，但因其海洋性又具有强大的气场，自成一格，质朴自然，它们是中华文化的一部分，深受中原文化的影响，同时亦改变着中华文化的格局。回到当下，

---

① 吴琦：《文化与经济——近十几年国内外文化经济学研究综述》，《现代管理科学》2018 年第 7 期。

相对江南文化，岭南文化传统中的市场基因更强；粤港澳大湾区的复杂性使岭南文化的内涵更多元、融合更复杂，更具不确定因素，也由此有了更多的文化可能性。岭南文化与江南文化在不同历史时期各有其轨迹，在历史的框架中遥相呼应，我们需要厘清文化与经济碰撞的过程与结果。

文化对经济发展的作用机理近年来为文化经济学所关注，自然地理和早期历史因素影响现代经济发展，其重要渠道是作用于代际相互传承的社会风俗、习惯、信念和价值观等文化因素，比如自我效能信念（Self-efficacy Beliefs），这一文化特质代代相传，从而提高了当地的社会资本。[①]

反过来，区域经济的发展状况对地域文化的形成与发展起支撑的基础性作用，不同的区域经济水平和特色孕育出不同的地域文化。历时数百年甚至数千年的一地的传统地域文化，是经历了一代又一代人的共同选择后最终积淀在这个地区和民族的血液里的，构成这个地区社群特色和民族特质的文化底色，这种底色异常强大而稳定，会对该区域的经济发展产生巨大的反作用。因而，各具特色的地域经济总是体现出受不同类型地域文化影响的深刻印记。

（一） 岭南文化与珠三角地区的区域发展

改革开放数十年，珠江三角洲经济的崛起与腾飞，乃至社会的全面进步，除了得益于政策先机外，一个重要的原因也在于该区域具有深厚而独特的文化底蕴、文化渊源和文化积累，或者可以说是岭南文化传统。岭南，泛指五岭以南地区，范围包括今广东、广西、云南、福建的部分地区，后人也以岭南为广东的代称。珠江三角洲属于岭南文化区，广州是岭南文化形成的中心。先秦时期岭南文化初见雏形，由于岭南在相当长时间内在天朝大国的版图上，是封建王朝的化外之地，使形成时期的岭南文化远离儒家中心文化，带有一点边缘文化的味道。因此岭南文化一开始就具备了开放性、商品性和共处性这三个基因。[②]

---

① GUISO, LUIGI, PAOLA SAPIENZA and LUIGI ZIN-GALES. Does culture affect economic outcomes? Journal of economic perspectives, 2006（20）：pp. 23 – 48.

② 徐李全：《地域文化与区域经济发展》，《江西财经大学学报》2005 年第 2 期。

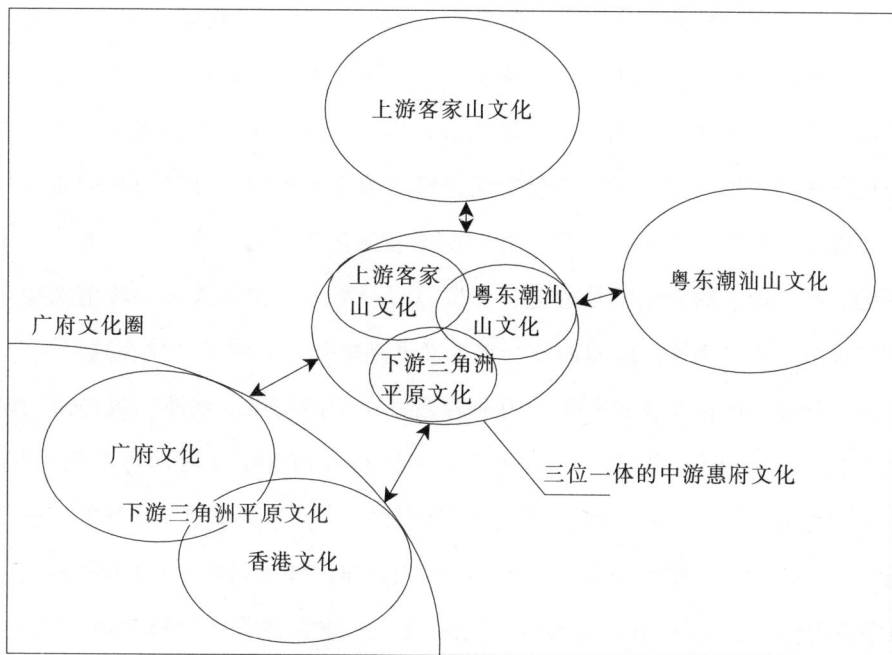

广东地域文化景观体系示意图①

　　一是开放性。岭南交通（现代交通出现以前的主要交通是水路）畅达，背山面海，远通域外，率先吸纳域外文化，兼容不同文化。如岭南文化的中心——广州，临南海之滨、扼珠江之口，对于吸收外来文化有天然的地理优势。晋代时，广州就已经是华南地区的出海口，到了唐代，已成为中国南海大港，海上丝绸之路之一。此时，广州已设"蕃坊"，异邦习俗开始对广州的文化产生重要影响，也就是说，广州人在唐代就对"异邦人"习以为常，这也造就了广州人的开放性格。

　　二是商品性。商业活动的频繁，催生了与中原传统的重官抑商相抵牾的商品意识，也激发了区别于禁欲主义的享乐精神，这种享乐精神又反过来强化其重商特性；同时，由于岭南地区自古就是我国东南部手工业、小工业城

---

① 叶岱夫：《广东东江流域文化地理研究与区域经济展望》，《人文地理》1998年第4期。

镇的聚集地，使岭南文化具有较强的平民倾向，充满商业色彩。

三是共处性。即东西共存、各守一方。洋人生活方式和粤人生活方式在岭南井水不犯河水，长期和平共处。近代以后，岭南文化继续完善发展，西方殖民主义者用武力对我国进行野蛮侵略，岭南人民以坚强和勇猛的斗争精神率先奋起反击，众多仁人志士开始探索救国之道，这里产生了洪秀全、康有为、孙中山、詹天佑、黄遵宪、邓世昌等一大批杰出的人才，岭南文化也因此注入了革命因素。随着西方资本主义思潮的传入，中西文化在这里汇合、碰撞、交流，岭南文化具有了学习兼容西方文明的特点。魏源明确提出"师夷之长技以制夷"的口号，林则徐则以实际行动迈开了学习西方的第一步，在学习西方军事、器物和政治体制等方面都发挥了重要作用。继魏源、林则徐之后，岭南人在接触吸收西学方面继续走在时代的前列，并提出种种改革中国的措施方案。岭南文化形成了博采众长、兼容并蓄的胸襟和敢为人先、敬业乐群、务实奉献、富于开拓的精神。

总之，珠江三角洲在悠久的岭南文化传统、秀美的地理环境、特殊的政策优势和多种外来文化的整合下形成了一种"义利兼顾、自主开放、生猛鲜活"的区域文化性格，这是过往珠三角能够成为改革开放前沿，成为中国经济最活跃地区的文化根源。

（二）江南文化与长三角地区的区域发展

长三角地区主要包括上海、江苏和浙江。长三角地区的江南文化相较岭南文化，其构成显得更为复杂，主要以江浙的吴越文化为主。月泉（1994）指出长三角区域具有明显的"善进取、急图利"的功利主义色彩；散发着"崇尚柔慧、厚于洋味"的人文关怀，具有顽强的生命力和开拓冒险的精神。王德峰（2003）曾将长三角区域文化特点概括为合理的个人主义以及在文化价值上的宽容态度；务实精神和意识形态上的中立；善于学习先进思想和积极的对外开放心态。① 这些都与岭南文化有着共通之处。

长江三角洲经济繁荣，成为我国的经济中心之一，可从其源远流长的传统地域文化中追溯。古之吴越地处中国东南沿海一带，可看作当今的江苏、浙江、上海的长三角地带。历史上吴越地区作为一个具有较强的外向经济活力的东南沿海区域，对外商贸十分活跃。濒临大海、依托大海的地理特点，使得该地区逐渐成为中国经济和文化向东传播与扩展的重要窗口，也使该地区的文化因子融入了较多的创造性与开拓性精神，表现出了较多的对外发展、对外辐射的需求欲。正是该地区在地理环境、生产技术、经济方式及人文精神等诸多方面的有利条件，如地缘海隔的地理环境、先进发达的航海技术、繁荣兴盛的港口贸易、开放开拓的地域心理等，促使江南文化在一定程度上摆脱了中国传统文化中一些固有的保守性与封建性。

江南文化作为中国文化中一种具有海岸文明特点的地域文化形态，一方面保持了中华民族传统文化的许多固有风格与特点，另一方面又呈现了深受海洋文化熏染的某些独特的地域文化个性：吴人行事崇尚制度、规范、意识，具有较强的开放开拓的地域心理。缙绅以货殖为急，重于交易谋利，重商观念深入民心。因此，吴越似乎自古以来就是富豪集聚地，古有越国上将军范蠡弃官从商，人称陶朱，逐什一之利，聚巨万资财，成为中国历史上最著名的富商大贾，被历代商家尊为祖师爷。大儒梁启超是这样描述吴越人的：其俗纤啬，其人机变。显然，这种文化个性和文化氛围有利于现代市场经济发展，当今浙江民营企业空前繁荣，市场经济异常活跃，上海成为我国经济和金融中心，江苏经济发展水平在全国名列前茅，都应是历史上形成的崇尚规范、开放开拓、重商观念深入民心的地域文化性格与市场经济契合的一种内在必然。②

从上海、江苏、浙江三地具体的文化特征来看，其又各具文化内涵。江

---

① 转引自陈柳、于明超、刘志彪：《长三角区域文化融合与经济一体化》，《中国软科学》2009年第 11 期。

② 徐李全：《地域文化与区域经济发展》，《江西财经大学学报》2005 年第 2 期。

苏属吴文化和淮扬文化的范围，受中原文化和吴文化的交织影响，价值观念体系上以勤劳、智慧、务实、求稳、开放和竞争意识等为主导，"苏南模式"的兴起和发展充分体现出了江苏在区域经济发展过程中稳中求进的特征；浙江以越文化为主，由于浙江受自然条件和自然资源的限制，对外界没有明显的依赖心理，具有更强烈的忧患意识，同时由于受到海洋文化的影响，浙江人富有敢于冒险、开拓进取的创业精神；上海则具有鲜明的海派文化特征，海派文化是以吴越文化为基础，在江南工商经济传统下，借助西方文化和西方工业文明所演化发展出的以上海为城市形态的文化，上海地区文化的发展，体现出了传统与现代、本土与外来等多元文化融合的格局形态。

长三角区域文化模式和区域经济模式①

区域		江苏	浙江	上海
区域文化模式	文化背景	吴文化、淮扬文化	越文化、浙东文化	海派文化
	文化观念	勤劳、稳重、温和	冒险、奋进、吃苦	稳重、含蓄、细腻
	文化特质	人文沉淀、政府主导意识强	灵活经营、市场意识强	国际化、对外开放意识强
	文化共性	崇工崇商、崇文崇教、兼容和谐、开放创新		
区域经济模式	典型模式	苏南模式	温州模式	浦东模式
	经济载体	乡镇企业及其改制企业、外资企业	民营企业	大型国有企业、外资企业
	产业部门	机电、纺织、IT 等制造业	以大市场为依托的小商品行业	国民经济支柱行业
	政府作用	招商引资的巨大作用	政府管制较松	高效、强势的政府
	投入机制	集体、外资	民营资本	国家投资、外资

总体来看，长三角地区江南文化的主要特征和文化共性主要为重视工商、

---

① 陈柳、于明超、刘志彪：《长三角的区域文化融合与经济一体化》，《中国软科学》2009 年第 11 期。

注重功利、对外开放、开拓创新等。具体细分下来，不同的区域文化特征形成了长三角地区各子区域经济发展模式的差异，如以吴文化为主的"苏南模式"、以越文化为主的"温州模式"以及以海派文化为主的"浦东模式"（见上表）。尽管形成了上述的差异，但这些在全国具有典型特征的区域经济发展模式都是在江南文化的共同内涵特征影响下形成的，其内核是一致的。如江南文化中的创新精神和重视工商的市场意识在江浙地区造就了大批企业家。以温州为例，温州市总人口中几乎三分之一在办企业或从事市场交易活动，足迹遍及世界各地，以至形成了"哪里有市场，哪里就有温州人；哪里没有市场，哪里就会出现温州人"的说法。

如上所述，岭南地区的敢为人先、自主开拓与江南地区的重商求利、义利兼顾，这些共通又各具特质的文化因素，在当代的工业文明阶段，分别造就了珠三角与长三角地区的经济繁荣，这其中带有显著的历史必然性。

三、岭南文化与江南文化的共生——关于当下

文化的经济化，即文化逐渐具有经济特征，甚至成为一种独立的经济形式；经济的文化化，即大量商品逐渐具有了文化的特征，甚至文化性占据主导地位。这个趋势同时发生在当下的粤港澳大湾区与长三角经济带。文化与经济的融合使原本的异质文化间有了共性，形态各不相同，但同时在地域经济一体化发展中承担着相同的作用与功能，异曲同工，两者以不同姿态在中国的文化版图中共生。

文化产业的出现，使文化内容可以转化为文化产品进入物质消费领域，文化创新与经济创新在某种程度上关联起来。近年来，与文化创意相关的经济部门逐渐崛起，成为经济增长的新引擎，特别是网络时代，数字化的文化创意产品改变了人的文化生活和娱乐方式，文化创意产品的生产成为文化创新的主要来源之一，以文化创意形式出现的文化创新同时还重塑了经济创新的模式。因此，数字经济时代促进经济发展和提升经济创新能力除了发挥技术创新、组织创新和制度创新外，以文化创意为代表的文化创新亦不容忽视。

具有文化创新能力的经济创新才能适应数字经济时代的竞争趋势。

（一） 岭南文化聚合下的粤港澳大湾区文化经济

湾区是世界先进滨海城市群的标志，也是经济高质量发展的重要载体，如旧金山湾区、东京湾区和纽约湾区等城市群具有强大的产业聚散效应和国际交往功能。但世界级城市群并不是一个物质性的城市实体，活跃和高质量的文化活动和健全的文化市场体系才是世界级城市和城市群的重要特征。①

2018年10月发布的《中国区域文化产业发展报告（2016—2018）》指出，粤港澳大湾区是目前中国经济发展最快的区域，也是各类文化活动较活跃、文化产业发展环境较好的片区。大湾区其中一个建设目标就是成为世界级文化产业中心。因此，广东依托在粤港澳大湾区的地缘优势、丰厚的旅游文化资源、尚未开发完全的历史名城和文化遗产，将成为湾区文化产业中一支独具特色的生力军。近年来，广东文化产业发展迅猛，文化产业增加值连年位居全国第一，约占全国文化产业总量的七分之一。经广东省统计局核定，2017年全省文化产业增加值达4 817亿元，占GDP比重为5.37%。广东正在从过去以单纯的制造业为支柱产业的产业大省向文化产业主导的文化大省转变，文化产业正在逐步提高其国民经济的重要性地位。

商务部门的数据显示，广东文化出口已覆盖160多个国家和地区，在出版、动漫游戏、创意设计、文化设备制造等领域培育了一批具有国际竞争力的重点出口企业和品牌。2016年，广东文化产品进出口437.9亿美元，其中出口418.1亿美元，居全国各省区市首位。广州天河区拥有我国首批公示的全国13个国家文化出口基地，在对外文化出口和文化交流中充分发挥"国家文化出口基地"的优势，培育外向型文化创意企业。2017年广东对"一带一路"国家文化产品出口66.94亿美元，同比增长28.5%，展示出广东在参与"一带一路"建设中具有较强的文化优势，并积极带动了香港、澳门文化产业

---

① 王林生：《现代文化市场体系：粤港澳大湾区文化产业高质量发展的路径与方向》，《深圳大学学报（人文社会科学版）》2019年第4期。

的发展。

粤港澳大湾区在文化生产、文化产业大发展的同时，有一个趋势非常值得关注。除了传统意义上的文化产业之外，文化创意的融合现象最近几年大量出现在制造等行业中，例如近年崛起的中国科技企业深圳市大疆创新科技有限公司，其战略定位是"做全球飞行影像引领者"，无人机等科技产品成为实现文化愿景的一种工具手段，该企业着力打造"天空之城"网络社区、移动影像大赛等平台，以发挥文化创意的凝聚力。在类似的行业之中，文化创意发挥了创新的引领作用，同时还成为一种产业协同联动的黏合剂，不同类型的企业因为文化表达的需要，达成了围绕某一种文化生态圈而进行协作的模式。

文化生产与相关经济的融合乃至产业协同，将成为粤港澳大湾区经济创新的具体实现形式之一。文化创意聚合形成新的创意大部分是通过文化制造业或者其他产业的产品体现出来的，这除了文化创意的聚合效应外，还体现出文化融入生产的过程，并且带动文化产业与其他（尤其是科技）产业的协同共进。文化创意成为一般商品的价值构成，它才能成为经济创新的来源。

可见，粤港澳大湾区的文化经济发展模式主要以创新为引领和支撑，注重文化产业与资本、高新技术的结合，推动传统文化和现代文化深度融合，重塑产业发展新格局。毗邻港澳的地理优势、开放多元的社会氛围为广东文化产业发展注入新元素，令广东本土的文化创意产业得以协同提升。这或许是新时代传统岭南文化的又一次开放、兼容的创新演进。

（二）江南文化辐射下的长三角经济带文化经济

江浙沪地区是中国的又一区域经济增长极，随着长三角地区江浙沪"两省一市"经济一体化速度的加快和发展成果的日臻完善，该区域文化产业也呈现出极具竞争力的强劲势头，依托该地区雄厚的文化底蕴和资源禀赋，逐渐形成富含地方特色的文化产业带，上海、宁波、杭州、苏州、南京等地均成为该文化产业带的代表性城市。

与广东行政区划的天然优势不同，长三角经济带原本有着跨越两省一市的行政区隔障碍，但在江南文化的辐射下自成一体。

从文化形成来看，文化的产生同时是人类认识在文化空间集聚的过程，这种集聚形态在文化生态学中被称作"文化群落"，文化群落产生于文化个体对超越其上的价值标准的向上文化认同，文化认同是将文化个体集聚在一起的动力，而地理环境对区域文化特质有决定性影响。这表明，文化本身是一种连贯、统一的社会产物，因此作为广义文化的一种分类，文化创意的生产不可能脱离社会文化的集聚发展特征成为分散式、独立式的生产形态。尤其是在经历了工业社会的规模化生产组织方式改革以后，文化创意的空间集聚特征更为明显。文化创意的空间集聚最后会形成一种制度上的产物，即创意城市，其概念本身并不是来自行政上的城市划分，而是创意发展到一定阶段后出现的特定社会组织形式。

从产业经济学和演化经济地理学的角度来看，文化创意生产的空间集聚与产业集聚、空间要素特征等相关。产业空间集聚的好处主要来自集聚带来的规模效应以及企业可以从中获得的正外部性收益，文化及相关产业的集聚发展趋势表明文化创意区域的形成对产业发展具有重要作用。由于融合文化创意的不同产业之间关联性的加强，因此可以把文化创意发生集聚原因的探讨从文化因素转移到与产业集聚相关的地域因素上来。

从全国范围来看，我国文化创意产业主要存在六大产业集群，分别是以上海、杭州和苏州为中心的长三角文化创意产业集群，以广州、深圳为中心的珠三角产业集群，以北京、天津为中心的京津冀文化创意产业集群，以长沙、武汉为中心的中部产业集群，以西安、成都和重庆为中心的川渝文化产业集群，以昆明为中心的滇海文化创意产业集群。而这六大集群中长三角文化创意产业集群规模最大，在全国所占比重最大。长三角地区是我国经济发展水平最活跃的地区之一，也是江浙沪"两省一市"经济发展的主战场。

2004年11月，上海创意产业中心成立，并在此后两年内分批成立了75个创意产业集聚区，吸引了3 000多家企业进驻，上海市文化创意产业进入跃进式发展阶段。上海文化创意产业的快速发展带动了周边地区的积极性，江苏和浙江各出台相关政策法规，加大扶植力度，有效开发利用文化资源，注重品牌打造，重视保护知识产权，保障文化创意产业进入快速发展轨道。江苏省依托科技和雄厚的经济实力，打造出苏州国家动画产业基地、无锡太湖新城产业园等64个文化产业园区，成为南方重要的文教与创意产业基地，同时凭借传统的历史文化与现代科技相结合发展独特的文化创意模式。从2013年起，南京和苏州文化创意产业增加值占GDP的比重突破5%的关键性门槛，表现出巨大的经济效益和发展潜力。浙江以杭州、宁波、温州等地为中心，依托当地文化资源和优势，成立多个文化创业园区，杭州的软件、动漫咨询设计和休闲娱乐产业，宁波的工业设计、动漫和会展服务等闻名全国。

如上所述，无论是粤港澳大湾区近年围绕文化创意核心崛起的智能化制造业，还是长三角区域一体化经济中强势的文化产业乃至互联网信息产业，其集聚效应背后有着深厚的文化创新基础。即一方面，文化资源市场化、资本化，文化产业发展成为两个地区的新的经济增长点；另一方面，文化创意的生产形态、文化创意融入生产过程中所带来的聚合、协同效应同时成为经济创新的源泉与动力，进而推动了两个地区发展新的经济创新模式。在当下，文化以具有共性的创新方式共同推动着区域经济的发展。

四、岭南文化与江南文化的新质——关于未来

岭南与江南的比较，既有历史的基础、当下的意义，更有未来的价值。当社会进入数字经济、网络经济时代，我们蓦然发现，文化的集聚效应有了新的呈现方式。除了地理空间集聚，数字经济时代文化创意的生产体现出网络空间集聚的特征。文化创意的生产是集聚式的，核心是人的集聚过程。一方面因为人是文化创意的创造者，另一方面所谓"物以类聚"，有相同创意才能或者文化偏好的人倾向于在相同的圈层内生活或交流。在地理上，集聚发展成为今天的创意城市以及城市中的创意区域，正如经济学家卢卡斯（Robert E. Lucas）所说："伟大的城市就算人口密集、喧嚣、物价高涨也照样会吸引人们前来居住，这是因为人们渴望与程度相当的人在一起的欲望使然。"文化

创意集聚于城市，因为它是一个维持文化创新的生态系统。而在互联网上，集聚发展成为不同种类和大小的网络社群，通过虚拟世界的交流与沟通，新的文化创意诞生，进而又可以通过数字化或者实物生产的方式出现在产品市场。

随着网络技术的不断升级，麦克卢汉关于"重归部落化"的预言也日渐显现。不难发现，数字经济时代网络社交媒体的兴起，为个人（或企业）提供了信息交换和情感沟通的虚拟空间，这些开放式或者半开放式的虚拟社区事实上已经成为大小不等的亚文化群落。网络亚文化群落的形成，受到不同人群文化审美趣味和所从事活动的集体性文化的影响，比如游戏论坛、动漫社区、体育社区等亚文化群落的形成依赖于成员间的共同兴趣爱好，因而群体内部的交流语言与思维方式具有很大的共性。这些网络社群的产生既是社群内部成员个体与集体创造力的共同发挥，也是网络个体审美趣味、个体价值的张扬。值得注意的是，这些网络社群虽然有可感知的亚文化背景，但不是按照产业或地域来进行划分的，它们的社群边界是一种更模糊的人类思维或审美共识。因此相较于地理空间的集聚，网络空间的集聚更有可能促进新的文化创意产生：网络发挥了更大的沟通便利性和提供了更广阔的创意伸展空间，同时也提供了更加精细和多元化的创意分类——基于思维和文化的分类，而不是基于统计和地域的分类。

因此，无论是岭南文化还是江南文化，实际上都面临着突破地理局限的社会化网络文化的冲击。当与数字技术相遇，社会化网络的扩散效应与机制使传统上各自相安的封闭的地域文化产生了新的对话的可能。

在数字时代，尤其是大数据、云技术条件下，粤港澳大湾区与长三角经济带自身内部的区域协同变得更为便利与常态，华为云新增香港数据中心（2018年）、腾讯云技术接入澳门（2018年），这些都呈现出大数据环境下一体化深化的可能。而立足广东并辐射服务粤港澳大湾区的阿里云工业互联网总部落地广州，显示出不仅仅是区域自身，区域间的协同创新发展亦成为可能。它强化了粤港澳大湾区之间、大湾区与长三角之间的数据整合，为加快现代文化市场体系中的大数据技术应用，推动文化生产的动态化、实时化提供了重要支撑。

面向未来而生的文化市场体系，必然代表着一种新的社会知识，必然要用新的标准、新的模式对固有的文化市场体系进行重构，以凸显文化市场体系的现代性。[①] 在数字化时代，数据不再是交易的痕迹，而是现代市场进行生产和资源配置的重要依据，是现代国家竞争力的战略制高点。珠三角与长三角原已积累的大量数据，包括港澳的国际化数据，过往，由于区域的行政分割和数据的分别持有使得数据难以发挥其价值的最大化，而未来，粤港澳大湾区与长三角经济带在国家战略中发挥引领支撑作用，强化文化产业的国际竞争力，必须依靠它们的数据共享构建现代化的文化市场体系。这是对话与互联互动的必然方向。

当代学者不断地从历史发展中去寻找岭南文化地位提升的理由，高度评价近代以来广东的崛起乃岭南文化的一种胜利也是世界范围的大势所趋，是中国经济、政治、文化发展的内在需求。事实上，岭南文化和江南文化在不同历史时期有不同的遭遇，其盛衰起伏亦可相互借鉴。因此，我们不是旨在探讨两大文化的对峙或者冲突，而是力求在历时与共时的细细梳理、挖掘推敲中去发现两者交流互动、相互促进的可能。岭南文化与江南文化相映生辉，将依托粤港澳大湾区与长三角经济带的经济体，成为中国文化经济的双引擎。

五、结语

回顾历史，特别是改革开放以来的发展史，岭南文化、江南文化的资源形式决定着其对应的区域经济发展模式。由于传统地域文化有着强烈的空间归属性，其多样化的文化形式显示出明显的局部特征，代表着一座城市、一

---

① 王林生：《现代文化市场体系：粤港澳大湾区文化产业高质量发展的路径与方向》，《深圳大学学报（人文社会科学版）》2019 年第 4 期。

个地区社会发展的物质和精神成果。跨越了这个区间，就难以形成文化优势或作为资源利用。地域文化在所归属的区域内，不仅仅是一种资源，更是一种对地区经济产生深度影响的生产力因素，地域文化利用自身的道德伦理、生活习俗、价值观念以及历史遗留等精神遗产，将地区的经济发展引向最适合"文化经济"发展的道路上去，从而达到经济持续发展的目的。① 地域文化的各种经济要素的整合能力和整合方式，决定着区域经济发展的具体道路。

岭南文化与江南文化都有着自身较长的文化演进过程和深厚的文化留存，本身具有丰富的、区别于其他地域的特征文化形式，且在文化留存上有着鲜明的历史印记，因此，地域文化呈现出封闭性，对外来文化的抗拒性明显，其传播与输出的方式是非强势的，或者说是温和的，局限于一定范围内的地理空间。它们所具备的一些影响经济模式的特质可能有不谋而合的共性，比如重商重利、海洋性、兼容性等，但现实中很难产生交集。我们可以从比较中发现异质文化是如何影响与推动不同经济发展的进程的。

考察当下，现代社会背景下的经济活动已经演化成了一种在不同文化背景下的对传统的自然资源和文化资源的有效利用。几乎所有的经济活动和物质产品都被打上了文化的烙印。"文化经济"的出现，不仅改变了许多地区的经济发展格局，催生了新兴产业，也大大增加了文化的世俗价值。当文化商业活动、文化产业以及文化创意成为经济手段的时候，区域经济的发展必然更加倚重文化。文化对经济的渗透，已经成为衡量经济发展的深度指标。此时，无论是岭南文化还是江南文化，资本被充分利用，文化融入生产过程，并以文化创新的方式推动经济的创新。至此，原本完全异质的岭南文化与江南文化，在聚合、协同、扩散效应，乃至文化经济互动的机制上开始具备趋同性。网络环境下，文化的地理空间性被打破。

---

① 曹颂今：《地域文化：一种推动区域经济发展的新型生产力》，《生产力研究》2012 年第 12 期。

而未来，随着数字经济、网络经济不断发展，大数据、云技术、"互联网＋文化"，人才、物流、资金流、信息流资源突破地理区域的汇聚，推动游戏、新媒体、网络文化新经济等文化产业新业态呈指数型增长，通过科技推动传统文化产业升级提档，将为古老而传统的岭南文化、江南文化注入新的活力，促使其产生新的特质，通过区域间技术性的创新合作会带动文化间新的交融与对话。

岭南文化与江南文化：对话的意义与可行性

粤港澳大湾区是我国开放程度最高、经济活力最强的区域之一，在新时代国家发展大局中具有重要战略地位。建设粤港澳大湾区，既是新时代推动形成全面开放新格局的新尝试，也是全面准确贯彻"一国两制"方针的新实践。中国两大国家战略：粤港澳大湾区与长三角区域一体化；两大战略分别对应两大文化：岭南文化与江南文化。在此背景下讨论岭南文化与江南文化比较对话的可行性与必要性，具有多方面的意义与价值。

一、江南文化是中华文化由北向南千年培育的结果

所谓"江南文化"，历史上涉及领域不小，边界并不十分明确。比如江苏，亦分南北，南北之中的南京可为例子——南京人不认为他们属于江南。目前公认太湖周围一带属于江南——苏南的无锡、苏州、常州，还有扬州——是江南的核心地带。上海于近代崛起，对江南文化产生极大的推动，也为她带来一些新质。浙江因为有了杭州，进入了"上有天堂，下有苏杭"的境界，历史上文风浩荡，与江苏同称"才子之乡"，习惯上也是同气相求，合称"江浙"。不过，我们可以暂时不纠结地域边界，而把注意力更多地放在江南文化的特征与内涵上。

中国文化有一个"北上南下"的发展轨迹，到南宋以后彻底"南方化"。南来北往中，江南是南北文化交流的重要区域。这也是江南文化成为中华文化主流的重要原因。比如，江苏有一个明显特点——"才子文化"，为中国科举制度最为彰显的地区，中国科举博物馆建在南京，可谓合乎情理。历史上

江苏与浙江的进士数量，一向高居榜首。当代中国两院院士，江南占 80%，也是最高的。明清之际，江浙一带高度发展，科举也登上顶峰。再往前，南宋时候，仅苏州地区就占了全国税收的八分之一，物产丰富，富甲天下。江苏可谓人文荟萃、底蕴深厚。

相比之下，广东在张九龄开了梅岭古道以后，开始各方面的大发展，第一位状元就出现在唐朝。在中国，科举考试几乎是读书人唯一也是最重要的出路，而江南文化的一个重要特点就是形成了"文人文化"。江南贡院曾是中国古代最大的科举考场，鼎盛时可容纳两万余名考生同时开考，为全国贡院之冠。难怪一位江南作家有名言道："科举是第五大发明，一千三百年承传，清朝取消，国就亡了。"加之江南故国，十朝旧都，绝代风华，千年培育，蔚为大观：江南核心，江苏浙江；江南水乡，诗书传统，古代状元人数为中华之首；文化繁盛，遍地精英；名美镇，名美食，名美物，名美景；历史积淀深厚，文化内涵丰富。

二、岭南文化是中华文化的有机组成部分：结构多元、独树一帜

岭南是一个明确的地理概念，五岭之南，南方的南方。"五岭"一词在两千多年前的《史记》中已然出现。岭南，北枕逶迤五岭，南临浩瀚大海。实为"以山川之秀异，物产之瑰奇，风俗之推迁，气候之参错，与中州绝异"①的人间乐土。岭南大致指广东、广西，以及越南的一部分；再包括海南——海南建省以前长期隶属广东，其文化也与粤西密切相关。本文主要研究的是岭南文化中的广东文化，或者说，以岭南文化的代表广东文化为主要关注对象。

世界上许多事物，当其呈现不同侧面——尤其是看似矛盾的不同指向时，常常是最具魅力的，内涵也会因此而倍加丰富——广东文化恰巧如此。应该说，涵盖广东文化的岭南文化具有看似相悖的两大特点：与中原、荆楚、巴

---

① 参见（清）屈大均：《广东新语·潘序》，北京：中华书局 1985 年版。

蜀、吴越江南文化长期融合，慢慢成形；同时，由于文化结构复杂多元、地域特色鲜明而独树一帜。其奇妙之处还在于拥有一个双重性：封闭性与开放性。五岭与大海一道形成地理障碍，使岭南具有一定的封闭性。但广东人很早就开始探索海洋，随着航海技术的进步，逐步走向世界。在封闭性中又具有开放性，看似矛盾，实则相辅相成。自秦汉始，海上贸易即培养了广东人的商业传统："广东富盛天下，负贩人多。"雍正皇帝也因此斥责：广东本土贪财重利，将土地多种龙眼、甘蔗、烟草之类，以致民富而米少。因此，广东被推为"华商之冠"，经商已然成为广东人的气质之一。①

广东与广西关系融洽，但生意多让广东人做了。广东人去广西买米再转卖天下。即使明清海禁之时，仍有粤人铤而走险下海贸易，成为巨商。大批广东人出洋谋生，对西方先进的文化科技大多少有拒斥。尤其到了近代，反传统的超前意识凸显，与古越族的遗风旧俗奇妙并举。这恐怕也是深知中西文化交流益处的著名学者林语堂先生在《北方与南方》② 一文中对中国人的反思中却意外地高度评价广东人之缘由吧？身为福建人的林语堂或许因地域近邻而读懂了广东人。简言之，广东人不受中原儒家正统学说束缚，不受"父母在，不远游"观念限制，闯大海，闯世界，通过海洋找到"海阔凭鱼跃，天高任鸟飞"的开拓进取的人生境界。

2003 年，我第一次访问开平碉楼，惊叹于碉楼的中西合璧，一座座碉楼颇有些不协调地静静屹立在田野村落。知闻开平碉楼入选世界非物质文化遗产时，我的第一反应是：外国评委看重其中西交流特征。同时心中愤愤：依旧是一副"欧洲中心论"眼光。我的疑惑还在于在开平碉楼里看到的两幅放大照片：一幅是北美甘蔗林里戴着镣铐的华人劳工，衣衫褴褛，不堪折磨；一幅是上百个男青年聚集开平码头，准备随海轮赴国外务工，其人群蜂拥而至，其表情跃跃欲试——二者传达了完全相反的历史信息。难道码头是骗局，

---

① 参见司徒尚纪：《广东文化地理（修订本）》，广州：广东人民出版社 2013 年版，第 1、16 页。

② 《北方与南方》，林语堂：《吾国与吾民》，南京：江苏人民出版社 2014 年版，第 15 页。

镣铐才是苦难真相？十年后，我在《广州文艺》杂志主持"广州人，广州事"专栏，一做就是六年半，获得了大量有关广州的信息，使我的疑惑渐渐解开。一个结论清晰地跃入眼帘：广东，离大海很近，离世界不远。而碉楼恰恰是面向世界的物证，是中外文化交流的结晶。两张照片又均为事实，同时展示了历史的不同侧面。"一枚硬币的两面"似无法囊括：一个多面体的不同侧面，无数个交错的意外，抑或是并不意外的历史交错。比如海外移民，不同历史时期会呈现出不同情形，甚至是截然相反的结局。

2000年以来，"北上广"再加上深圳，一线城市构成热点话题，其中广州的地位始终被质疑或"唱衰"。北京的地位不可撼动，明里暗里较劲的就是上海、深圳，现在又有杭州、天津、重庆、武汉、成都等城市，大家都急不可耐地要挤入一线城市，不争面子争口气。2016年，一张邮票选了北上深杭四地风景，广州一些文化人不乐意了——他们同时埋怨：广东本地人"不争气"还不要紧，"不生气"才是麻木。有一次在广州老城区荔湾开会，我听到一句话：从从容容生，淡淡定定活。网上热议广东人之淡定——举例为腾讯微信总部曾经落户广州珠江电影厂对面的 TIT 创意园。据说当时微信总部连牌子都不挂一个，平常安静，低调内敛，谁料到卧着一条大龙，身价连城却素面朝天。对于广州人不争的态度，有人认为：老广从不稀罕荣辱，一向处变不惊，既为南大门，有风自来，面朝大海，春暖花开；文化人急，与老百姓关系不大，茶照饮，地球照样转。也有人认为：这恰是广东的性格，宠辱不惊，不卑不亢，淡泊自在。

2015年以来，广东财经大学社会系师生在顺德区乐从镇的鹭洲村与沙滘村，针对当地的华侨问题展开田野调查。这种"不放过每一片树叶"的乡村行动，从田野起步，从历史与现实中寻求真相，不受限于当下的流行观念，竭力回到历史现场。田野报告凸显：事实基于爱国华侨资助乡民向海外求生存求发展；观念基于他们对国家边界的多重选择。居住国和祖国，均纳入生存活动区域，同时亦进入观念视野。麦思杰博士团队的调查中，有一位华侨堪称典型，即沙滘村近代著名侨商陈泰（1850—1911）。陈泰最初在马来西亚挖矿致富，后回到沙滘村定居，他将三个儿子派往南洋、马达加斯加、留尼汪从事贸易活动，还大量资助族人在不同的地区进行投资贸易活动。在陈泰雄厚资本的支持下，沙滘陈氏族人的生意遍布南洋和东非。人员、资金、商品在这个以沙滘为中心的网络里来回流动。沙滘村也因此成为乐从远近闻名的富裕之村。由此可见，几百年以来，广东人一直向海外向世界流动、移民，谋生存、求发展。可谓"凡有日影处，皆有广东人"。①

还有一个例子同样具有说服力。被誉为"中国第一侨乡"的广东台山，不但在海外移民与本土居民人数的比例上全国领先，而且曾经是最早的国际化区域。台山被称为"小世界语社会"，台山话夹杂英语成为习惯，台山人钱包里装着"万国货币"，历史上曾有台山一县侨汇收入占全国侨汇三分之一的盛况。不仅于此，广东还有潮州的侨批，汕头的开埠，广州的十三行、黄埔古港，客家的下南洋等，不胜枚举。广东人的视野早就面向大海，广东人的足迹早就遍布世界，所以广东人不会将目光局限于故乡，不会纠结于一时一地的毁誉得失。明白了这一点，也就不难明白广东人特有的从容与淡定。明白此道理，将倍感广东社会精彩的一面。同时，也将其视作广东文化独特的一份魅力。

岭南文化有大传统，也有小传统，有大文化，也有小文化。宏观微观，千变万化。比如粤东的潮汕，自古有潮州八郡之范围，文化是一体的。而现在列入潮汕的汕尾，则向来不是潮汕文化的范围，汕尾是化外之地，海陆丰是多种文化交汇的地方："天上雷公，地下海陆丰"，敢作敢为，民风彪悍，汕尾自有文化个性。广东文化的气场强大：这座城，把所有人变成广州人；这个省，把所有人变成广东人。——如此磅礴大气，表面不动声色，内里坚忍不拔，这就是它的特殊之处。外来文化过了五岭，就慢慢演变为广东文化。先秦以来的百越文化沉落在底层，仍然在发酵，或隐或现，产生影响。所以

① 参见广东省团委 2016 年攀登计划重点项目"清代民国时期非洲华侨与珠江三角洲社会变迁——以顺德乐从为中心"的资助，中国社会科学网，2017 年 3 月 29 日，《人文岭南》第 69 期。

它既是相对封闭的，同时它也是开放的，因为这里的人更多地不是向北方看，而是向世界看，你跟他说天津、北京、秦皇岛，他说：好远！你跟他讲马达加斯加、南美、关岛，他说：很近！本土的广东人大多有海外亲戚。在广东常常听到这样一个说法：海内一个潮汕，海外一个潮汕；海内一个江门，海外一个江门；海内一个台山，海外有可能有好几个台山——它在海外的人口超过了本地。比如说，某人的爷爷奶奶在马来西亚，他的父母又跑到南美去，而他留在祖国——因此，他的内心有多重逻辑，其优点就是"向外看世界"。

需要再次说明的是：广东这个地方虽然外来人口多，文化结构多元，但地域气场强大，文化独树一帜，明显带有海洋文化气质。上海也有海洋文化气质，但与广东有何异同？在不同历史时期有何不同遭遇？这恰恰构成具有难点的研究课题。

岭南文化学者陈桥生写道："中原文化视尧舜周孔为正经、佛道为异术，岭南则合义者从，愈病者良，博取众善以辅其身，没有固执拘泥，择其善者而从，思想自由开放，兼容并包。"① 岭南学前辈刘斯奋则将岭南精神总括为"不定一尊，不拘一格，不守一隅"的"三不"主义，真是英雄所见略同。② 可见，广东文化的最大特点就是海洋性，具备一些中华文化主体主流之外的新质，时常显出"另类"。但是，恰恰当中原文化虚弱之时，她就北上作进一步补充。广东文化一直是中华文化的有机组成部分，她具有中华主体文化缺少的一些元素。③

三、两地文化交流对话的意义与可行性

江南之地是中华文化培育几千年的重要区域，由北向南，游牧文化与农耕文化交流碰撞几千年，江南成为北来南往最为深厚的积淀区。从吴国、越国到六朝古都、南宋临安、明朝南京，几千年儒家、道家、佛家，加上整个

---

① 陈桥生：《唐前岭南文明的进程》，广州：广东高等教育出版社 2019 年版。
② 参见林岗：《史实与文心》，南方日报，2019 年 9 月 1 日。
③ 杨东平：《城市季风：北京和上海的文化精神》，北京：东方出版社 1994 年版，第 532 页。

西北、中原文化的支持、熏陶，江南文化愈加成熟，蔚为大观。杏花春雨江南，已然成为中华雅文化以及斯文传统的代名词。我赞成这样一种说法：江南是北方文化与南方文化交流、碰撞、积淀最为丰厚的区域，也是斯文传统的标志。与此对应的还有另外一种说法：岭南，尤其是广东，是中华文化由北向南流动的最后一道堤坝。但是，两地文化与政治经济也有不同的起伏盛衰，其内在原因是什么？文化在其中扮演了何种角色？这是值得追问的有魅力的学术问题。

以《山坳上的中国》一书风靡海内外的中山大学教授何博传，早在2004年就撰写了《珠三角与长三角优劣论》，具体比较了两大区域的优劣势。他的一个重要的观点：中国流域经济时代过去了，中国3 000年的农业发展史正式发生转向，其中海港的地位上升，珠江口因此成为重要的对外窗口。两相比较，长三角文化积淀深厚，人才素质高。院士、重点大学、国家级重点专业等数量远超过珠三角。但珠三角的优势在于外地人才大批涌入，以跨省区计，当年全国约三分之一的外地人力进入珠三角。外地人数量大，除经济原因以外，还与外地人同本地人的文化隔阂相关。① 这里，就涉及了文化问题。从1994年广东提出"珠三角经济区"，到2003年提出"大珠三角经济合作"，再到当下的"粤港澳大湾区"，所有的努力，其实都落在"整合"二字上。这种整合既是政治、经济的，肯定也是文化的。

因此，岭南与江南的比较，既有历史的基础，也有当下的意义。当代学者就不断地从历史发展中，寻找岭南文化地位提升的理由。比如，文化学者曾大兴就认为：纵向看，岭南文化经历了三个发展阶段，先秦土著文化阶段，秦汉至晚清的贯通南北与融合中西阶段，晚清至今的引领时代潮流阶段。文化学者们高度评价近代以来广东的崛起乃至岭南文化的一次胜利，这也是世

---

① 何博传：《珠三角与长三角优劣论》，黄树森主编：《广东九章》，广州：广东人民出版社2006年版，第304页。

界大势所趋，是中国经济、政治、文化发展的内在需求。①

广州是一个外向型城市，比较起来，广东的海洋性要超过江浙，它的外向型经济也超过江浙。广东的特点在于：更多地体现了经济世界一体化。广东虽然在文化底蕴方面可能不及江浙，但它的文化特性不比江浙差。这就可能从两个地方构成彼此平衡。倘若将其视作天平，彼此对等，将有利于进行交流对话。

在这种交流对话过程中，还可以归纳出如下几种意义：

首先，可能是中国文化最具有先锋性和未来性的两大地区的文化交流。将来中国若要产生思想家或者新的生活方式、新的观念，可能不是在北京产生，更不可能在边远地区产生，极大可能在长三角或粤港澳大湾区产生。所以，中国人在社会转型时，一定要面向未来。而在面向未来的过程中，我们不但要获得经济指标，同时要获得新的生活方式、新的观念。这种新的生活方式、新的观念，将在"90后"和"00后"身上显著体现。我们研究"80后""90后""00后"的一个重要学术使命就是：沟通几代人。

我们应该确认一种基本态度，所有将江南文化与岭南文化进行比试抑或打擂台的企图，均不可取。我们是站在中国乃至世界视野下去研究这两大地域文化之间的交流互动的。然后，试图把它们提升到一个比较高的位置，未来的新质恰恰可能出现在这里。我们自信地认定：这两大地区将引领中国未来新的生活方式、新的思想、新的观念的发展方向，我们是站在这样一个历史的交叉点——"既有过去，也有当下，更有未来"去研究这个大问题的。我们每一位研究者，即使拥有地域标记，却不应该带有地域局限，更不应该带有地域的狭隘胸怀。重要的不是追溯谁更玄乎、更深刻、更有分量，我们共同的使命是拥有中华文化的大视野，去研究与展望未来的方向。

其次，江南文化与岭南文化拥有不同性质、个性以及历史轨迹，在两者

①　参见曾大兴：《岭南文化的真相：岭南文化与文学地理之考察》，北京：社会科学文献出版社2017年版，第4页。

的比较中，将出现许多值得探究的学术问题。当我们写下一个类似"岭南文化与江南文化交流的历史可能性与未来走向"的话题，其实也就认定了两者交流的可能性。这是一个有意义的可以持续开展的工作。比如，我们可以在一个开放式的结构中，不停地观察、思考上海和广州，在不断地比较中深化对彼此的认识。

四、两地文化比较应该具有广阔视野

近年来，国内思想史研究范围大大拓展，学者清楚地意识到在思想史研究中，精英与民众、中心与边缘、文本与实践的分野。在惯常的精英视角中，文化思想的"古层"以及"执拗的低音"往往被视而不见。恰如耶鲁大学教授斯科特在《弱者的武器》中所言，历史亦具有"公开文本"与"隐藏文本"两副面孔。王明珂在《反思史学与史学反思》中描述了一个"青蛙争鸣的夏夜荷塘"：这个典型的情景中一个洪亮的声音（也就是"典型历史"）压抑了其他的蛙鸣（即"边缘历史"）。在他看来，对于历史的整体了解就在于倾听各种青蛙之间的争鸣与合鸣，并由此体会荷塘蛙群的社会生态。学者葛兆光进一步认为要尽量恢复历史的全貌，不扬善不隐恶，让人较全面地知道什么是文化的真相。同时，我们要清醒地意识到：原有的思想史描述，往往过于精英化和经典化。其实经典不是一开始就有的，而是要经历一个逐渐经典化的过程。而那些没有被经典化的思想，可能被边缘化、私密化乃至世俗化了。总而言之，我们在两地文化比较研究中，应当拥有这种追溯文化真相的宏阔襟怀与广博视野。①

大国大城理论也给予我们启示与激励。陆铭的新著《大国大城：当代中国的统一、发展与平衡》是一部回答中国大城市如何发展的学术著作。全书的中心论点就是中国的大城市并没有达到不可收拾的地步，所谓"城市病"其实是一种假象，所谓外来人口给城市的承载力予以巨大的挑战也是一种假

---

① 参见唐小兵：《反潮流的思想史写作》，《读书》2019 年第 8 期，第 98 页。

象。他认为，世界的经济、人才、物流和人们的幸福生活，都集中在大城市，这是一个不可阻挡的趋势，也是符合人性的。从经济地理地图来看，中国的大城市仍然没有达到极限；从国际视野来看，中国的大城市也并不是很大。经济学家用夜晚灯光的亮度来确定经济和人口的集中程度——"空间集聚"的现象，形象地说明了全球的经济活动一向高度集中在少数地区。中国大城市生机勃勃，其包容性就在其强大的创造就业能力。从全球视野来看，中国的大城市，比如上海、北京、广州，仍然具有大容量的发展前景，而且外来的人口并非负担而是财富，城市人的养老，包括下一辈的养老，都需要不断补充年轻的劳动力。一句话，中国的大城市还有巨大的发展空间。

大城市有很多好的发展前景，除了人口密度更大，大城市的人均 GDP 更高，大型工业企业更多，基础教育的学校规模更大，公路更多，集中居住的排污更少。同时，在大城市可以更好地适应 21 世纪职业专业化的问题，可以让一个人在大城市找到相应的工作。而低技能者与高技能者，又可以产生一种良好的互补。大城市的就业机会更多，基础设施更好，信息交流更快，大中小学、图书馆、博物馆、大型商场以及各种基础设施与文化设施，既可以满足市民的受教育需要，也可以满足日常生活的各种需求。在人口高度集中的地区，服务业在 GDP 中所占的比重也将随着城市化率的提高而增大，因为消费型服务业是跟着人和钱走的，只有大量的市场需求，第三产业的发展才能够得到平台和机会。[①]

不必讳言，我们在城市里也看到了歧视的现象，看到了阶层的固化，而且户籍也制约了消费，城市的身份问题已经提到议事日程，但是治理"城市病"，宜疏不宜堵。我们不能因为城市的拥堵以及环境等问题而制止大城市发展。陆铭用一系列数据出人意料地表明，实际上那些所谓的小城市，其发展承载力远不如大城市。毫无疑问，陆铭是中国大城市发展的推动者，其新著

---

① 参见陆铭：《大国大城：当代中国的统一、发展与平衡》，上海：上海人民出版社 2016 年版，第 161 页。

无疑是一曲大陆都市发展的欢乐颂。而江南文化对应的长三角、岭南文化对应的粤港澳大湾区，正是大都市与城市群的地域板块。

法国艺术史批评家丹纳在《艺术哲学》中提出用所谓"三大支柱"去研究艺术史，即种族、地域、时代。[①] 用此理论观察江南文化与岭南文化，可以打通历史、种族、文化、艺术、地域、社会、环境、氛围、时代、心理、民风、民俗之间的隔膜，尽量从整体上去把握一个地域的文化。爱德华·萨义德在《文化与帝国主义》里提出的"对位研究"的方式或许有所启发。他认为："在一种重要的意义上，我们正在讨论的文化属性之构成不是由于它的本质特性……而是要把它作为一个有对位形式的整体。"[②] 萨义德把这种对位性的二元关系作为研究的"大框架体系"，通过考察"我"与"他"的相互塑造、相互建构的关系，来认识彼此的文化身份。

当然，我们不能简单地照搬西方理论。也许江南与岭南，一个南方，一个南方的南方，并未形成对等的"对位"，也许两地文化的互动交流并没有我们了解的那么充分，也许两者之间的历史、文化、种族、地域尚有天壤之别，甚至有看不见的鸿沟……但所有这些无法阻挡我们的跨界，因为，时代已然不同。对中国学术界影响深远的《万历十五年》的作者黄仁宇当年在美国的研究困境不可能重演。世界经济一体化，地球以互联网联结，人类向外与向内视野的拓展，让偏见与歧视逐渐云消雾散，让跨界与分享如虎添翼、水到渠成。同时，我们的跨界研究还有一个不可忽视的意义：有效抵抗世界一体化与大数据时代的负面效应。即所有地域文化同质化会导致一个结局：所有的文化差异在冰冷的数字编辑与控制中走向消亡。

给予我们信心的还有近代以来岭南文化地位不断提升的现实，其中广东尤其突出。改革开放40多年来，广东一直处在排头兵的特殊位置。2018年全省生产总值跃升到9.73万亿元，今年预计可突破10万亿元，连续30年居全

---

① 参见［法］丹纳著，傅雷译：《艺术哲学》，北京：人民文学出版社1963年版，第32页。
② 参见［美］爱德华·萨义德著，李琨译：《文化与帝国主义》，北京：生活·读书·新知三联书店2003年版。

国前列；进出口总额 7.16 万亿元，连续 33 年居全国前列。与此同时，区域创新能力、网上政务服务能力均跃居全国第一，PM$_{2.5}$年平均浓度下降到 31 微克/立方米，成为我国经济大省、外贸大省、创新大省和全球重要制造基地。[①]如何研究地域文化与经济持续发展之间的关系？如何形成时间和空间的匹配？这也是广东留给学术界的一个值得研究的大课题。

通过以下表格我们可以更清晰直观地看到我们重点关注的两座城市与两大区域的相似性与差异性。[②]

（一）上海与广州

领域		上海	广州
地理位置		长江三角洲	珠江三角洲
所属地区		中国华东	中国华南
简称		沪、申	穗
别名		申城、魔都、大上海、上海滩、东方巴黎	五羊城、羊城、穗城、花城
行政区类别		直辖市	国家中心城市，省会
面积		6 340 平方公里	7 434 平方公里
人口	常住人口	2 419.7 万人	1 490.44 万人
	户籍人口	1 450 万人	927.69 万人
	外来常住人口	980.2 万人	560 万人左右
经济地位		长江三角洲经济发展的核心和领头城市代表	珠江三角洲经济发展的主力城市，粤港澳大湾区核心城市之一
2018 年全球城市竞争力		第 14 位	第 34 位
2018 年中国城市竞争力		第三位	第四位
2018 年地区生产总值		32 679.87 亿元	22 859.35 亿元

① 参见马兴瑞：《深化改革开放，推动高质量发展》，《人民日报》，2019 年 9 月 4 日。
② 以下两表由广州都市文学与都市文化基地助理研究员涂燕娜完成。

（续上表）

领域	上海	广州
2018 年人均生产总值	13.5 万元	15.55 万元
2018 年财政收入	7 108.15 亿元	6 205 亿元
国家级自贸区/ 示范区	中国（上海）自由贸易试验区	广州南沙自由贸易试验区
世界 500 强企业	7 家	3 家
上市公司数量	323 家	106 家
高新技术企业总数	9 200 家（2019 年）	1.1 万家（2019 年）
全国百强互联网企业	21 家	5 家
外资企业数量	4.76 万家	2.7 万家
方言	吴语	粤语广府片
文化	海派文化、江南文化	岭南文化
地标性建筑	东方明珠	广州塔
高校数量	78 所	82 所
普通高等教育 本专科在校生	102.93 万人	108.64 万人
文化馆	25 个	13 个
公共图书馆	24 个	14 个
档案馆	49 个	27 个
博物馆和纪念馆	125 个	31 个
菜系	本帮菜	粤菜

注：以上数据来自上海市人民政府、广州市人民政府网站、媒体报道。

从地理区位看，两个城市都位于大江入海口冲积平原上，地理位置优越。上海面积小于广州，但总人口体量却比广州多近千万人，其中户籍人口比广州多出 500 多万人，外来常住人口比广州多出 400 多万人。从经济角度看，在全球城市竞争力上，上海高于广州；在中国城市竞争力上，两个城市紧挨在一起；2018 年上海地区生产总值高出广州近 1 万亿元，经济体量比广州大，但广州人均生产总值高出上海2万余元，民更富。从商业角度看，上海在世界500强企业、上市公司、全国百强互联网企业及外资企业数量方面都远超广州，而广州在高新技术企业总数方面则超过上海。

文化方面，上海是江南文化特别是海派文化的核心，广州是岭南文化特别是广府文化的核心。虽然广州高校与在校生数量略多于上海，但在文化馆、公共图书馆、档案馆、博物馆和纪念馆等公共文化空间建设上，上海多于广州。或许我们还可以从两个城市的别名中窥见两个城市的文化差异：上海别名东方巴黎、上海滩、魔都，商业色彩浓厚，而广州别名羊城、穗城、花城，多与动植物、日常生活有关；上海的繁华是外露的，是张扬的，而广州的繁华是内敛的，日常生活烟火是它的基调。

（二）长三角城市群与粤港澳大湾区

我们同样可以通过数据将长三角城市群与粤港澳大湾区这两个中国最富裕、文化高度发达的经济两大引擎进行对比。

领域	长三角	大湾区
名字	长江三角洲城市群	粤港澳大湾区
地理位置	中国华东长江中下游平原	中国华南珠江下游
下辖地区	上海及江苏、浙江、安徽部分地级市（26市）	香港、澳门及广州、深圳、珠海、佛山、惠州、东莞、中山、江门、肇庆（9+2）
面积	21.17万平方公里	5.6万平方公里
在全国面积占比	2.2%	0.58%
人口	1.5亿人	7 000万人
概念肇始	1982年	2015年
发展定位	六大世界级城市群之一	国际一流湾区和世界级城市群
中心城市	上海	香港、澳门、广州、深圳
2018年中国百强城市	24个	10个

（续上表）

领域	长三角	大湾区
国家战略	《长江三角洲城市群发展规划》	《粤港澳大湾区发展规划纲要》
2018 年 GDP 总量	21 万亿元	10.87 万亿元
2018 年 GDP 总量占比	23%	12.4%
GDP 万亿元城市	6 个	4 个
2018 年人均生产总值	13.6 万元	15.62 万元
国家级自贸区	上海自贸区、浙江自贸区	广东自贸区
重要功能性组织	上海合作组织、上交所	广交会、深交会
证券交易所	上交所	港交所、深交所
文化产权交易所	上海文化产权交易所	深圳文化产权交易所、香港文化产权交易所
方言	吴语、江淮官话、徽语等	粤语广府片、客家语
文化	海派文化、金陵文化、吴越文化、淮扬文化、徽文化、皖江文化	岭南文化、广府文化、殖民文化
高校数量	300 多所	180 多所
"985""211"高校数	21 所	4 所（不含香港、澳门）
菜系	淮扬菜、浙菜、徽菜	粤菜

注：以上数据来源于相关媒体报道。

从地理区位、人口数据对比可知，长三角城市群与粤港澳大湾区皆位于大江入海口冲积成的三角平原上，长三角城市群数量为粤港澳大湾区的 2 倍有余，地域面积约为粤港澳大湾区的 4 倍，人口约为粤港澳大湾区的 2 倍。从经济角度看，2018 年粤港澳大湾区 GDP 总量约为长三角的一半，但人均生产总值比长三角高出约 2 万元，粤港澳大湾区 GDP 万亿元城市和国家级自贸区数量比长三角少，但证券交易所及文化产权交易所数量高于长三角，重要功能性组织数量两个区域相当。虽然粤港澳大湾区经济总量为长三角的一半，但人均收入更高，各类交易所数量也超过上海，商业交易比长三角更活跃。从文化角度看，长三角地域文化以江南文化为主，也包括了海派文化、金陵文化、吴越文化、淮扬文化、徽文化、皖江文化等地域文化，而粤港澳大湾区以岭南文化为主，融合了殖民文化（香港、澳门）；粤港澳大湾区"985""211"高校数量虽不及长三角，但不包括香港、澳门的高校，而港澳两个地区的高校影响力更多体现在国际上。

关于这两个地区的一些比较以及相联系的地方，可以从以上表格看出端倪。同时，我们还可以在比较中提取出一些概念：

她是令人瞩目的国家战略；

她是中国经济最富裕并具有潜力的地区；

她是中国近代史以来思想、文化、艺术最活跃的地区；

她是中国现代史以来与世界发展中联系最多的地区；

她是中国当代产生创新人才、创新观念与创新产品最多的地区；

她是两个与市场经济发生联系最多的地域文化——多元文化大范围交流将促进文化获得大量新质——有利于文化转型去适应新的时代。

…………

道路还长，方兴未艾；我们满怀信心，我们孜孜以求。

粤港澳大湾区：新视野下的文化使命

作为国家战略，粤港澳大湾区为文学艺术创作提供了全新视野，面对新的时代，文学艺术乃至文化界担负着怎样的使命，需要跨越什么样的障碍？这个问题值得探讨。先说使命，再说障碍。使命属于时代赋予，障碍属于实现使命所必须跨越的文学现实。

一、粤港澳大湾区之意义及其文化使命

2019 年，我的一个重要收获就是通过参与广州市社科联举办的"江南文化与岭南文化论坛"，获得粤港澳大湾区文化特征的初步认识：粤港澳大湾区是我国开放程度最高、经济活力最强的区域之一，在新时代国家发展大局中具有重要的战略地位。建设粤港澳大湾区，既是新时代推动形成全面开放新格局的新尝试，也是全面准确贯彻"一国两制"方针的新实践。

中国经济主战场的两个发动机就是珠三角和长三角，粤港澳大湾区战略提出后，珠三角更是如虎添翼，按专家讲，整个大湾区的延伸地带在海外和港澳——比长三角更具优势，至少在世界一线城市的数量上，大湾区有三个：广州、深圳、香港，而长三角只有上海。也许，更重要的意义还在于文化整合。广东文化的最大特点就是海洋性，具备一些中华文化主体主流之外的新质，时常显出"另类"。但是，恰恰在其中原文化比较虚弱的时候，它就北上作进一步补充。广东文化一直是中华文化的有机组成部分，它具有中华主体文化缺少的一些元素。而香港与澳门则在塑造广东近代文化个性上起到重要的门户作用。可以说，对外文化交流的传播过程进一步强化了大湾区的海洋

性与国际性。

与粤港澳大湾区经济上的特质相对应，粤港澳大湾区文化艺术的概念与内涵至少具有以下几点：

（1）令人瞩目的国家战略支持的文化艺术创作；

（2）反映中国经济最富裕并具有市场潜力的地区的文化艺术创作；

（3）具有中国近代史以来思想、文化、艺术最活跃的文学艺术传统；

（4）具有强大的海洋性——中国近代史以来与世界交流互动最多的地区；

（5）具备中国当代产生创新人才、创新观念与创新产品最多的地域素材与经验；

（6）中国当代最具有多元文化碰撞的文化艺术创作——与长三角是中国两个与市场经济发生联系最多的地区——多元文化大范围交流将促进中国文化获得大量新质，有利于文化转型去适应新的时代。

广东的本土文化——从艺术、物象到民俗、商道，再到信仰、精神——并非如粤语所讲"过不了珠江"，而是取决于我们的作家、艺术家包括评论家能否有精彩的描述与传达，从而征服广大读者。当然，必须把对本土文化的热爱与自信作为前提。在我看来，广东文学艺术的本土叙述最重要的是在文化描述的基础上，达成一种艺术作品的存在形态。法国艺术史批评家丹纳认为："文学价值的等级每一级都相对于精神价值的等级。别的方面都相等的话，一部书的精彩程度取决于它所表现的特征的重要程度，就是说取决于那个特征的稳固程度与接近本质的程度。"①

二、文学艺术现状如何构成障碍

文化艺术创作乃至文化建设题目较大，我以自己熟悉的文学切入研讨。

必须承认，广东对外形象传播并非强势。北京暂且不论，就拿上海来作比较。2015年，上海作家金宇澄的长篇小说《繁花》获得第九届茅盾文学奖

---

① 参见［法］丹纳著，傅雷译：《艺术哲学》，北京：人民文学出版社 1963 年版，第 32 页。

让文坛意外且不服，这部被誉为"最好沪语小说"的获奖也被评论家称为"吴方言胜利"；正在进行的电影和电视剧的拍摄，选定有"上海情结"的来自香港的王家卫担任导演。我不禁要致敬并羡慕上海，不甘并焦虑广州继而广东乃至大湾区的文化传播现状。上海被誉为"东方巴黎"，一向深知传播力的重要性。"广东人会生孩子，不会起名字"——有点文化宿命？

2020年夏天，电视剧《什刹海》《新世界》《三十而已》热播，北上广深，双城故事多发生在北京与上海之间。《三十而已》中三女侠行走上海，一路历经坎坷陷阱，上海城市风景簇拥而至。"太太圈"、奢侈品，你大可吐槽，但上海在讲述，形象在传播。广州呢？财富之地，千年古城，生活方式独一无二，"南漂"遍地，"移民"大批，富人穷人变幻莫测。深圳是奇迹之城，后来居上，在剧烈颠覆中成长，怎么没有故事没有诉说？难道真的只是埋头挣钱，不顾文化传播？我北望京沪，南看广深，心中不由郁闷，广深故事呢？呼唤之。我们的《下南洋》冲不出去，我们的《雅马哈鱼档》《外来妹》《公关小姐》《情满珠江》已成往事……不由长叹！

目前，广东省内对本土文学创作的认识还处于初级阶段，表面上作家众多，但有一部分是来自外省，这也构成了广东独特的"新移民文学"，出生地与生活地所构成的反差成为这些作家创作的一个兴奋点。那么，基于岭南的本土创作是不是随着广东工业化时代的崛起而渐渐消失了呢？答案是否定的。在工业化时代和互联网时代，在全球化时代的背景下，重新理解自己的故乡，重新回望自己的故土，重新审视本土文化，重新寻找广东本土创作的"出口"，重新站到中华文化的前列，重新为21世纪的中华文化崛起贡献力量，正是广东地域文化本土叙述的最终指归、动机所在、愿望所系。

何况，在南粤这片土地和海洋上，四十多年改革开放发生了那么多独特的大事，可谓风云变幻，奇人奇事，空前绝后。假如我们的文艺对这段具有强烈地域性色彩的历史描述缺失，假如我们的作家、艺术家、评论家缺席，又将是怎样的历史遗憾与作家失职呢？广东一向就是"移民"大省，因此作为艺术家个人的籍贯已经不能成为描述广东的障碍，何况，所谓写广东，天地广阔，角度万千，绝不囿于一隅。

三、跨越式发展需要视野、观念、艺术更新

（一）城市的诱惑与参照

2011 年，中国内地城乡人口基本持平，这表明中国的城市化大踏步地前行，并成为中国内地人民生活的主要方式。城市的诱惑普遍存在，并已被乡村人认可，成为今天乡村人幸福生活的参照。即便是"美丽乡村"等乡村建设计划，其中也融入了大量城市生活的元素。

大量乡村人涌入城市，构成第一、第二、第三代农民工，他们的生活方式与价值取向大大不同，其中到了"90 后"——已经把城市生活作为基本归宿。中国传统伦理转型在今天尤显剧烈。广东人"现代契约意识"与内地人"认大哥"构成不同——什么才是现代人的生活方式与观念的最优化？这在小说中也可以进行探讨。

（二）乡村与全球化

全球的流动已经成为一个重要的趋势。乡村过去的故事，在当下中国内地的大流动中被重构，十分显然的事实在于乡村的封闭被打破，时间与空间提供了流动的可能。中国作家王蒙在20 世纪80 年代的《春之声》《蝴蝶》等作品中进行的"意识流"小说的实验，今天已然成为生活现实。

文学抵抗遗忘，具有建构记忆的功能。中国的作家在今天仍然具有一个使命：记载乡村与城市之间的流动，以及全球化流动进程中的人民记忆。"地理视角"与"互动视角"，小叙事拉动大历史，地域本土与全球流动为当下"新乡村题材创作"提供了广阔的空间。

（三）"都市里的乡村"与都市生活之过渡与冲突

以我对淹没在都市大厦之间的广州杨箕村祠堂的观察为例。第一次去杨箕村喝早茶，惊讶于其"高大上"，都市化彻底。十几年前常常路过，却不知如此豪华街景，住宅楼高耸，商业街高档。村口牌坊与宗祠昔日气象遗韵尚存。喝早茶的人约有一半讲普通话。南方报业集团附近的住宅力压宗祠气场，尽管祠堂贴金堆银，楹联高大。门前一租房广告，透露杨箕村民拆迁房创造

了多少千万富翁，所谓一夜暴富是也。珠江两岸，冼村、猎德、琶洲都是杨箕村拆迁、回迁的后续版本，茶余饭后，各有故事流传，尤其是地处珠江新城的冼村。

祠堂里有一群老头在搓麻将，门口的广场有一群大妈在跳广场舞，应该是原住民吧？至少是宗亲。我的疑惑是：老辈不在，晚辈如何维持宗祠凝聚力？祠堂亲情可以超过村民年年分红吗？都市里的乡村，当乡村场景消失，徒留几间祠堂，尽管金碧辉煌，不免孤零零透出寂寞，是这样的吗？珠三角城市群崛起之后，如此城市人群亦有"文化身份"重新认同的建设问题，他们恰好处于乡村文化与都市文化的过渡之间。倘若放大这一问题，"乡村—城市—城市群—大湾区"之间的几个"空间过渡"亦有相似的文化建设问题。广东文学创作如何与全国同步？文化个性独立有其优势与劣势。优势在于有自己的表达路径与特点，劣势与优势互为表里，构成硬币的两面。即容易故步自封，自成天地。

大量的历史学、社会学、人类学、文化学研究成果可以跨越虚构文学的边界，有效地进入文学，并极大地拉近文学与当下生活的距离，使文学有可能摆脱知识精英自吟自唱自恋的状态，重新成为人们关心关注的事物。印度当代作家高希的小说创作引起世界关注，可为启发。① 应当看到一个创作事实：仅仅将乡村写成中年乡愁，已无法应对新媒体与青年读者的挑战。同质化、20世纪田园古老诗意、艺术手法一成不变、固守家乡怀旧情感等，构成新世纪创作之障碍，值得文艺界关注与探讨。

新乡村题材创作将出现以下特点：

（1）地理时空极大拓展——城乡间与境内外；

（2）作品人物谱系极大丰富——多地域、多种族；

（3）人物内心挣扎映射文化冲突更加多元；

（4）艺术手法兼收并蓄，更具"世界性"。

---

① 参见徐蕾：《〈罂粟海〉：跨界的文学想象》，《读书》2020年第6期。

毫无疑问，粤港澳大湾区为乡村与城市继续前行进行探索提供了一个良好的平台。而多元文化观念冲突碰撞之地，也是新观念、新理念、新生活方式的产生之地。文化的先锋意义，常常在多元文化碰撞最激烈的地区诞生。我们对大湾区文学充满信心、具备自信的条件之一也在于此。现实在于，今天文化艺术作品正在变大、变厚、变深，已然为优秀创作者设立了"精神门槛"与"学养门槛"，文化艺术作品在当下如何突破艺术家自吟自唱，争夺严酷的读者市场，并迎接新媒介与青年读者之挑战，是进入21世纪第二个十年的严峻问题。别无选择，唯有逆风而上，以求文艺新生。

（四） 岭南文化中的城市气质与世界视野

大湾区实际上也给我们提供了一个重新认识岭南文化的契机。在以往的概念中，岭南文化更多地属于一种乡土建构。其实，广东由于面向大海，千年来贸易发达，使它具有了对外贸易的城市品质，广州作为千年商都和海上丝绸之路的必经之路，已经在历史上构成欧洲乃至世界想象中国的最初来源。在叶曙明的《广州传》中有一个鲜明观点贯穿始终，即海上贸易成为广州城生命力之所在：贸易兴则城运兴，贸易衰则城运衰。

这样的一种形象实际上也构成了岭南文化中的都市色彩和现代气质——城市形象与都市气质以及海洋性与世界性，在今天大湾区的文化建构中都必须给予充分的重视。我们必须再造属于自己的文化标杆，这种文化标杆一旦停留在过去而未能适应21世纪，就可能延宕我们的文化建设，观念的落后同样会构成另一种文化建设的障碍。

再如，广东长篇小说的两个艺术空间亟待提升。

第一，讲好中国故事需要艺术技巧。所谓讲好中国故事并非易事。写作需要读者，读者正在发生变化，尤其是深受图像时代与互联网时代影响的青年读者，作家需要去研究他们，作家的心中应该有读者，无传播就无读者、无效果。但如何才有良好的艺术效果？我认为要紧的就是注重语言艺术的各方面技巧。

广东作家张欣笔耕不辍，两三年就有一部长篇小说面世；她的长篇小说之所以常年拥有一批稳定的读者，除了以广州生活为背景写都市女性之外，一个重要原因就是充满都市气息的精致语言以及精巧的故事结构，始终保持小说阅读的诱惑力。鲍十的《岛叙事》亦有小长篇架构，人物不多，情节不复杂；但表层叙事与深层叙事把握得比较成功，很好地处理了时代记忆，有其独到之处。我尤其看重鲍十在近作中运用了西方现代派的一些手法。对于"50后""60后"作家来说，是否能够运用西方的一些现代手法，尤其是使其进入长篇小说，使作品具有哲学意味以及由具象向抽象发展，是一个艺术考验。《红楼梦》之所以成为古典时代的巅峰之作，正是在深层叙事中有了"现代性"的追问：关于人类社会，关于个体生命。目前广东一批长篇小说属于乡镇生活类型，作品节奏基本上停留在农业社会上：缓慢、滞迟、怀旧。入戏比较慢，文笔相对拖沓，这也影响到了作品的深度与激情。原本需要"长度、密度、深度"的长篇小说，缺少复杂与深度、激情与变化。作家想象力相对匮乏，艺术手法相对陈旧。

第二，凸显地域文化个性是广东文学走向世界的有效路径。广东作家阿菩的《十三行》（花城出版社2019年版）面世，我将其视作广东本土文学的重要突破。本土事件、本土人物、本土语言融入、本土文化气息，以及小说造势、商道阐释、商战态势、清朝羊城氛围、潮汕闽南民俗、各式人物刻画，均可圈可点。然而即便如此用心，却仍感不足。我宁愿相信，阿菩只是小试锋芒，《十三行》续集还有锦绣文章，还可大展拳脚。我认为，可用闲笔表达岭南文化之容光焕发独到之处，并水乳交融进入作品。

广东作家吴君的长篇小说《万福》（花城出版社2020年版）显然寄予了自己对深港两地互动交流的观察所得，包含了关于"时间"与"空间"的延续性思考。作家超越小说故事层面，试图从笔下人物内心寻找进入历史文化深层的入口。开场独具一份深圳风味：香港风与深圳风交汇碰撞，带出一场大戏的各个角色。对粤语进入文本也进行了不懈努力：比如，开场即是"打交"（打架）、"返屋企"（回家）；比如对广东民俗的生动描述，第一章"大盆菜"场面热闹非凡，地方气氛浓郁。《万福》在广东本土化创作上也有可贵的探索。

再如，客家文化符号表达。"要问客家来何处，客家来自黄河边；要问客家居何处，逢山有客客居山。"客家文化符号与迁徙相关，千里跋涉，远道而来，风尘仆仆，疲惫不堪，背井离乡，寻找新的家园，谈何容易？争夺农业资源、政治权利、科举机会……生存状态造就大山围屋，极有审美价值的环境与建筑，还有日常生活的酿豆腐、盐鸡、腌面、土猪肉汤、客家娘酒……所有这些均可成为笔下审美升华与乡愁之物象，本土文学今天如何吸引年轻读者，符号传播值得研究。有人说：一个作家首先拼生活，其次拼技巧，最后拼人生感悟。广东的小说家大多对生活有丰富的积累，对广东社会有长期的观察，期望他们开阔视野，博采众长，从理性上处理好艺术作品表层叙事与深层叙事之间相辅相成的微妙关系，同时反复琢磨艺术表达的多种方式，努力获得更上一层楼的艺术提升。

四、结语：我们正在开始一次伟大的文化融合

创作视野显然加入了大湾区的文化成分，写作于广东的作品不但有了新的地理概念，也有了新的文化想象。文化的交流融合，可以从对艺术家个体的观照达至宏观整体。这也是广东文化建设的一个普遍特点：我将其概括为"山海间的文化交流融合"。山，指喻五岭，广东北面的群山峻岭；海，指喻南海，广东南边面朝大海。

文化交流就是北往南来，中原文化与海洋文化在此碰撞、冲突、交流、融合，日复一日，年复一年，经久不息，生生不灭。这也是大湾区文化的写照。兼容并蓄的文化包容传统，将使得广东文化个性进一步提升。如何面对历史？历史学家司马迁给予我们深刻的启示。

第一，《史记》"以人为中心"，把人召回到历史著作中去，人构成历史主题。即使侧重国家和社会，也离不开个体和群体的人。只有将每一个当事人还原为具体场景中活生生的人物，避免将其抽象化，才不至于使具体人物被"物化"。黑格尔曾这样区分哲学史和政治史，"前者的特点是人格和个人

的性格并不十分渗入他的内容和实质",而后者呢?个人正是凭借其才能、情感和性格"而成为行为和事物的主体"。①第二,司马迁的伟大之处还在于《史记》并呈两种价值观,任其交错冲突。司马迁着力书写春秋战国历史巨变,同时亲历汉武帝的大变局时代,他既为时代弄潮儿树碑立传,同时又把一份敬意留给失败者。司马迁明确地告诉我们:人的记忆与书写自己的历史,其意义恰恰是对历史本身的纠正和抗议。里尔克有诗云:"伟大的作品与生活之间总存在某种古老的敌意。"壮阔的人生与现实历史之间,历史书与历史之间,亦当如此。简言之,司马迁在《史记》中,表达了一种对历史和精神之间既吻合又区别的包容。或许,用如此思想高度观照《万福》,不无苛求。但跨越特定时空,拓宽历史视野,我们或许对深港两地相互依存的历史境遇有更加深广的认识。

法国学者丹纳在《艺术哲学》中提出用所谓"三大支柱"去研究艺术史,即种族、地域、时代。②用此理论观察岭南文化下的广东,可以打通历史、种族、文化、艺术、地域、社会、环境、氛围、时代、心理、民风、民俗之间的隔膜,尽量从整体上去把握一个地域的文化。这是一个属于 21 世纪的创新之举,一个意义深远的大湾区文化建设,广东将扮演重要的历史角色。佐配如此重要文化意义与鲜明地域特征的广东文学艺术的创作,文艺评论正好可以乘势而上,因势利导,主动加入本土文化建设,开掘本土元素,描述个性特征,焕发岭南青春,引领时代潮流,再次塑造大湾区整体形象,力争在推动国家战略、推进大湾区政治经济文化整合中发挥作用,并为中国文化转型贡献自身的力量。

---

① 参见 [德] 黑格尔著,贺麟、王太庆译:《哲学史讲演录》,北京:商务印书馆 1978 年版,第 127 页。
② [法] 丹纳著,傅雷译:《艺术哲学》,北京:人民文学出版社 1963 年版,第 187 页。

第二辑　都市书写

——都市文学叙事所构建的精神空间

《雅马哈鱼档》：广东"文化北伐"一部有力量的作品

广东文学似乎难以与当代一线城市广州、一线省份广东相匹配。这个是有历史缘由的，首先它的文化起步较晚，唐代开始，明清发展。其次，广东文化始终处在边缘状态。按照费正清《剑桥中华民国史》的观点，中国主流的中原文化，受到游牧和半游牧文化的影响。中原文化反过来轻视海洋文化，沿海地区受到忽视。在整个统治阶级的思想里，反航海是一个重要的传统。

因此，广东文化不受中原重视，不受待见，而且下意识里有所排斥。广东文化在新时期最初几年与全国合拍，但20世纪90年代以后，它开始有自己的发展路径和节奏，这也说明广东的文化有其自由的个性与独到的气场。

广东文化也有几次短暂的机会居于全国中心。比如，六祖慧能，明代陈白沙，近代康梁变法，孙中山革命，到20世纪70年代的改革开放，重开国门，广东先行一步。但总的来说是一种次文化和次传统。可以说，广东的文化一直处在一种边缘的状态，广东的文学一直没有得到史家和评论家的足够重视。

广东文学有一种"轻"。什么是"轻"呢？就是一种轻巧，在这种轻巧中，包含了人生浪漫的追求、自由的追求、契约的精神和女性的独立。在这种轻巧中还有一个背景，就是广东重商轻文的传统，在广东民间，尤其是潮汕地区，重商亦重官，但更重视商。所谓的商，与契约、诚信、规矩、人与人之间的距离、隐私的尊重、陌生人的社会、世界流通的视野均有关系。所以作品历史深度似乎不如京沪等城市，似乎轻人情，重实际，这些都在明里暗里对文学创作与文化传播产生了多种影响。

我一直在追寻一个答案：广东人这种有别于中原的精神传统与精神特质，其源头来自何处？慧能作为禅宗六祖，他重视日常、以我为佛的这样一种方式，无疑有着深远的影响。明代陈献章的儒学，受到天下的重视，他的儒学到底有什么影响？康梁变法，影响全国，是比较明确的；孙中山革命推翻清廷，革命志向也很清楚；改革开放打开国门，整个世界都期望与中国的市场相接，这是大势所趋，是主动的开放，跟鸦片战争的被动开放是完全不一样的情况。精神脉络、传统积淀是怎么形成的呢？这是我一直想要解开的疑惑。

章以武的创作可贵之处有二：广东文化成为中心，文化北伐之时应运而生，乘势而上；《雅马哈鱼档》传神般传达了广州的生活方式与精神风气。其文学史地位与全国影响，与当时广东文学形成"文化北伐"的特殊历史现象。我多次听过读者与观众回忆当年读小说、看电影的感受：骑着摩托车风驰电掣一般，恍若当年那个万物复苏、生命奔涌的时代……这就是对时代消息与趋势的艺术传达："城中桃李愁风雨，春在溪头荠菜花。"当然，还不止春之端倪那般轻巧，而是在日常生活之轻巧背后，传达出大陆生命力之汹涌澎湃！

《考工记》：暗藏文学家写史的一颗雄心

　　《考工记》（花城出版社 2018 年版）是一部入戏很慢的长篇小说，我看了三次开头才读进去。上海一个老宅里住着一个上海男人，一晃 60 多年，从 1949 年解放至今。人物很少，视野不大，故事情节亦无传奇，甚至有一种怀旧电影的慢节奏，读最初一百页时，我时常觉得作家写得太慢了。但我还是被王安忆一步一步地拽进去了，迟缓以至黏稠的叙事，天地行状、环境心理、评点抒情均融汇其中。几乎只用逗号、句号的一个个自然段，却深入骨髓地写活上海，让人掩卷深思，王安忆在不大的格局中却暗藏文学家写史的一颗雄心。

一、作品特有的叙述方式悄然施展魔力

　　我惊讶于作品特有的叙述方式。作家的叙述有如黄昏慵懒散漫的气氛，夕阳一寸一寸地在破旧的老宅墙角移动，迟缓乃至黏滞，仿佛下一秒时钟就要停摆了。每个自然段相对匀称，一般只用逗号和句号，少有感叹号和省略号，基本不用引号和冒号，让人初读时略感沉闷。但上海解放初期城市街坊中，颇有些压抑与危险的气氛，犹如浓稠的晨雾包围着你。不急不缓，琐碎日常，仿佛自酿农家米酒的后劲，悠然中渐生效果。

　　在一种波澜不惊的氛围中，展开长篇小说的叙述。这样一种特有的叙述方式，我在王安忆的中篇小说集《红豆生南国》等作品中已有领略，但长篇小说《考工记》将其推向极致。不过，仔细揣摩后不难发现：看似低调内敛、波澜不惊的叙述中，却有内在的张弛与跌宕。比如第 215 页，主人公乘渡船

去大虞家看望因为"文革"运动"避风头"的朋友奚子——

乘在渡船上，望着江对岸，他觉得魂仿佛被勾走。大虞，奚子，他，又在一起，就少了朱朱。过去的日子，绰约回到眼前。动乱的年代，尽是丧失，终也有一点可得的。汽笛鸣叫，心跳得厉害，昨天让惊惧攫住，只顾着应付，此时，百般滋味涌上，情何以堪！船头乒乒撞击码头的水泥堤岸，铁链子哗啦啦拖曳，他骗腿上车，跳板在轮下咯嘬咯嘬轧过，转眼骑在村路上，直向着大虞家去。门前的地坪撒着谷米，鸡们悠闲地踱步，门里边，两人正在对酌。

可以看到，一个自然段中间人物行动的描写、主人公内心的独白、情与景之相融，再跳到码头、骑车、进村的现实环境描写，内部层次清晰，内容丰富而充实。妙在过渡相当自然，而且行文简洁，推进迅捷，省去了不少过渡的词语，甚至连引号都无须使用。这就是王安忆在《考工记》中发挥到极致的一种既简洁又生动灵活的叙述方式。俄罗斯文学中屠格涅夫式自然景物描写、法国文学中《红与黑》式的心理描写、鸿篇巨制《红楼梦》里的家常式琐碎叙述，似乎都被打碎重新组合，从而焕发出一种属于王安忆的特有叙述方式。作家稳居其中，游刃有余，挥洒自若，充分地表达自己的艺术与思想，轻松地摆脱了古典小说细节烦琐的弱势，有效地获得了一种适应现代读者的阅读节奏，同时也恰到好处地调剂了《考工记》相对迟缓的叙述风格。

值得肯定的还有在这种自然过渡的叙述中，王安忆为自己争取了一份无限伸张的自由，不尽的寓意与话题的衍生性与延伸在此达到一个相当舒坦的境界。浅读者可得情绪牵引，深读者可得会心一笑，时代背景悄然隐藏，给予读者一个自我想象的空间。比如在第三章结尾，大虞与主人公对饮畅聊，谈及因为开工厂而因祸得福，人气充斥，让老宅得以保全："楼上那只靴子总算落到地上！"彼此对话一转，就到了主人公单向视角："对面人有点不认识，不是朋友，而是乡下的术师，通天地，知未来。"酒后真言，谈话主题，人物心理，现场氛围参差呈现，一个不少，相得益彰。

二、知晓控制或许是一种大家风范

回望20世纪80年代以来的中国文坛，王安忆的文学创作力深厚而持久，从儿童文学出道，到知青作家"雯雯系列"般清新可喜，再到以上海这座城市为舞台，她的小说创作在题材选择上呈现出大跨度的特点。1985年就发表了至今读来依旧深刻凝练的《小鲍庄》，作品对现实生活的开掘与把握在当时的文坛已经出类拔萃、卓越不凡了。经过三十多年的历练，王安忆显然更加老道，《考工记》呈现的就是非凡的控制力。

王安忆的长篇小说，虽然并非气势宏阔、惊涛骇浪，但显示出一种大气，艺术控制极好。初读《考工记》，有感于迟缓黏稠的叙述，以为江郎才尽，却慢慢陷落在作家特有的艺术叙事魔力之中。当年《小鲍庄》里透过现实事物之表象揭示文化秘密的努力，慢慢转化为看似风轻云淡、实则暗藏玄机，表面的日常故事却显示出透露时代消息的大家风范。恰恰应了一句古话：看似寻常最奇崛。

控制首先表现在对人物的刻画上，没有惊人之举，没有异禀之处，甚至连古典式的形象描写都省略，主要抓神态、抓态度、抓精神。比如第一章对主人公陈书玉的出场介绍，身份、性格、学历，没有一点静止的概述，所有的介绍都在人物命运流动中完成。同时顺畅地牵引出"西厢四小开"，大刀阔斧，点到为止。但四人之间的关系却是定位准确，各有背景，各有个性，单个似平常，合起显气势。"四个人所以结缘，除兴趣爱好相投，更重要的一项，就是经济。"不经意间，王安忆抓住了新中国与旧时代的一个变化扭结：按每个人的经济状况划分阶级。出身血统论、阶级成分论为《考工记》人物的命运走向设立了牢不可破的"人设"，如影随形，挥之不去。再如，主人公对冉太太一往情深，但情感含而不露，藕断丝连，发乎情，止乎礼，作家描写克制隐忍，却不由地焕发出动人的魅力。

其次表现在小说创作对时代生活反映的控制上。文学如何反映时代？中国内地的"50后""60后"作家，包括更早的"40后"乃至"30后"作家始终纠结，而文学的历史责任与时代使命感无法卸去，于是，加倍纠结而痛苦。整部中国当代文学史，从某种意义上也可以看作一部作家，尤其是贴时代最近的小说家的焦虑史。从新时期开疆拓土的从维熙、张贤亮、王蒙、高晓声、邓友梅、刘心武、蒋子龙、路遥、贾平凹、莫言、阎连科、刘震云、张洁、谌容，等等，莫不焦虑并探索于此。王安忆自然也在这个探索的队列里。我认为，到了《考工记》，王安忆通过恰如其分地把握"控制"，利用自己的特殊方式，较好地解决了小说反映时代的尺度问题。

总结起来，作家至少保持了两个距离：不与具体时代过于贴近；不与具体时代的具体事件过于贴近。在保持一定距离的前提下，注重重现一种时代氛围。而且也避开正面描写，通过作品人物心理与身体感觉去折射，让读者进入一种虚构的情境，去细心体会具体时代在平常人日常生活中的细微而生动的变化，一呼一吸之间，一餐一饮之间，有意无意之间，透露出无法言说的时代消息。所谓大时代皱褶中个体小生命的喘息，声声入耳，息息相通，那般自然，那般亲切——或许这就是王安忆艺术控制的诀窍与奥秘所在。但以"诀窍与奥秘"命名，稍显轻浮，我认为更是一种态度、一种文学之本分，或者也可以称作文学价值观。

大饥饿年代与"文革"初期"山雨欲来风满楼"的气氛可为例证。先说"大饥饿"，是指1959—1961年三年困难时期。王安忆通过一幅上海街头景象速写，巧妙地点出饥饿时代的到来：槐树花打尽，野草扒光，厨房熄火，孕妇缺奶；人们举止失度，神情萎靡，唯有一个共同的相貌：动物觅食。走失的猪，厨子的眼，夜晚的钟鸣……描写接近荒诞，但作家就此打住，笔尖滑向主人公的食欲：猪油一小团搅进米饭，白糖和进大米粥里；别人面黄肌瘦，他却脸色红润；进食近乎强迫症，一口气吃下半斤太妃奶糖，所有的想头都被食欲一扫而尽。新时期以来，作家写饥饿大多惨烈，但王安忆却写得诙谐，别有一番灵动，形象地折射时代，却并不正面评价。

再说"文革"。由于进入王安忆自身体验世界，"文革"初期的时代氛围描写得相当精彩，同时也十分克制。作家将时代巨变巧妙地控制在作品主人公一个人的感觉领域：世风渐渐粗暴，戾气四周而起，杯弓蛇影，惊惧不安，行为犹豫，走路蛇行，"隐行人"出现；大祸降临之前，最是不安，直到抄家，主人公才舒缓一口气。如此细致地描写特殊时刻的特殊心理状态，活活地托出"文革"疾风暴雨式的社会动乱，足以让后人去体会、去品味一个普通人的生命状态，其说服力当不亚于历史记载。我十分欣赏作家在此段惊恐不安的气氛描写之后，似乎不经意地叙述了一段主人公带队下乡的经历，写得温暖而亲切，离开喧嚣城市，乡村的静谧安然唤醒了孩子们心底最本然的情感：与人为善，和谐相处。有学生失踪一段，最为感人，让读者相信人们心中的真情构成抵抗劫难的人性本然与亘古道义之力量。孩子们善良质朴与小学女书记的镇定自若可以对照来读，读出什么？我也将此视作作家对时代历史书写的恰当控制：以个体写时代，以文学论历史。

唯有钦佩《考工记》中王安忆的定力与耐心。世间人事了然于胸，却又是不动声色，娓娓道来，自有一番见解，自有表达方式。

三、低回慢转依然是一部城市的历史

纵观王安忆的小说创作，背景地集中于上海，可谓不离不弃唯有上海。《考工记》对上海这座奇迹般崛起的城市也是一往情深，对其城市文化个性以及出现在舞台上的各色人物的叙述无处不在，可以说无不打上上海的烙印。"沪味"在《考工记》中主要不是通过方言、实物、景色来表达，而是间接地通过人物交往的行为特点，悠悠然然地传达出来。比如，第一章对旧上海"富"与"贵"的评说，"赤脚穿皮鞋，赤膊戴领带"的发家史，以及"小开"称谓之意趣，都是沪上精神的阐释。再如，第三章陈书玉与姑婆吵架分家一段：一张八仙桌，杯盏灶头之间，琐碎细密争斗，活化出上海人个性的一面。我们由此可以联想到王安忆的其他作品，对大上海的叙述精彩纷呈，只是《考工记》更加偏重克制含蓄一路。

一部当代史，在一个上海男人的身上风云变幻。三反五反、大跃进、20

世纪60年代初、"文革"、"文革"后，没有正面描写，全是鸡零狗碎，但多余小人物在大时代浩荡中的绰约身影，却于生命状态中有一份深刻的洞察。不少精彩处，深得传统小说真传，同时兼得西人视物之深刻。但绝不卖弄，守紧小说家的本分。

《考工记》又如一面镜子，照出当下文坛众多写作者的虚妄与做作。此作让我重新审视作者，思考长篇小说的格局：并非只有鸿篇巨制一路，小视角、小场面、少人物、少冲突也是一路。这，或许也可以解释当下长篇小说创作篇幅上出现"小长篇"的趋势。《考工记》显然为当代长篇小说创作提供了可以探究的实践经验。沿着中国四大古典名著均出自江南的思路，我再次认定江南才是出真正长篇巨作的福地，阴柔内敛同样适合长篇小说。而所谓"陕西黄土高坡天然适应出产长篇小说"之观点，亦仅仅是一家之言、一面之说。

上海百年崛起、沐浴西风，在中国的确独标一格，其影响新锐强大，其标志亦相当明显。即便在"文革"时期，上海文雅讲究依旧；即使在市场经济潜规则大行之际，上海生意大多敞亮。城市管理，井井有条。20世纪80年代初，不会上海话，行走外滩，歧视显著。随后大量外地英才进入，歧视由表入里，成功转化为文化自信。上海人的底气除了来自西方租界文化、"东方巴黎"的名号外，其实还有整个江南文气垫底——财富与文雅。我特别赞成来自上海学界的一种新说法：上海"东方巴黎"之成就并不仅仅依赖西方发达国家，而是当时整个中国的智慧和财富与世界市场接轨，与世界携手共同创造一个传奇的"上海滩"。

上海与广州，她们的城市发育成长都与开埠开港有关、与殖民文化有关，但上海的文化力量似乎更鲜明、更具边界感。或许可以比较地说，上海人是强势的，广州人是弱势的，上海人外露、爱"装"、显摆、会"作"，广州人低调、包容、内敛、不"装"。从两地人的衣食住行，从世博会和亚运会的宣传风格，均可看出大大的不同。但这还是没有回答为什么上海作家写上海的艺术冲动就是要超过广州，也许就是源于那份恃才自傲的高调，那份溢于言表的追求卓越的自信？

　　上海的市井生活、城市个性，以及沐浴西风、百年崛起的特点，使其城市历程史不长却形成了一种殊异的文化传统。书写上海，从 19 世纪就开始形成气候，王安忆后来居上，成就突出。早年以儿童文学和知青文学起步，但很快就在大上海找到了自己创作的立足点，从《我爱比尔》到《长恨歌》《天香》，再到《考工记》以及一大批中短篇小说创作，王安忆确立了对这座城市的书写。毫无疑问，在中国内地都市文学创作中，王安忆雄踞要位，其对中国城市成长的艺术把握与思索，已然托出作家书写城市历史的一颗雄心。着实羡慕大上海拥有王安忆这样虔诚而执着的作家，新时期文学四十年，青春不老，永不退场。而我大广州，几时有作家能将小说写得如此椎心泣血又洞察秋毫呢？

张欣：商界豪门里的广州故事

　　人性幽暗处，张欣投射一道光；黎曼猜想，世界数学难题，印证人间爱恨情仇如无头线团般，没有题解。都市生活，商界豪门，直将眼前广州写得变幻风云，一如羊城初夏暴雨之前奏，天空忽明忽暗，令人深陷其中；死去活来，都是剧中人，死生相搏，岂能言和？《黎曼猜想》是被誉为"广州最会写的作家"张欣推出的长篇小说。

　　《黎曼猜想》是一部完全以大都市生活为背景的作品。十万字，小长篇，取材广州商界生意场。但作品主题并非商战，而是商界豪门里的爱恨情仇。与张欣一贯的作品背景相近，直接写广州羊城。比如作品中出现了一德路、珠江新城等实有地名。一德路代表老城，珠江新城则是广州新中轴线，具有商业气息，是地价最贵之新区所在。张欣一般都是写改革开放之后的新城市，对广州这座古城的历史记忆，一般很少涉及。但是在《黎曼猜想》中，那位八十多岁的老太太，既富又贵的尹大，其出身就试图对接老城历史——老城商界豪门的大小姐。不过，作家并无深究，只是在开头一节中，寥寥几笔、蜻蜓点水，给读者一个想象空间。于是，老城隐入背景，新城才是舞台。但是我看重张欣的这个努力，也就是说，作家的历史感显然往前延伸了。尹大身上的商业传统来自商界，更来自这座千年商都。

　　这部长篇小说最抓人的还是对人性幽暗处的展示。作品截取了女主人公尹大生命最后时光的复仇故事。尹大出人意料地聘请儿子阎诚的初恋茅诺曼出任公司总经理，以此制约和压迫儿媳武翩翩——尹大恨之入骨，认为爱子病死的责任全在儿媳。仇恨足以杀人，杀人可不见血——尹大内心的仇恨化成一个大大的预谋，以至于老太太在人生末路还要最后一搏。在击倒对手的同时，自己也毁灭于仇恨的泥潭。商界女强人茅诺曼，作品重点落墨的主角，形象比较丰满。豪门继承人阎黎丁是一个深受宠爱、善良纯洁、"含金钥匙出生"的富二代，天使一般却又如一面镜子，映照着家族内外的争斗。张欣笔下的广州故事，在爱恨情仇，尤其是人生的仇恨上，做足了文章，也试图进行一次人性的思考。"黎曼猜想"是数学界一个无解的数学难题，作为作品的一个理念，可以看作一个诗意的凝聚。张欣一方面表达了对人性弱点的无奈，一方面也以一种人文情怀，倡导慈爱包容："人生的最高境界是柔软地面对自己，和世界握手言和。"这延续了张欣作品的一贯传统，小说好看好读，有强烈的阅读诱惑力。作家善于借用都市生活的背景，以日常生活的情节来营造跌宕起伏的氛围。常常在风平浪静之时，狂风大作；月朗星稀之时，电闪雷鸣。常在跌宕起伏的情节中，展示人物命运的瞬间变化。感谢张欣，我们又多了一个意蕴丰富的广州故事。

《黎曼猜想》的无限可能

张欣老师的最新小说一拿到手，是不睡觉也要一口气看完的。

一如既往地具有极强的可读性，一如既往地把人性写到骨子里。

作为一部都市长篇小说，《黎曼猜想》"实在就有那么好"。

先说故事，成功的女职业经理人，无意间介入了初恋情人的家族企业中，目睹并经历了这个家族的生死情仇，帮助家族接班人走出困境的同时也完成了自己的精神救赎，与自己达成了和解并重生。

豪门恩怨、商界风云、爱恨情仇，我的第一反应是：好"亦舒"。滴水不漏的情节推进、环环相扣的人物关系、恰到好处的细节描述、张弛有度的意境营造，太好看太抓人，以至强大的故事性甚至屏蔽了故事背后更重要的东西。

若你以为张欣是亦舒，那就错了。

在序言里，张欣写了这样一段文字："常常是那些历经磨难的人，才会说出'诚觉凡事尽可原谅'这样的话。就像政治的最高境界是妥协，人生的最高境界是柔软地面对自己，和自己讲和，和周遭的对抗力讲和，和岁月握手言和。"爱与恨的母题才是她的立意吧。

这并非一个仅仅好看的空中楼阁的虚构，它在现实语境中展开，扎扎实实地呈现我们所经历和熟知的一切；也不是高高在上的只发生在豪门深院里的故事，它就是都市人生；甚至不仅仅是都市的故事，以都市为幕，上演的正是这个时代人们所面临的共有的巨大精神困惑与焦灼，比如孤独、抑郁、疾病，比如情感的荒芜与巨变中的压力。

有时真觉得我们生活的当下很奇特，现代都市是光怪陆离的万花筒，生活有时倒更像一出大戏，日日见猛料、天天有刺激，虚构甚至还跟不上现实的步伐，文学反而不如现实版来得过瘾与有冲击力。张欣用文学把复杂的现实进行提取演绎，搅拌得特别有味，我们的都市人生苦旅就是"黎曼猜想"的难题，也许有解，也许无解，无休止地不确定，只有你自己是那个解锁密码。

主人公茅诺曼是广州女人，尽管小说没有刻意点明，但小说嵌入了一系列我们熟悉的场景：一德路海味档口、珠江新城甲级写字楼、四季、文华东方、富力丽思卡尔顿诸酒店、中山大学附属口腔医院、二沙岛、花都别墅、科学城，甚至天河立交下的潮式砂锅粥大排档……看着就很亲切！茅诺曼不美艳却干净利落、干练得体，她淡定、大气与沉静，她秉持着"所有的事都是交易，都不过是一盘生意"的人生哲学与基调，这些确实都是广州女人的优秀特质。张欣显然在坚持着，她一直在书写着广州这座城市，触摸着这座城市的精神与气质，在茅诺曼这个人物身上能够感受到她的努力，但不知为何还是觉得欠缺点儿什么，特别是随着故事的展开，茅诺曼在与阎家的纠缠中对情感的处理方式让人觉着这不像广州女人，人设开始有些模糊与不分明，或许广州女人真的太难写，有太多可探索的空间。

反倒是小说里的那两个年轻人很是打动人。

阎黎丁与迟艺殊应该都是"90后"吧，张欣把都市男女的脆弱、困惑、挣扎乃至成长写活了。阎黎丁由一个锦衣玉食、无忧无虑的富二代，经历了一系列的家族变故，开始体味人生并成长；迟艺殊从激烈的生存困境与情感挣扎中勇敢地走出来，完成了独立自主的蜕变。他单纯、善良、软弱甚至脆弱，她美丽、聪慧、矛盾却坚韧，他们的境遇、困扰不同，却在努力抗争中相遇并相互理解。

迟艺殊因为自己深爱的贺小鲁娶了富家女而痛悟，她在大排档向阎黎丁说："还是穷人最嫌穷人。以前我有个错觉，以为我跟你有差距，但跟他是一样的，都是家境一般，没有背景，都是奋斗一族，咬牙坚持。但其实我和他并不相同，也许他更急于摆脱贫穷……你妈妈从没有拿正眼看过我，贺小鲁甩我就像甩旧袜子似的。真心受够了这种歧视，我会努力成为富一代。就他妈的靠自己。请叫我富一代。"说完她的头重重地倒下，左边的脸颊贴在桌面上，醉过去了。这段看着真让人心酸，这就是当下都市平凡女孩的真实苦痛吧，残酷而现实。

含金钥匙而生的富公子就是幸福的吗？在家人的爱恨夹缝中，在巨大的人生变故中，这温室的花朵精神都差点儿崩溃了。并不像人们所想象的那些张扬的富二代，有教养、温柔、低调、无所求甚至刻板拘谨的阎黎丁显然更加真实可信。

小说的人物非常有层次，老中青交织，不同年代的人物有血有肉，编排得当。主要人物、小人物、过渡人物，每一个细节都精挑细琢。且不说对已逝的只出现在记忆与旁述中的阎副官、阎诚的描绘清晰立体，更不要说忠心耿耿、寡言的老派人曾司机，还有用色情打火机的流氓姐姐，人物该出现时出现，不突兀不违和，没有浪费笔墨，这故事讲得真是行云流水。

人物关系与矛盾层层叠叠，极有张力：尹大小姐与武阿姨的刻骨之恨，两败俱伤，至死未解；她们的不和解和对阎黎丁的深爱令阎黎丁痛苦不堪；茅诺曼与阎诚爱而不得无法释怀，与肖千里爱恨交织结下心结；迟艺殊深爱贺小鲁却被抛弃，欺骗了阎黎丁但获得了原谅……爱恨交织，千头万绪。

恨与怨，至死未解；执念与痴缠，终也放下。尽管最后还是没把话说完，留下了开放式的结尾，但方向已指明，基调仍是温暖。

是啊，人性复杂，人心叵测，生命脆弱，命运多舛，职场即战场，都市如江湖，但张欣仍然希望"在黑暗中发现光"，告诉我们"什么都不会改变，唯有内心"。

掩卷而思，《黎曼猜想》，回味无穷。

鲍十：从东北黑土地到南国海岛

——读中篇小说《岛叙事》

从地域上看，广东离中原很远，离大海很近。她具有浓厚的所谓海洋文化的特征。这一点对于鲍十来讲，意义特殊——他是从东北黑土地走出来的小说家，从中国的北方来到中国的南方广州落户。人到中年，南方生活显然是他写作的一个新天地。从《岛叙事》（载《钟山》2018 年第 1 期）一部 5万余字的中篇小说里，我欣喜地看到从东北黑土地到南国海岛，作家鲍十终于一步一步接近海洋，完成了一个关于海岛的人生叙事。

海岛叙事开篇就是辽阔大海，海岛魅力渐次展开："远处看，小岛真的就是一张荷叶漂浮在万顷波涛之中，仿佛海水波涛不停地颤动。波涛大时颤动便大，波涛小时颤动便小。天气晴和时，海水会轻柔地舔舐沙滩，海浪不间断地涌上来，又退下去，同时发出一种很清晰的响声：哗、嘘、哗、嘘……涌上来的海水会在瞬间变得洁白若雪……以前曾见过海面波平如镜的说法，这个说法是错的。大海永远没有波平如镜……"大海的描写流淌在东北籍小说家笔下，真真切切，海风扑面。大海，在他的视野中变得自然而亲切。这是一座什么样的海岛呢？作家确定了历史谱系：云氏后人于明代所建，而云氏先祖恰恰是南宋末年崖山海战十万大军中逃生的一名年轻的士兵。海岛中间有一座祠堂，叫南海云公，从祠堂对联"大难生不死，南海第一宫"中可见其渊源深远。海妮的母亲云姑婆是作品的第一主角：老人、祠堂、传说、云氏、家族，这些元素均与岁月往昔相连，为全篇奠定了一个传统基调，岁月回望的氛围弥散全篇。小岛的生活习俗是岭南的，具有地域文化的特征，比如煲汤，比如粤方言的"你饮先"。荷叶岛渔村空洞化现象严重，村庄里的年轻人都离开了，只剩下老人，云姑婆就是当下的空巢老人，孤独地守着故乡老屋祖宗祠堂。

《岛叙事》善于营造梦境：女儿的梦、云姑婆的梦、阿昌伯的梦，一系列梦境牵引岁月怀想、内心情结、人生隐秘。鲍十借此渲染岁月沧桑，道出时间对渔民的伤害。伤害看似久远，内心隐痛却挥之不去。比如，对南海云公祠堂牌位的保护，用这些细节披露那些没有正面展开的动乱岁月。荷叶岛故事有两条线：一条线是云姑婆的生活，或者说是云姑婆与她三个儿女的生活；另外一条线是荷叶岛上的旅游开发。旅游酒店有一个明显的特征：主建筑兼具哥特式和中国传统的风格。我以为，这是一个所谓中西合璧的暗喻，作者十分明确地点出所有建筑外墙一律为土豪金色——无疑构成一种粗放的开发，一种不讲缘由的中西结合，也是我们当下社会的一种普遍景象。"海上时光大酒店"是从一家小旅店发展而来的，小旅店的创办者，所谓民营企业家，就是原来的生产队长，就是欺压当地百姓、巧取豪夺的土豪——这样的细节将人民公社生产队时代的结束，迅猛而来的市场经济的开始——一个历史的过渡期形象地表达了出来。旅游开发一条线虽然没有充分展开，但已然构成了一个巨大的暗喻。什么暗喻呢？即全海岛的旅游开发覆盖计划，有可能造成海岛历史的断裂、家族记忆的消失、传统文化的清场。在这样的一个计划中，投资人、牵线人、收购人、经营人，作为新角色次第登场，他们合力造成云家往事，以及云氏家族海岛生存的最后终结。

在这部作品中，云姑婆的父亲母亲是一对传统乡绅夫妻的形象：讲信义、有主张、有人格、有道德、帮乡邻、安四方，是古老乡村中的正面角色。这对仁慈的夫妻，在"文革"期间，为了儿女的生存与平安，悄然消失在大海中——非常决绝的一笔！其背景是云姑婆的两个哥哥参加抗战，奋勇杀敌，为国牺牲。他们的战友梁久龙来到荷叶岛，代他们尽孝。战争之后，战友之间，早已超过生死的情谊，以身代之，报答烈士的父母，报答养育之恩，但这样一个举动，被政治时代的"血统论"所不容，因此梁久龙被迫改名为梁玉昌，把那段原本光荣的抗战历史深深地藏匿起来。父母的消失是作品最揪心动人之处，一种为了儿女可以牺牲自己的精神，焕发出人性的光芒。鲍十深情却又克制地反复描写了与父母生离死别时的那个场景：与女儿女婿诀别，与家乡祠堂诀别，只为遮掩一段旧事，只为躲避时代的灾祸，只为后代的平安，以此抵抗命运的不公。那个诀别人间世界的眼神，给读者留下多少悲怆的联想！逝者已矣，生者如斯。时代洪流之下，多少生命个体悄然离去，大多没有留下一声悲鸣。历史就是如此无情，无视个体生命的情感。阿昌伯的老年智障的生活，笼罩着他岳父岳母失踪的阴影，聚集着人们对往事的缅怀——《岛叙事》的文本丰富性于隐约之中慢慢呈现。

鲍十在这部作品中再次表现了艺术含蓄且内涵丰富的艺术风格：绝不剑拔弩张，却又张力十足；表面波澜不惊，其实暗流汹涌。我在他从前的作品中屡屡感受到这种一贯的艺术追求以及由此产生的作品震撼力。或许可以用海明威的"冰山理论"来解释：漂浮在大海上的冰山，露在海面只是很少的部分，巨大的底座都在海底。鲍十恰到好处地处理了现实与历史的关系，在所有的现实环境中，随时随地让读者感受到历史的阴影如影随形，弥散其间。甚至使我联想到马尔克斯的名著《百年孤独》：人们活在当下，也活在祖先的目光中。祖先与父母，从来没有离开过这个世界，他们依然和我们共处在一个空间里，休戚与共，息息相通。让我意外的还有作品中的超现实主义描写，比如在云姑婆的梦中，岛上突然飞来了好多海鸥，它们不停地鸣叫，那声音非常响亮——真是神来之笔，犹如天启。即便是传统现实主义作家，依旧有向世界文学——尤其是20世纪现代文学汲取创作经验的必要。我欣喜地感受到鲍十在这个方向上的艺术努力。

亲情伤害：挥之不去的阴影

——评叶兆言小说《滞留于屋檐的雨滴》

  叶兆言的短篇小说《滞留于屋檐的雨滴》（载《江南》2017 年第 3 期）荣登 2017 年中国短篇小说排行榜榜首。一如小说家惯用的手法：家常般的叙述，不设阅读门槛；看似波澜不惊，却又潜水深流，暗流涌动。叶兆言在中国内地文坛始终是一位稳健的实力派小说家。小说的叙事方式似乎在几十年中没有太大变化，变化的是他随着年龄增长和社会发展，对人生与时代的深刻感悟。

  这部作品讲述了一个悲惨的人生故事，表面看似平淡无奇，却有血脉温度。男主人公陆少林挚爱的父亲去世了，悲痛中他从母亲口中得知惊人消息：父亲并非他的亲生父亲。于是，这样一个沉痛的打击，犹如亲人之间的伤害，阴影笼罩了他的一生。他的人生从此不同，包括择偶、成家，都无法摆脱这个阴影。谁是亲生父亲？一个巨大的悬念，致命般地控制着年轻的生命。值得肯定的是，叶兆言的讲述方式非常具有阅读诱惑力。他的人物亲切自然，如在眼前。人生故事有一系列饱满的细节与合理的情节去支撑。比如，尿床与遗精这两个细节描写表明父与子亲密无间的关系，但引出一个出人意料的悬念：并非亲生；父亲对母亲忍辱负重、百般迁就，却依旧不得母亲欢心——反而让自己难堪。人生就是沿着如此不正常的轨道前行，男主人公的人生悲剧是谁的责任？时代、社会、家庭、性格、伦理？一言难尽，相互伤害！似乎只有死去的养父以仁慈与包容，看淡了一切，视其非常为正常，但他真的心静如水吗？母亲的不原谅又是怎样的心境呢？人生真是一团乱麻，有无尽的纠葛!

但是，当我们按照惯常的作品分析方法去指认陆少林的悲剧是时代造成的，似乎又不完全合适；如果我们确证这是一个性格的悲剧，把陆少林幽暗隐痛的人生归结为他母亲的风流放荡，以致让他的养父戴了一顶又一顶绿帽子，似乎也不对路——这就是叶兆言，他没有给你一个清晰的结论，也没有给你一个道德判断，而是把结论留给读者，让你去回味、去把握。因此，我们可以说，这部作品不但在叙事方式上显得自然而老道，同时，其文本也具有某种丰富性，引发你对人生的思考。另外，他也在这里展示了人性的复杂面。没有故弄玄虚，没有做深刻状，而是在家常的叙事中，把陆少林这样一个男青年内心扭曲，以及人生中的隐痛与恍惚充分表达出来。作品结尾也令人回味：许多乐器，不在尘世演奏已久，不明白陆少林为什么要在这虚拟场景中，让我去扮演这样一个角色，为什么那些故人故事，临了还要让我来为他叙说？陆少林不是小说家，他不写小说。——这样含蓄的结尾，给予读者极大的联想空间。

杰出的小说家并不在乎用什么形式来表达他对世界的看法，而是恰如其分地借助他笔下的人物，让我们更加深刻地认识这个世界，认识人类，认识我们精神情感方面的各种困境。叶兆言的这部短篇小说，几乎是一个家庭情感关系的展示范本。西方学者雅斯贝尔斯说过："家，家庭共同体，是个人借以同该共同体中其他成员建立毕生信赖联系的一个结果。"也就是说，家庭不仅是由血缘、婚姻和收养关系连在一起的法律群体，更重要的是由彼此相爱、互相关心的人组成的情感群体。尽管现代社会在一定程度上削弱了家庭的情感，但这并不表明家庭的情感不重要。家庭并不是人间的伊甸乐园，两性关系始终保留着某种弥漫在整个人类交往世界的感情的丰富性与神秘性。两性关系中存在着人类情感中最难解决的一些问题：婚姻使男女走得最近也离得最远，近在咫尺却远隔天涯。所有的家庭关系，包括夫妻、父子、父女、母子、母女、兄弟、姐妹之间——各种情感关系，也同时具有社会的色彩和时代的影子。在家庭的感情结构和感情关系中，包含了人类情感的复杂度与丰富性。毫无疑问，叶兆言在这部作品中，寄予了自己的思考，同时，也给所有的读者提供一个开放性的文本，让读者去琢磨人生，去回答自己在自己的世界中遭遇到的各种问题。或许，这也是《滞留于屋檐的雨滴》耐人寻味的缘由所在。小说家叶兆言，几十年如一日地以稳健的步伐，一直在向人性深处开掘：日常叙事而不肤浅，看似寻常却语近意远。

大陆都市发展的一曲欢乐颂

——读陆铭新著《大国大城：当代中国的统一、发展与平衡》

经济学家陆铭的新著《大国大城：当代中国的统一、发展与平衡》（上海人民出版社 2016 年版）是一部回答中国大陆大城市如何发展的学术著作。全书的中心论点就是中国的大城市并没有达到不可收拾的地步，所谓"城市病"其实是一种假象，所谓外来人口给城市的承载力予以巨大的挑战也是一种假象。他认为，世界的经济、人才、物流和人们的幸福生活，都集中在大城市，这是一个不可阻挡的趋势，也是符合人性的。从经济地理来看，中国的大城市仍然没有达到极限；从国际视野来看，中国的大城市也并不是很大。书写得通俗易懂、活泼生动。比如，他用夜晚灯光的亮度来确定经济和人口的集中程度——"空间集聚"的现象，形象地说明全球的经济活动一向高度集中在少数地区。

用城市夜晚灯光亮度这样生动的开头来引出大国的难题，就是要解决大城市的问题。新著开宗明义地表达了乐观的态度：中国大陆大城市生机勃勃，其包容性就在它的创造就业的能力上。从全球视野来看，中国的大城市，比如上海、北京、广州，仍然具有大容量的发展前景，而且外来的人口并非负担而是财富，城市人的养老，包括下一辈的养老，都需要不断补充年轻的劳动力。不必讳言，我们在城市里也看到了歧视现象，看到了阶层的固化，而且户籍也制约了消费，城市的身份问题已经提上议程，但是治理"城市病"，宜疏不宜堵。我们不能因为城市的拥堵以及环境等问题而制止大城市发展。作者用一系列数据出人意料地表明，实际上那些所谓的小城市，其发展承载力远不如大城市。毫无疑问，作者陆铭是中国大陆大城市发展的推动者，其新著无疑是一曲大陆都市发展的欢乐颂。

即使面对收入差距和户籍制度所带来的身份歧视，作者也是清醒的乐观主义者。令我印象深刻的一处是作者引用了富士康打工诗人许立志的诗《失眠》：

> 曾经我还不知，与我相似的人有千千万万/我们沿着铁轨奔跑/进入一个个名叫城市的地方/出卖青春，出卖劳动力/卖来卖去，最后发现身上仅剩一声咳嗽/一根没人要的骨头

即使面对这样一首充满悲剧色彩的诗歌，作者仍然是清醒而乐观的。无可置疑的结论在于：刚进城工作时的农民工，比留在家乡的老乡和城市居民，是更健康的群体。尽管他们在城市里干的活最脏、最辛苦、最危险，但留下了青春和健康，对于这种流向城市的趋势，作者仍然高度肯定。因为，它符合劳动力流动的第一动力：总是向往更高的收入和更好的就业。再者，农民工城市化的过程也并不是像有的人说的那么糟糕。作者再三提醒我们：应该摒弃一种身份歧视的观念，促使外来人口更好更快地城市化——况且这是一件对所有人均有益处的大好事。

这本书还值得肯定的地方是文字通俗易懂，表述简洁生动。装帧设计亦有新意：书的最后一页加了一张类似于超市可以撕成一小张一小张推销券的两面问答题，正面是十个高度浓缩全书内容的问题，反面是对应的十个答案。——我欣喜地看到学者的可贵：让更多人了解书的内容，加大学术著作的传播力和亲和力。这无疑是需要点赞的举动！这些问题很有趣、很"当下"，甚至相当尖锐。比如说，人口越往少数地区集中，地区间差距越大吗？人口不自由流动会有什么问题？"城市病"怎么破？人口自由流动是导致大城市出现"城市病"的原因吗？本地人和外来人口真的无法好好相处吗？所有这些问题，他都有非常明晰、坚定且富有感染力的答案。读毕全书，我们对

中国大城市的发展趋势抱以乐观的态度。毫无疑问，这是中国大陆当下最焦虑、最急迫的社会问题之一。感谢作者陆铭给了我们一份清晰而乐观的答案，有助于我们纠正那些看似正确的模糊观念，抬起头来，信心满满地走向都市，走向我们的幸福生活。

狂飙为我从天落

——田瑛小说《生还》读后

果然惊心动魄，果然狂风骤雨。用"赶尸"民俗引出湘西乡间汉子顶天立地的形象，人物鲜活，形象生动。不少细节掷地有声，强大的诱惑力让你一读便欲罢不能。湘西那股气，弥漫全篇，气贯长虹，让人血脉偾张，仰慕不已。

小说语言颇具神采与力量：既可见西方小说之风采，更可见中国传统小说之底气。铿锵有力，有锣鼓之喧闹，但喧闹中又暗藏心机。语感畅快，但行笔绝不轻飘，恍若刀刻金石，言之凿凿如青铜鼎器铭文般庄重沉稳、力压千钧。

行刑场景精彩，惜汉子欲劫法场未见交代——其实可以用汉子拒绝结束此线：汉子顶天立地，偏要以死明志。如此豪迈，撼动人心——直让赶尸师傅金盆洗手，颇具神力，好构思！顺便昭示赶尸隐秘，让此神秘传说衬托"生还"，豪迈可轻生还，正义何惜生命。

田瑛来自湘西，他的散文《未来的祖先》让人深切感受故乡那片土地与作家之间血肉相连之关系，童年记忆刻骨铭心，以至从军、转业落户广州依然没有改变他勇猛却细腻的湘西草莽之气，让我有理由将他与沈从文、黄永玉联系起来。地域文化与作家个性真如古诗所云"草色遥看近却无"？

我个人感觉作品地域气息如云如雾笼罩作家：千峰穿雾气，一径入云端。故乡记忆深刻的作家，就是那个找到路径向上攀爬的人。湘西充满传奇，由此亦使得田瑛下笔即带出传奇：从故事到人物。但优势在传奇，特色在传奇，弱点亦似在传奇。追求惊天动地，剑拔弩张，有时难免少了一份千回百转之阴柔。

湖南伟人毛泽东曾有诗句：国际悲歌歌一曲，狂飙为我从天落。豪迈大气，震天动地！快哉快哉，血气方刚还有湘西作家田瑛是也！

古典与现代：都市女性的倾诉

——陈美华诗集序

陈美华的诗集弥散着浓郁的都市女性情怀：温婉而低回，真挚而敏锐。明显的性别角色以及小女人情怀，共同构成其诗歌创作的基本特征。温柔回首，悠悠相思，爱情的逝去与重生，亦是诗集最为动人之处。在古典与现代之间，陈美华用诗歌完成了她作为都市女性的倾诉。古典风范的温婉情思与现代意识的睿智敏锐，在陈美华的诗歌中得到完美的融合。

美华的爱情诗情绪跌宕起伏，令人沉醉痴迷。《香水》写出女人的精魂，对生命与希望的揣测与把握，丝丝入扣。《马路上的蜻蜓》对爱情的回望和人生的感叹均保持在温婉低回的境地，少有撕心裂肺痛不欲生，更无天崩地裂世界末日。所有刻骨铭心的伤痛，化为一只翩翩起舞的蜻蜓——恍恍惚惚，似在非在。何谓永恒，诗人不懈追问，却并不绝望沉沦，依旧行走在大地上，只是带着忧伤，揣着怀想。美华诗集中少见童年回望，《父亲的青花瓷》描述六岁女童的夜晚，指认"隔墙有耳"的年代。寥寥数行，恐惧的劫难岁月如在眼前。一尊青花瓷平静优雅，却又伤痕累累。在女诗人的作品中，包含了对爱情与幸福的反复思索。《雪域沉思》中对生命的思考异常深刻：轻与重，生与死——生活就是这样子的啊/尘世的炊烟里飘着生命的沉重/我带着神谕而来/神说不经历痛/怎知道不痛的幸福。当然，诗人也有张爱玲式的感悟尖锐：就像爱情这条围巾，色彩斑斓只为装饰生活这件千疮百孔的衣袍？但思念一转，一场豪雨又使诗人如获天启：假如没有爱情，生活该是多么乏味，就像无源之水、无水之鱼。诗人的向往总是美好而温暖：《七夕》佳期已定，千万只喜鹊在千里之外，筑造一只巨大的巢，尽管新郎难寻，憧憬却是无比坚定，爱在远方。《方舟》是少有的悲痛：巨浪排空，桥梁粉碎，房屋吞没，行人卷入浪底，悲惨世界耸立眼前，但诗人作品中，更多的状态是：有一种痛默然无声，并非不痛；如果时间是一把刀，切入越深，生命越是无言。这是诗人对于生命的感悟，而感悟亦始终在温婉而低回的境界中呈现。

肉体与灵魂，在陈美华的诗歌中构成两个对峙的世界。她精心构造的作品，恰恰是任意穿越两个世界的天使，自由地飞翔，吟唱自己的歌。《邂逅天使》建构了凡人与天使的关系：凡人的天使与天使的凡人，既彼此交融角色，又瞬间分离，巧妙地呈现了古希腊众神天然具有人间性的特征。《邂逅》中，诗人行走在都市的喧嚣之中，灯火辉煌，夜夜狂欢，却抵挡不住诗人自己的世界：有一朵花静静地开了。作为都市女性，美华始终保持着自我世界的独立自在，尽管有时挣扎而迷茫。窗户是诗人笔下一个常见的镜像，诗作《向南的窗子》《飞翔的窗子》《病房的窗子》不约而同地描述了都市的窗子：如巨兽的眼睛，窥探与被窥探，病房的窗子框住了少女的期盼，诗人借此叩问都市、叩问生命。在《无题》中，诗人终于不再向窗外好奇地眺望，人生自信重新焕发：既然注定生命只有刹那间的辉煌，何不尽情盛放？透过窗子，诗人反复打量眼前的都市，《高楼之猫的日与夜》就是通过一只盘踞在窗台的猫，俯瞰喧嚣浮华的都市。虽有冷淡的讽刺，却无绝望的归宿。毕竟还有"煎鱼的味道"，还有邻居小夜曲。所有离愁别绪均有归路，平凡的日子、生命的渴望，注定缠绕一生，尽管春天步履蹒跚久久不至。

诗歌的自我救赎，沉痛而怀有希望，构成美华爱情诗的另一个特点。一种不倾诉的倾诉，一种不言伤痛的痛，《倾诉》把这样一种情感宣泄得淋漓尽致，诗人的情感历程像一支浸透岁月的金钗，悄然遗失在如水的月光下，闪烁着冷峻而忧郁的光芒。满目创伤的《午夜病房》显然带有诗人陈美华个人的经历创痛。几乎是痛彻心扉的一夜，天平上的生命，无与伦比的重量凸显，触目惊心。诗人在此仿佛跌入深渊、沉入海底，被绝望的午夜黑暗吞没。悲伤像快涨破血管似的河流，像黑夜呼啸着袭来暗杀身体。幸好诗集接着选了

《植树节，在美丽三角》一篇，诗人重新站起身来，扬起流泪的脸庞。她深深感悟：爱是琐碎微尘，但人生的表格就由这些细节填满。文学在此协助诗人完成了自我救赎，城市让诗人重回温情。人生劫难似岁月打磨，但诗人却如一只翡翠玉镯，依旧温润，依旧散发动人的光芒。诗人的情感经历并非没有犹豫与彷徨，《错爱》描述了一个寓意画面：鱼缸里　两尾金鱼在泼刺刺地游/旁若无人——/一条斑斓红　叫"钟爱"/一条云中锦　叫"错爱"。富有诗意的画面，包含了刻骨铭心的爱情，以及对无比创痛的人生经历之思索。隐痛如影，挥之不去。所有的人生故事，在美华的笔下，反复吟诵，回味无穷，时光的味道不断地发酵、提升，谱写出具有诗人抒情特点的美丽而动人的诗句。在诗集的最后两篇诗行中，我再次看到了诗歌救赎的黎明曙光。神秘的大佛于长江之夜，给了诗集一个开阔明朗的结尾：历经磨难，依旧有爱；千回百转，希望还在——不是所有的结果都是覆没，蓝色天空下星光闪烁，那颗最亮的星，就是我。尽管有一种困局如逼仄的车位，开得进去却倒不出来，但即便世界在我面前轰然坍塌，我却依旧期盼黎明，因为星光闪烁，朝霞满天。

掩卷沉思，伤感不已。我想象着诗人为爱奋不顾身的决绝，想象着诗人午夜醒来冰冷月光下的隐痛，想象着诗人的人生困局：生离死别，几近绝望。我对诗人陈美华，熟识却又不熟，熟识出于作者与编辑的关系，我评论过她的作品：诗歌、小说与画；但我并不熟悉她的人生故事，她的爱情经历。也曾旁闻美华有着常人没有的巨大人生变故，因此，我在她的诗行中，猜测体会，比照人生，想象她的伤痛，小心翼翼，生怕惊扰。然而，却在一行一行诗歌中不时地感动，感受诗人如何在巨大的伤痛压抑下，"在雪崩发生之前，倒成一座嶙峋的山峦"。也许，不呻吟的隐痛反而倍加伤感：风雨如磐，夜色如墨。

在我看来，陈美华的诗歌承接了20世纪90年代广东女性文学写作的传统，此传统有两大特点：一是都市视角，二是小女人气质。这两点在美华的诗歌作品里都有明显的对应：一是生长于广州的女诗人，其作品满目都市元素，铺陈开都市女性的情感生活，与乡村无关；二是对应"小女人散文"。我一向认为中国当代文学史没有给予20世纪90年代广东女性文学写作以恰当的评价，尤其是1990年后广州出现的一个以报刊为阵地的女性散文随笔写作，通过《南方周末》以及广州的各大报刊影响全国。20世纪80年代思想解放运动盛极一时，进入90年代，社会到了一个拐点，市场经济全面铺开，人的欲望渐次打开，传统价值观开始松动，知识精英瞬间边缘化，一些原本坚固的东西一夜间灰飞烟灭，人才"雁南飞"现象出现。当其他区域尚处于风气转型之时，广东尤其是广州却迎来了属于自己的时代。这座城市鸟语花香，没有冬天，充满天然活力，且与港澳台、东南亚文化关联密切，原本就有浓郁的市场经济、商品贸易的观念，此时愈加活跃。与内地相对彷徨的态度相比，广东却有如鱼得水如沐春风的欢喜，改革开放也在这块土地上蔚为大观。在此背景下，"小女人散文"与广州的都市文学形成了一个小高潮，其特点是既美丽又时尚，既文雅又独立，没有与男性构成明显对峙，亦没有对传统构成严厉批判，作品多在女性生命的深处，抒发属于个人生活的情绪，中国主流文学的意识形态色彩淡而又淡，加之小女人而非大女人的情感特征，与中国主流文坛的女性文学构成反差。这些，均帮助与推动整个中国大陆当代文学完成时代转折。我认为，陈美华的诗歌创作也是在这样一个转折时代——文化思潮下的产物，她摆脱了中国诗歌颂歌时代的束缚，坦然面对都市女性自己的生活，尊重情感，尊重身体，尊重自我，尊重感官的真实感受。同时，吸取国外诗歌以及中国古典诗歌的优秀传统，探求自己的艺术历程。我们在陈美华的诗歌中，不难感受到其既受世界文学的影响，同时又继承了古典文学的传统。毫无疑问，美华的诗歌整体风格近似那婉约不哀、中庸古典的美学风格。由此，我们也可以通过美华的诗歌看到中国诗歌在20世纪与21世纪过渡时期的一个发展路径。从这个角度来说，陈美华的诗歌创作亦同时具有其文学史的意义。恰如立于时代转折点上的尼采所言：诗歌不是诗人脑子里产生出来而与这个世界脱节的东西。诚哉此言。是为序。

浅吟轻唱中的本土叙述

——散文诗集《全国名镇 醉美水乡》序

中国古典诗词大多具有强烈的代入感："床前明月光，疑是地上霜"，"感时花溅泪，恨别鸟惊心"，"梧桐更兼细雨，到黄昏点点滴滴"，"今宵酒醒何处，杨柳岸，晓风残月"，此类例子举不胜举。诗人总是运用精粹的文字，营造一个情景交融的世界。散文诗集《全国名镇 醉美水乡》（现代出版社2016年版）延续了这一优秀文学传统，为读者徐徐展开了一幅广东水乡的诗意画卷。

醉入水乡，是美景，还是美酒？如梦如幻，抑或两者皆有。何霖的《醉美水乡入梦来》为我们描述了古巷古街：大戏台、文化室、疍家艇、雕塑、亭台、茶座、酒吧……"洒落岁月的重新排列"，"雍正版的吉祥围，现实版的岭南水乡"，一幅和谐的水墨画。罗铭恩的《东涌的河涌》一览大江流，向东，流向珠江，流向大海；向西，流向发源地，犹如扑向母亲的怀抱。作者悄然发问：东涌的河涌有多长？历史与生命在渔歌中流淌与积淀。谢显杨的《水魂》试图唤醒流连水乡的珠江女神，与其吟诗作对、畅游珠江。河南诗人李俊功相信相见的缘分，相信在一片叶子、一道石缝，甚至一粒尘土上，都有"关于龙舟、醒狮、武术、咸水歌、广场舞、私伙局的传奇"。中国最北边的黑龙江小学教师郁有香，南下珠江寻找诗意，她欣喜地发现：东涌既是一处可以"慢下来，做一只慢慢飞的蝴蝶"的悠远梦境，又是曾经勾连海上丝绸之路的节点：她左手握着广州，右手握着世界。蔡宗周的《诗意东涌》以一条长长的绿色长廊，将东涌与颐和园、吴哥窟、湛江海景长廊相连，走着走着，炮仗花开了，草木清香四溢，绿笛悠悠，绿水滢滢。孙重贵的《醉美东涌，用绿色回答一切》铺天盖地都是绿，长廊长三里，绿色绿天下；绿是主人，无处不在；我被绿化，回归自然。并由此悟出：绿是生命的象征，绿是东涌的灵魂。郭培坤的《东涌秀出美图》、王垄的《醉美东涌》、张威的《水乡东涌的诗意叙述》、张文峰的《甜甜的咸水歌》、项鸿儒的《东涌烟雨》写得既生动又丰厚，对水乡景色都有不同角度的发现与描述，值得称赞。

从2003年迁入广州，成为一名新客家，我的一个愿望即是：大力倡导广州乃至广东文学的"本土化"创作，力推广东本土文学。我在《广州文艺》开辟专栏多年，在自己写文章的同时向他人约稿，所有的文章都有一个主题：本土化。我在与广东文化的接触中，有两句话使我感触颇深："广东人会生孩子，不会起名字"；"离中原很远，离大海很近"。前者说明广东本土文化传播力不强；后者表达广东文化的独特性，也就是与中原文化的差异性，以及独特的海洋性。我欣喜地在上述散文诗集中看到了广州南沙东涌镇，以及一批来自全国各地和广东本土诗人作家的不懈努力。他们的诗篇，恰恰是广东文化急需的"本土叙述"。在全球化和信息化的今天，广东的一切都需要不断地向外传播，这是地域政治经济文化的需求，也是广东进一步改革开放、融入世界的需求。

何谓"本土创作"？何谓"本土文化表达"？理论上很难准确界定，我也在多种场合、多篇文章里反复表达了这一观点："我认为一定与出生地、童年记忆、祖先记忆、故乡记忆密切相关，一定与你生于斯长于斯、贯穿你生命的某种文化传统有关，一定与你所痴迷、所钟情、所热爱的乡土情感有关。"我在1995年参与"地域文化"讨论时，曾提出"文化描述论"。我所表述的"描述"是一种文化意义上的描述，它既需要轮廓形象上的勾勒，更需要内在精神上的摄取。在这本散文诗集中，我们也不难看到诗人们的不懈努力。比如，刘小红的《岭南水乡情调》就将"水乡情调"定义为：历史的凝重与现实的欢愉，情与色，跌落于水，交织在一起。余晓红的《东涌，你这意气风发的后生》更是力图追寻历史风云：北宋之末，金兵南侵，中原移民，沙洲围堤，疏水为涌，农耕渔猎，大炮楼、疍家舟、九大珍。还有彭俐辉的《东涌情怀》描述的开面、过大秤、鱼头汤、回娘家、饮杯新抱茶……所有这些，其实都可视作本土符号，需要我们悉心描述，并由表及里开掘出其内涵的独特韵味与精神。

比如，商业在广东文化中处于很高地位，这同其历史息息相关。自两汉的"海上丝绸之路"始，广东人就走上发财致富之路，隋唐南海贸易进一步开拓，广东贸易地位迅速上升。宋元海禁，贸易萎缩。但即使到了明清"片帆不得下海"的严峻时期，广东官方贸易依旧保留，成为中国海岸贸易的唯一口岸。内地货品也只能贩运到广州出口，号称"走广"。与此官方海禁形势相对应的却是，广东民间海运不止，"山高皇帝远，海阔疍家强"说的就是广东商人私家船队冒险出海的历史事实。1684年以后，广州"十三行"总揽对外贸易，占尽官方与市场资源，一时富甲一方。据说当年十三行富可敌国，潘、伍、卢、叶四大富商凭借垄断经营，跻身世界富商，其家产总和超过当时朝廷的国库收入。这样的财富传奇，在改革开放时期广东"先行一步"中，延续书写市场经济。东风劲吹，由南向北，肇始广东，所谓新一轮"文化北伐"由此缘起。移民潮的"孔雀东南飞"，以流行音乐为引领的娱乐文化北上神州大地，一南一北，一进一出，既是烘托文学创作的外在表现形态，亦是广东精神的外化张扬。

我诚挚地感谢广州南沙文友的不懈努力，他们不但自己写，还不断地力邀全国各地的诗人写。我们的共同愿望十分明了：描述广东，描述珠江，传播本土文化。面朝大海，春暖花开。我们期待重现光荣时代和辉煌历史。浅吟轻唱中的本土叙述，其声虽委婉，其志却宏大。

神秘力量来自粤东海岸线

——读陈再见小说

陈再见的小说作品有一种神秘感。他的叙事带有一种异乎寻常的诱惑力，这力量奔着神秘感而去，我在其中篇小说《扇贝镇传奇》中已经有所领略。而这种发乎神秘的力量，恰恰来自他脚下的粤东沿海。粤东沿海文化的重要特征即敬神，亦是传统。在他们的日常生活中，敬拜祭祀鬼神是一件很平常的事情。民间的信仰力量，左右着他们的世界观、伦理观、价值观，以及对于人生、社会、自然的判断。

《黑豆，或者反贼薛嵩》开篇并不稀奇，但一写到黑豆姑娘是个招神婆，人物光彩即刻呈现。招神婆可以召唤各路神仙，黑豆自称神明一直骑在她的肩膀上。作品一方面与历史接通，让"文革"岁月成为人物的活动舞台，另一方面延伸出一段"讲古"：反贼似乎是农民起义者的身份，他所种植的黑豆似乎又是我们黑豆的前世，两者之间的联系是什么呢？作者没有明说。一种神秘的联系在我们心间弥散，读者由此获得一个想象空间。

同时，也使一部乡土作品附上了现代寓言的色彩。虽然陈再见似乎并没有明显使用先锋小说的笔法，但作品整体的隐喻性又是属于先锋的，从而有别于一般的乡土文学作品。也许，这正是陈再见的成功之处，异乎寻常的小说魅力恰出于神秘的粤东沿海，那个名叫汕尾——祭拜海神的地方。

清西平原上的追风少年

——陈露散文集《我歌且谣》序

陈露本质上是一位诗人，灵魂躁动于乡村与城市之间。2012 年，第一次去清远参加他的作品研讨会时，我发现他身上有两个特质：意识徘徊——他在广州工作过，大都市找不到北，痛苦犹豫中回到了他的故乡清西平原；寻根冲动——他的文章中矗立着追风少年似的形象，经过若干年的洗礼，愈显突出。他充分发掘了自己的内心，原来那种模糊的隐约的寻根冲动，在理性不断倍增的行文中，俨然成为作品的定海神针。

作者动用了家族记忆，动用了有关文化遗产工作中的经验，动用了人到中年最宝贵的人生体悟，进而找到了一种精神通道——与故乡、与本土、与传统、与清西平原、与个人血脉——一种纽带般紧密的联系。他的作品始终有一个"禾花歌"情结。这个情结上叠加了陈露作为"60 后"的成长背景：童年记忆，"文革"，80 年代思想解放，90 年代个体探索，2000 年以后精神提升。从大都市到小城市；从小城市到小乡镇；从小乡镇到传统村落——人生的轨迹与精神的轨迹，交叉、纠结、交流、互动，由此给予了散文创作一个比较开放的空间，大起大合，穿越时代，翱翔于历史天空。故乡马头岗古墓的不断追寻，奇特地缠绕在记忆的深处，并不时叩击诗人敏感的内心，由此有了恍若前世、文若华彩般的呼唤：

我是哪个部落的王吗？我是哪个部落的战士吗？2 300 年前春秋战国末期，与此相关五岭关山的南蛮之地，有一处未名的原野，是等待着我的到来而存在吗？……我是楚人出逃的那支贵族吗？我害怕宫廷斗争，我没有屈原的才华与政治情怀，我只喜欢我的音律。我在出逃的那个风高月黑的晚上，依然不忘把楚人最动听的乐器带上……水深浪急啊，百回千转，峡谷高耸，九死一生……登上高岗俯瞰，眼前沃野连绵，百里平川。比家乡楚地更加开阔……从此，我在这片土地上带着族人劈耕荒蛮。我把登岸的那座形似马头的山岗命名为马头山，并在这里重建我的部落。

我发现陈露的性格是有反差的，这种反差表现于各个方面。比如说他有父系家族所赋予的乡村质朴，有母系家族所遗存的乡村士绅传统，还有作为一个读书人、一个"60后"文化人，在中国大陆思想解放运动中所获得的思想的启蒙，以及近年参加非物质文化遗产保护田野调查工作的现场体悟，还有他作为一个文化馆馆长在社会基层的各种观察与领悟——我由此揣测大陆乡绅知识分子在今天延续传统的可能。在陈露笔下，外婆与母亲以及外婆亲弟弟——我的舅公，显然昭示着一种源自乡村的传统：文雅而人性。尽管陈露没有深究，却让我心中凛然：会讲流利英语的舅公与南乳花生叫卖和禾楼歌声之间有着怎样的人生反差？

也许正是这样的人生喟叹，给予陈露不尽的亲情。我们不难看到凡是有亲情灌注的作品，凡是有寻根冲动的作品，均闪烁着丰富而真挚的光芒。否则，不免空泛无力。扎根乡村，贴近大地，体悟本土，同时具有一种更高更广的心境与视野。陈露的不凡之处，就是在一方砖雕、一口古井、一条河流、一个村落中，始终保持着一个思想者的姿态。他的作品可以说是兼具实践者与思想者的双重品格。

我尤其喜欢新著上卷"我歌且谣"——追风少年，纵贯古今，穿越历史，守望故乡。文笔挥洒，难能可贵地将抒情、纪实、讲述、议论、描述等结合起来，互文性地交叉相融，超越一般性的乡情抒发，本土思考与传统流贯接通，一如"定海神针"，决定了文章的丰富性与深度。乡村与城市相交升华，迅捷抓取了人类境遇的一些普遍性问题，在"我从哪里来，我到哪里去"的千古追问中，获得一种超越本土的文化襟怀与艺术品质。既是本土的，又是世界的；既是个体的，又是人类的。我不由联想起杜甫的《绝句》：两个黄鹂鸣翠柳，一行白鹭上青天。窗含西岭千秋雪，门泊东吴万里船。——前两句展示冲天气势，后两句则沉郁雄浑，含蓄蕴藉。当然，并非说陈露已然抵达这种大境界，但他一直在接近，在努力，在提升。信心所在，期望所在，厚望于他："愿你出走半生，归来仍是少年。"

在诗歌中发现城市的新年地平线

2019 年的最后一个周末，在"开卷广州"的年度活动终场与诗人礼孩对谈，聊到 2020 年的广州新年诗会，他剧透了这次诗会将又一次进行形式上的刷新，首演首译叶芝的诗剧《伊美尔唯一的嫉妒》。在那次对谈中，我再次体会到了礼孩的高远。他拒绝平庸，他更希望提供一个具有阅读与审美难度与高度的内容或形式，即使是我们这样一个面向普通读者的、大众化的阅读推广活动，实际上很多人还不具备基本的文学功底，他也不愿意将就，很温和但坚定地阻止了我将话题引向拜伦、雪莱，他要与我们聊保罗·策兰、恩岑斯贝格、沃尔科特与丽塔·达夫……这不禁让我反思，在做阅读推广时，我们到底应该迎合还是引领？应该普及还是超越？我们是不是更应该让更多人体会到新鲜的、有益的新思维，听到不一样的声音，得到新的唤醒？

广州新年诗会就是这样执着地坚守它的精神洁癖，引领这座城市的品质，保持一贯的审美高度与追求。十二年的坚持已是可贵，形式与内容上的十二次更新，我觉得就是奇迹。

它正在创造这座城市的文学记忆。

1 月 9 日的演出，作为一个干什么事情都是掐着点儿的人，我破天荒地提前了一个多小时到，因为需要在图书馆的空间里酝酿一种情绪，就像等待日出的那一刻。走在花城广场黄昏华光璀璨的路上，脑子里突然冒出一句：就像去赴一次隐秘而令人心跳的约会，期待着一场新年的诗会。这是它的魔力，也是它给了这城中孤独的人们一种渴望。

与往年的开放性与沉浸式体验不同，2020 年的广州新年诗会，选择了更为正式的舞台演出。叶芝的诗剧《伊美尔唯一的嫉妒》是首译首演，相信很多人跟我一样是第一次观看诗剧演出，因此又为我们开启了一次创新体验。

开场前半小时，在剧场的外围开放空间首先开启了一个"我们是流波上的白鸟：叶芝诗歌平行展"，画家赵娜，朗诵者杨芳、山禾等配合现代舞者共同演绎了叶芝的《当你老了》《白鸟》《茵尼斯弗利岛》《丽达与天鹅》《秘密的玫瑰》等经典作品，黑西装、礼帽、白玫瑰，戏剧性化妆加上艺术化的演绎，配上手风琴，让读者在正式进入诗剧《伊美尔唯一的嫉妒》之前，先做了情绪上的预热，我早点儿来是对的。

虽然这是一场诗会大餐前的头盘，但非常出彩，不可或缺，甚至已经开始打动我们，在听到那首熟悉的《当你老了》时，多么炙热而深沉的情话，我旁边的女孩哭了。它不仅与之后的演出构成了一种呼应和观照的平行关系，更是新年诗会这么多年以来开放体验式的诗歌在场风格的延续，毕竟在台下正襟危坐着仰望舞台的感觉还是略有距离感的。

由于个人偏好，我可能更加喜欢这种没有舞台、去中心化、突破边界的感受，往年图书馆开放的立体的层叠的空间里光与影的演绎、因地制宜的绝妙空间运用，每次都让我很惊喜。而今年，似乎更回归到了诗本身，在形式上返璞归真，突出了诗剧的主体。

当然，广州首译首演本身是创新，叶芝神话诗剧的艺术呈现令人惊艳。由话剧演员、音乐剧教师、大提琴家与现代舞者共同演绎的诗剧表达是实验性的，这种呈现一如既往地是一次以诗为名的艺术形态的整体性融合表达，所以全剧看完，我莞尔，诗会还是那个诗会，纯粹而丰富，礼孩永远在跨界。

以诗歌为名，它为我们呈现的不仅是诗的语言，还是整体的多维艺术表达。包括现代而充满符号隐喻的舞台背景设计，舞台中央三角形的魔幻意象；古典乐的选择；尤其喜欢整出剧演员简洁而形式感极强的肢体表达，缓慢的而神秘的对白，非常多的静态定格。把诗剧处理成一种介于静态造型、舞蹈与戏剧表演之间的呈现方式。我从来没想过诗剧可以这样来演绎，与内容的搭配是多么协调，诗不就是形式感极强的吗？

选择一出这样的诗剧，它的意义，或许正如导演符文瑜在她的手记中所说的："叶芝的诗剧《伊美尔唯一的嫉妒》，完成于1919年，距今刚好整整一百年！跨越百年的时空，剧中来自凯尔特神话原型的伊美尔与英雄库可兰，置于当下中国的现代生活，是否就是另一个维度空间观照的永恒面具，为我们呼唤出心灵中的永恒渴求？

"解读叶芝的这个剧本是多维的，因为他是用神性的思维结合对自身族群未来去向的思考，并将个人、隐秘情愫投射进去而进行的创作，层层肌理如剥洋葱——

"在这里面，或许有人看到了爱情，有人看到了命运，有人看到了牺牲；再深入一层，或许有人会看到爱欲的控制，看到对美的存疑，看到信念的幻灭，看到神性与人性的较量；甚或有人会感受到文辞与文辞之间，叶芝对宇宙那不可捉摸的神秘法则的刺探！"

而我，无意于那些晦涩的隐喻，我看到了爱情，感悟了什么是爱情。

《伊美尔唯一的嫉妒》根植于爱尔兰神话的故事，国王库可兰与大海搏斗却葬身大海，生死之间，王后伊美尔为了挽救他的生命，请丈夫的情人艾丝娜·因古巴到恶灵布里克里欧那里讨价还价，悲惨命运扑面而来，伊美尔唯有接受残酷的条件，放弃爱，丈夫才能得以重生。

剧中的伊美尔在希望与记忆中选择了记忆，伊美尔需要爱的人重生，尽管永远不能得到他的爱了。而爱，难道不是存于更可贵的记忆中吗？无望的爱是一种什么样的感觉？又或许记忆才是生命本来的面目，我们的人生就是由记忆构成的。叶芝之于茅德·冈，何尝不是爱而不得呢？所以，他的爱才会永恒吧，他才会永远爱她朝圣者的灵魂与衰老的容颜吧。

又或许，爱一个人，有时他（她）爱不爱你并不重要，而"爱就是在爱中满足"吧。

在海边长大的礼孩，每当新年的时候会寻找地平线，海平面上的第一缕曙光一直留在他的心里。城市的钢筋水泥森林里，新年的地平线在哪里？新的一年，在这巨大的城市中，更加需要一缕珍贵的唤醒与催生内心涌动的曙光，诗——成为我们心灵的新年地平线。

当某句话、某段音乐、某个影像、某种声音、某笔线条，将我们的内心瞬间照亮的那刻，犹如看到海平面上第一缕曙光的时刻，心里会长出一双翅膀。

2020年的新年诗会，在一次精神深处撞击中显现的地平线，一次追寻，令我们心里长出一双白鸟的翅膀。愿为新的一年留下生命的记忆，当无望时，我们仍能在这记忆中生发出力量。

地铁与诗歌：让我们找到回家的路

　　佛山文化管理部门与诗歌界近日联手举办了一个地铁诗歌活动。据介绍，首届"广佛地铁诗会"的所有诗歌都是佛山诗人的原创，诗人们围绕"地铁、爱情、春天"等关键词进行先期创作，并择日沿广佛地铁线，在车厢内向乘客朗诵他们的诗歌。为不影响市民出行，诗人们避开高峰，选择在中午1时人较少的时候，从桂城站上车，向魁奇路方向进发，为市民读诗。地铁春运安保警察在美妙的诗歌朗诵中，主动负责维持秩序。诗人周子游还专门为两位主动帮忙的警察写了一首诗。至于为什么要举办"广佛地铁诗会"，主办方周崇贤表示：连通广佛的地铁不应只是一个交通工具，更应该是佛山在精神气度上、在文化追求上向国际大都市靠拢的一个象征。而佛山诗人的作品出现在地铁上，可以理解为是广佛两地"文化同城"的一个表现。无论是"广佛地铁诗会"活动，还是佛山"电召诗人联盟"的成立，从文化层面讲，其先锋性、实验性都说明佛山已经具备了与广州一样的大气和包容特征。

　　赋予一个诗歌活动以多大的意义？在我看来，新生事物的出现，总会有一个成长的过程，抑扬毁誉不必过于纠结。诗人要发声，文化要张扬，出发点是值得肯定的。作为当下的小众艺术，诗歌试图进入大众空间，在更大的范围内得到传播，与其说是诗人们在争取麦克风，不如说是在期盼更多的知音。面对充斥世俗功利的商品社会，诗人试图运用硬性的方式推广自己的作品，与其说是在推销，不如说是在期盼获得更大的社会关注度与价值认可。当然，作为具有精神价值和想象力的诗歌，在我们今天的大众生活与公共空间中，绝非太多而是太少。因此，我一定是"广佛地铁诗会"的点赞者！何况，还有我们的作品可以证明活动的意义——

周子游的《广佛地铁，比我更低》把广佛地铁视作"一条月光编织的红绳"，诗人在"桂城倾听/深处。那些暗流涌动/那些 /相爱百年……"严志广的《爱情的地铁开往春天》直接把地铁拉进了城市的生活："相遇在地铁。/读诗。艳遇。爱情童话。/悲欢离合/铁轨朝着回家的方向。"雷立新的《从火车站到陈家祠，我们是一条穿越城市的激流》则果断地进入城市，尽管没有一丝喜悦："从火车站到陈家祠/我们的身影无处不在/城市是别人的/你和我，都没有发言权/我们只能是暗处涌动的激流/深深地深深地/把自己埋在地下/埋入城市的喧哗/埋进彼此的皮肉、骨头和血……"罗蓝枫的《幸福会在终点站》表达了一点亮色："从我的城市/到你的城市/思念在地铁中穿行——你的笑容/一直温暖我。温暖/数不清的寒冬。"郭杰广的《地铁穿过广州的身体》宣泄了地铁对人生岁月的消耗；而来去的《午夜地铁》则把地铁想象成："用每小时 70 公里的速度来度厄的灵魂/从里到外把我的污渍清洗干净后/再从一个出口吐出。"

虽然匆匆浏览，却不难感受佛山诗人面对地铁、面对城市扑面而来的或伤感、或失落、或困惑、或挣扎、或进取的真挚情怀。寻找灵魂的栖息地，寻找精神与身体一道回家的路，是共同的主题指向与心灵期冀。也许我们诗人激情的朗诵，不一定获得同等的掌声，也许我们诗人创作的作品，会被乘客轻易遗忘，如一阵风，如一声响。但我们有一天会突然意识到：诗歌，会体现出一座城市的教养与风度，并有可能与城市地铁一样，帮助我们找到回家的路——佛山诗人们的努力也就鲜花绽放了。也许，还要等待，也许，还要努力。但我坚信：走着走着，花就开了。

广深佛莞文学活动印象

　　广州是广东诗歌的中心，诗人杨克十年坚持编撰《中国新诗年鉴》，颇有影响；广东诗人进入北大；广东小学生诗歌节；诗人黄礼孩几十年一贯努力，献身诗歌；国际诗歌节、新年诗会已成品牌，且扩大影响，与建筑、音乐、水墨发生联系。各地活动流派涌动：咸淡水诗歌，粤东诗人群，北有五月诗社，南有红土诗社，云浮提出"省际文学"。诗人活跃，自有刊物园地活动，渐成自家风景，引领中国，拥抱世界。广东已然成为国内诗歌大省，可喜可敬。

　　深圳，一座热爱文学的城市。长期写作者十万人，不定期者达百万人。打工文学、移民文学、都市文学，多元呈现。深圳文学季、诗歌朗诵会、定期沙龙、读书节日，氛围浓郁。青年新锐，颇有后劲。青年读者素质骄人，顾彬座谈会，知外语者众，提问尖锐，颇多见地，令顾彬意外。引才政策大胆，重视文化建设，新锐时尚，值得一书。

　　佛山，与羊城"广佛同城"，广府文化重镇，甚至其广府文化氛围保护超越广州。佛山经济实力强劲，所辖顺德、南海富甲一方，多种文学大奖相继落户。康有为、黄飞鸿、咏春拳、西樵山、石湾陶瓷、凤城厨子，均入文学。传统深厚，繁华富裕，但引进人才不如深圳，资助文学不如东莞。全国知名作家作品尚少。

　　碎片化岁月，遇到长诗，不免惊讶。佛山亦为生意之地，却有张况者愚公移山，书写史诗。读史人、思想者、诗人，三者合一，真气流贯，艰难长征，方得巨作，着实不易。挥洒几行诗句，搅动一世风云；看似潇洒指点江山，其实心血浇灌。典雅诙谐汇合，华章俚语交融；近《荷马史诗》气魄，习莎士比亚遗风，值得一赞。

东莞中心广场面积超过天安门广场，被称为"亚洲第一广场"，其恢宏气势令人瞩目。但"洗脚上田"，东莞虽有名园，但少有城市传统，因此其文学多为引进。人才项目、作家工作室、东莞文学院，支撑着东莞文化的建设，功不可没。但如何融入本土，产生全国性影响，长路漫漫。文学犹如传统，悠远深厚需要时间沉淀。

第二季"开卷广州"讲座印象

张均开讲路遥小说，拉开 2018 年活动序幕。作为中山大学教授、青年长江学者，张均的讲授相当严谨，史料言之凿凿，加入作家逸事，现场效果抓人。

他认为路遥的小说之所以至今魅力未减，一是写了真实的农民生活，即使是鲁迅的小说，也没有写家门里的场景，因为鲁迅没有农家日常生活经验。二是乡村爱情描写颇具深度：多为失败结局。三是成长主题：人性描写宽广，多种亲人关系表达透彻，超越男欢女爱；孙少安写得尤其细致，少年渐渐了解人生，如何摆脱贫穷，经历人生长河中的挣扎、成长中的疼痛。四是写了劳动，乡村生活丰富多彩，对劳动的热爱与尊重。劳动在中国文化中时常被忽视，但路遥反其道而行之，延续了红色作家的理想。五是大格局，细节分量颇重，包含更多的人生内容。

路遥为何不向鲁迅学习呢？他并不认为农民愚昧，而是对故乡亲人有无限的情感。在许多知识分子看来，文明与愚昧的冲突是唯一的主题。路遥则把自己设置为农民中的一分子，并没有把对国家的思考作为自己生命的内容。小说带有一种下层视角，尊重生活是作家必备的品质。

第二讲为梁基永讲《史记》。梁为"西关遗少"，中山大学古典文献博士，又是青年画家与收藏家。他的讲述颇有专业考据色彩。《史记》从黄帝传说时代到司马迁生活的汉武帝时期，时间长达三千年。司马迁生于世袭史官家庭，秉持传统，直书历史，虽受宫刑而坚守。52 万字巨著，传记史学的开山之作。"西关遗少"梁博士娓娓道来，亲切清晰，理性透彻。讲经典，虽小众，却书香满屋，曲径通幽。

版本演变历史复杂，专攻古文献的梁博士，拿出看家本领，叙述曲折，清晰有道。《太史公书》到三国时被定名《史记》。官方认定的"二十四史"，《史记》为首，可见其地位之高。二十四史，专家打分，越来越差，明史几乎是俯首称臣为皇上代言，完全没有史家立场。梁博士还举唐宋画为例：唐朝皇帝与百姓入画均取站立姿势，宋画则是一人站立众人叩拜。

《史记》首创纪传体：皇帝本纪，孔子世家，分类列传，书记史实，表格分列。史料浩瀚，社会分层，田野调查，跋山涉水，民间采风，甚至与遗老面谈，态度严谨，第一手材料，可信度高。司马迁为后人称颂还因其高尚的人格，虽受大辱，却不"公器私用"，坚持史家立场，公正客观，尊重历史，堪为中国文人之榜样。

重农轻商乃中国传统，但《货殖列传》则为商人立传，观念先进。刺客游侠亦列其中，看人并不尊卑。谈到精彩之处，梁推《滑稽列传》，比较轻松。我则推《刺客列传》，勇猛鲜活。

第三讲为聂莉博士讲《红与黑》。美丽温婉的女博士开讲，情绪感人，语速不慢，迅速切入话题：《红与黑》有多个译本，许渊冲有所创作，属于"翻译的文学"，我不喜欢。少女时代曾喜爱这部小说，但大学时已经不爱了，甚至对于连予以批评。但现在发现这就是一部跨越时代的社会小说。《人权宣言》在法国颁布较早，拿破仑是时代英雄，历史构成人物成长的背景。于连20岁到市长家当家庭教师，23岁被绞死。于连属于第三等级，出身外乡，希望出人头地。而贵族世袭，但大革命时代阶层松动，人生希望呈现。

于连如何往上爬？成功？失败？文化资本是唯一的敲门砖。他会拉丁文，德·瑞纳夫人与玛蒂尔德小姐成为他向上爬的阶梯，他努力进入上流社会，学习"装"，虚张声势，试图用文化资本与身体资本提升自我，期待成为贵族一员。与夫人是不伦之恋，小姐则没有独立经济资本，于是于连功亏一篑。即便夫人不告发他，他也依然没有经济资本。政治资本也是于连利用的，当面咒骂拿破仑，虚伪投机，但正直本性又使他纠结矛盾。

于连慷慨赴死的陈词——小说华章，表明他是一个挑战现实的斗士。司汤达的杰出之处就在于写出困境中的人物，跨越时代。心理描写使之成为"现代小说之父"，由此体现现代性。隐喻与象征无处不在，红为军装，黑为神袍，这一对词就有各种解读：正义与邪恶；两种政治力量；红道与黑道；红点与黑点……整部作品就是于连这个小人物的挣扎史，于连为红，社会为黑，红黑对决，悲壮惨烈。爱情形态不同：夫人为感性激情，小姐为理性虚荣。于连死后，德·瑞纳夫人殉情；玛蒂尔德小姐则为真爱疯狂……两者亦构成对比。

美丽大方、知性开朗的裴谕新博士现场点评，快人快语，开口提出"性资本"，让人刮目相看：布尔迪厄理论我也关注，我的博士论文提出"性资本"。我认为这就是情爱小说而非爱情。偷情如此美好刺激，几乎成了"少女启蒙书"。怯懦自卑的于连在此提高了"性资本"。

与《平凡的世界》主人公相近，最新数据显示：全球最富有的40多位富豪的财富，是50%的全球最贫困人口财富的总和。可见跨越阶层风险极大，于连走了一条艰难的道路。

如果说主讲人聂莉博士的讲述"波涛汹涌"的话，那么，裴博士的点评即是"狂风骤雨"。两位优秀的女性均有上乘表现，让男性"压力山大"呵！

第四讲为我本人讲海明威的《老人与海》，现场热烈，讲述极畅快。美国艺术策展人、艺术学者哈维先生携夫人姚小波到场，还进行了可贵的发言，还有音乐人蒙老师夫妇，以及不少学生文友出席，爱读书者众，令我温暖而欣慰。因另有解读海明威专文，此处略过。

本土与传统：兴化民间艺术的两个亮点

元旦之后，一年一度的中国小说排行榜评审如期而至，我第五次来到这座素有"小说之乡"美誉的城市——江苏兴化。这座位于长江三角洲北翼，地处江淮之间，里下河腹地，曾名昭阳、楚水的小城，每次见面，常看常新，但始终不变的是浓重的本土与传统色彩。

参评间隙，关注兴化民间艺术，结识了兴化市民间文艺家协会主席、七十多岁的赵念葆先生，他诗书画俱佳，斯文大方。我看他的水墨兰花，用笔潇洒，古风高雅。在我印象中，兴化民间文艺家有两个特点：一是传统性。兴化传统底蕴深厚，民间文艺源远流长。郑板桥、施耐庵、韩乐吾、刘熙载等古典大师影响久远。民风淳朴，古韵犹存。二是民间性。书画美术协会多有民间艺人加入，且本身就是营生职业，草根身份，并非体制内角色。会长点头认可，并补充第三点，自发性。民间文化艺术与地气相接，与传统延续，比如农民画，市区书画家自发组织的行业协会。我在会长的介绍下，接触了几位民间文艺家。

在兴化，本地人喜欢说自己是水乡人。既然是水乡，自然与水有无尽的渊源，这里也的确是河流密布。行在路上，不出几步就是小桥流水。地势极其开阔，河涌交叉，土地肥沃，是不折不扣的鱼米之乡。应水而生的自然作物让人目不暇接，但最吸引我眼球的是那一块块分割有序、鳞次栉比的田块，当地人称作"垛田"。兴化小说家刘春龙有长篇小说出版，名为《垛上》，说的就是垛田上的故事。因季节的原因，我只看到了裸露在外的黑褐色田地，以及偶尔飞来停歇的叫不上名字的水鸟，此时田野并无作物。

兴化的千垛景区又被称为千岛菜花景区，是全球重要的文化遗产，江苏省四星级乡村旅游景区，因垛田地貌享誉全球。兴化垛田乃苏中冲积平原一种特殊的农田地貌。每年四五月份，上面开满油菜花，形成特殊的自然景象：花与田、水、小船、农夫、游人构成天人合一、近乎完美的乡村美景。看到垛田，不可不提著名民间画家顾康宁笔下的油菜花！这是江苏兴化的地标性作品。其绘画作品有碧波荡漾的水上森林、芦苇飘荡的徐马荒、斑驳沧桑的古街老巷，但最为传神的还是这"河有万湾多碧水，田无一垛不黄花"的油菜花。其关键之处在于完全扎根于地方，汲取本土资源，形成独特的风格。应该说，这样的画法，不是一朝一夕完成的——长年写生、观察和琢磨，才形成了自己独有的菜花韵味。

欣赏他的作品，你会惊讶！油菜花在他的笔下，显示出异乎寻常的气韵：特有的造型与芬芳同水面融为一体，水中倒影衬托着土地上的花朵，而鲜花在蒸腾水汽中又与倒影相得益彰，以至蔓延到天边——那些水汽弥漫在花间，芬芳的花香又和谁交融在一起？小船、农夫、少女，还有歌声、云彩、飞翔的鸟儿，那些鸟叫的声音，把春色和水乡特有的美贯注在画面之中，弥散于天地之间，延承着温婉水乡的柔美。更为难得的是，在他的画面里，有一种学院派画家所没有的，甚至在传统文人与民俗风景画里都无法涵盖的气质和情调。这样的情调到底包含怎样的美学内涵呢？这看起来并不起眼的小黄花，似乎平淡无奇，可当它连绵一片，又壮美无比。我觉得一时很难梳理清楚，但无论如何，它的美是特殊的，独一无二的，这正是吸引我的神秘与幽深之处。我们不难看到各种各样的油菜花，但开放在水上的油菜花——顾康宁笔下的油菜花，是独一无二的。地域性、本土化、美学定位、特殊情调，由内而外地影响着画家，这些都是本土文化视角值得探究的问题。顾康宁的油菜花作品大多将画面延伸至天际，无穷无尽，一如画意无限，令人遐想……

进入兴化非物质遗产展览馆专室的农民画家李玉书先生的作品，又有另一种意味。看完展览，我拜访了画家的画室。十几平方米的房间，开敞明亮，迎门摆着一张长桌，桌上摆满了画纸、画笔和各色颜料，墙壁上也挂满了画作。著名书画家、北大教授、周作人之子周天寿先生看了李玉书的画作之后题字："玉书农民画，苏中一奇葩。"而在我看来，其优势在于守住了农民画的核心要素，同时顺势应变，融汇中西各家元素，试图开一代农民画之新风。他表示当下尚处探索阶段，会逐渐形成自己的风格。因为他相信传统需要吐故纳新。但什么才是农民画的关键词，或曰内涵？我也颇费思量。至少我在兴化"非遗"馆里看到李玉书多元的表达风格：似民俗画，似现代画，似唐卡风，似日本画，甚至可以看到《向日葵》之绚烂色彩，达利作品之变形面孔，杨柳青年画中的大俗之趣。与他交流时，玉书先生思维敏捷跳跃，涉及社会面极广。看了他十多年前的素描，感觉这位非学院派画家的确做了长期的艺术准备。难道真的是处于四面出击、融会贯通之预备阶段？真心祝愿他探索成功。

兴化自古地处偏僻，但并不拒绝外来艺术，融会贯通，自成一家。祭彦俊老先生的画作就是一例。祭先生是兴化本土国画大家，不但山水、花鸟画得出彩，书法出色，而且还将属于北方的烙画带回兴化，成为一枝独秀的民间艺术。见多了用画笔绘画，用"电笔"绘制图画的确使人耳目一新！烙画又称火画、火绘或是汤花。祭彦俊老先生曾在1983年郑板桥纪念馆成立之际，用自己深厚的技艺临摹了板桥先生的竹画，竟一气呵成！作为贺礼赠送给该馆，成就了日后一段佳话。烙画——在这水火相容的铁笔丹青里，透出来的是震撼人心——仿佛黄河与长江交汇时的激情狂想！我想，这应该得益于他在山西工作、生活了二十年的人生经历。北方粗犷豪迈的民风显然赋予他某些珍贵的东西。南北贯通，刚柔相济，或许构成了解读这位如今七十多岁艺术家书画创作的一条途径。而一种艺术的南来北往，又与一位艺术家的迁徙移居有关。

异曲同工，兴化锡器工艺大师陈连富的创作也是外来的，与本土文化融合后成为一种本土艺术。在陈先生的讲述中，我们了解了兴化锡器的来龙去脉：兴化锡匠陈氏祖籍在安徽丹徒、马鞍山一带，大约1800年，八九个锡匠结帮，一路做到兴化，数年后开始招收学徒。后来逐渐返回故乡，只有陈氏一家留下。流行于兴化与丹徒铁匠、锡匠之间的行话留存至今，可以为证。到陈连富时，已是陈氏第十一代锡器传人！他十三四岁就拿起锤子敲敲打打，到十七岁就能单独接一些简单的锡器活。几年后又学习了银器制作和铜器雕刻，还有翻砂、浇筑等。兴化锡匠又到苏州的王东文锡店学习了锡嵌黄铜皮、紫铜皮錾花的技艺。这些江南技法，又进一步完善了传统锡器技艺之七作（洗焊、捶打、锉刮、车圆、烧焊、组装、雕花刻字）。兴化锡器，闻名遐迩。其所产的各种祭器、婚嫁用品、酒壶、茶壶、茶叶罐、消防水龙、熏具、庙会仪仗（銮驾）等锡器艺术品，遍布全国各地，被许多民间爱好者和博物馆收藏。兴化锡器与其他地方锡器在形状上最大的不同是以六角、方形多见，有别于他地的圆形。兴化地属苏中，交汇南北，民风中既有北方人的耿直，又不乏南方人的圆融。好似这锡器的形状，虽光滑却敢露锋芒。陈连富一边讲述着陈氏锡器的前世今生，一边展示着他引以为傲的锡器作品。观其锡器作品，精美绝伦，可谓融会贯通，扎根本土，亦成就本土。

民间艺术与我们的生活密不可分，那一方水土中大都有香火传承的独特技艺。当某种技艺不仅是换取生活物资的手段，本身还焕发出独特文化内涵与美学价值之时，它便不再是一种单纯的技艺，往往可以超越日常，成为具有宝贵艺术价值的文化遗产！在兴化，我们也见到了与地方民间技艺联系的独有的文化传承。

兴化知名的农具传人徐长龙，就是挖掘本土文化资源，找到自己的事业之路的典型人物。车子驶出城外，苏中平原上的陈堡镇，即为徐长龙实现梦想的地方。身材敦实、笑容淳朴的徐长龙一边带着我们参观，一边兴致勃勃地向我们描述起了他的农具博物馆＋游乐休闲园的创业蓝图。博物馆中，当地特有的风帆水车引起我的极大兴趣——早在3 000年前的商代，中国就出现了帆船，明代以后，风车得到广泛使用。宋应星的《天工开物》有载："杨郡以风帆数扇，俟风转车，风息则止"；还有方以智所著《物理小识》中所载："用风帆六幅，车水灌田，淮阳海埭皆为之。"与荷兰风车有得一比。水车传动部分的木制齿轮，让人联想到古代鲁班的精湛技艺。如果说农民画家李玉书思考农民身份的变化的话，那么敦实的中年汉子徐长龙则以实践昭示：传统农民在今天城乡互动中新角色之确认。徐长龙不但有自己的专利发明证书，而且入选江苏省非物质文化遗产"兴化水利制作技艺"代表性传承人。由此看来，传统民间艺术被赋予了现代意义，本土同时面向了未来。他的传统农具博物馆，同时成为农家乐乡村游的一个有机组成部分，以发展产业的方式去收藏并弘扬传统农具，这又是一个农村新经济新文化的热点话题。

兴化，一座闪耀着古代文化光芒的名城。要谈兴化的本土与传统，离不开四大古圣先贤。当地名人之首就是郑板桥。诗书画三绝，"扬州八怪"之首，"难得糊涂"深入人心，其人刚直不屈，为官清廉，晚年潦倒，以至卖字画为生，颇似传奇，但又非常接地气。访问郑板桥纪念馆，馆长亲诉郑板桥中年丧子，老年丧妻，孤苦寂寞，形单影只。病亡后靠侄子薄葬，后墓地被掘，竟无一件陪葬品。不过，身前身后大名，竟为兴化本土造福。国人可不知兴化，但稍有文化者当知板桥先生。

四大古典名著之一的《水浒传》，可以说是家喻户晓，而作者施耐庵在民间名头最大！他是地道的兴化本土人。兴化自古四面环水，地处偏僻，受扬州统辖，但繁华之地光芒并未遮盖偏僻。一部小说，名扬千古，施耐庵是也。

车过平原，来到兴化戴窑镇韩贞（乐吾）故居，亦是韩氏宗祠。出乎意料地简单朴素，宗族少商人，捐资稀薄。不过，想想这位明代平民理学家、教育家、慈善家、诗人，一生布衣，克己奉公，平实一点或许更近本色。值得欣慰的是，贤人雕像前还有不少香烛，说明信众尚在。是他慈悲包容的高尚品德至今服人吧？所谓布衣圣人，实在有隐忍克己非凡之处，比如顶住骂名，比如脱衣给强人。

更加值得欣慰的是韩氏家族书香绵延，韩老先生的第十九世孙韩世凯，笔名"贤人"，亦是当地的一位书法家。也许是长期受乡贤——"扬州八怪"郑板桥思想和艺术的滋养，悉力研究板桥文化艺术，尤其擅长"板桥体"。我参观郑板桥纪念馆时，进门发觉有一幅字格外眼熟，一想即是韩世凯几乎日日习练书法，作品屡见微信朋友圈之缘故。久久琢磨，用心钻研，不仅得形似，而且接近神似。本土传统之理解之自觉，亦为动力。2016年，韩世凯书法风格陡然一变：从临摹郑板桥书法切入，开始找到自己的风格。什么风格呢？板桥风中加入自己的理解与发挥，同时大胆进入绘画领域，板桥诗配板桥画，于此基础上有所发挥。雄奇的想象加上纯熟的技法，给人轻松诙谐、幽默大度的感受。而今，笔力更加老道，渐入佳境。在他的字画中既有对先贤的继承，也有自我风格的发扬，而更多的是向本土文化的致敬。

还有一位不得不提的著名人物——刘熙载，他是我国19世纪的一位文艺理论家和语言学家，被称为"东方黑格尔"。探访的脚步来到了刘老先生的陵园，只见墓地呈圆形，2012年政府出资重修，砖头显新，但不见墓碑，追问之下方在旁边废弃猪圈玉米秸秆下抬出墓碑，残缺不全，裂为两块，且无碑头。问：为何不入屋保存？答：墓地之物家人不愿。一问方知：此为杨家田地，刘生前探友，见此地四水环绕，地势高耸，风景宜人，便顺口道：若死后葬于此可为有福。好友杨某即答允。如今杨家后人仍在，政府亦出资修墓，但因为没有开发成旅游风景点，所以依然寂寞荒芜。

呼唤都市小说的"都市气质"

——第四届"都市小说双年展"评奖掠影

因为评奖，集中阅读了《广州文艺》"都市小说双年展"专栏 2016—2017 发表的 50 多篇都市题材的小说。在评奖的过程中，又与几位评委切磋都市小说的诸多艺术问题，集中点评了一些作品，并形成若干整体印象，特记录如下，与文友分享。

先谈参评作品。《广州文艺》杂志社不设预选篇目，全权委托评委会各位评委通过阅读自由提名，并在充分讨论提名作品的基础上，经过三轮投票产生获奖作品。主要提名作品分述如下：钟子林的《阿加的黎明》描写藏族少女——几位未成年的打工者进入城市生活的过程。题材上有新鲜感，表达了偏僻少数民族地区少女进入都市的复杂感受。因为题材的新颖，《新华文摘》等刊物予以转载。李进祥的《二手房》表达了乡下人进城的心理状态，其小说叙述角度与表达技巧可圈可点：夫妻俩在城里开了一家五金店，买了一套二手房。丈夫与妻子分别收拾房子，发现了城里人生活的许多秘密——角度有趣，如何学做城里人，妻子表达生动。用特殊角度，牵引出都市人的生活：隐秘而细微。同时又表达了乡下人对都市生活的憧憬，蕴含一种温情。可惜这部作品发展到中间部分，力量稍有减弱。徐东的《欢乐》以网恋开场，怀念老情人。彷徨的男子，饥渴的女网友，情感起伏，百般纠结。虽然作品总体上比较传统，但其语言有一种魅力。徐东的另一中篇小说《愤怒大师》写了深圳一位五十岁男人离婚后的新生活，他徘徊彷徨，找不到生活目标，凸显了中年危机。孙居一的大师形象，构成了城市里的一道风景，让我不由得联想到俄罗斯文学中的多余人形象，尽管他们之间似乎没有什么逻辑关系，但其人生同样荒唐而无价值。作家徐东对人物的观察表述具有一定的艺术水准，其小说语言洗练，下笔生风，值得点赞。

马拉的《孤独而漫长的旅行》写爱情与钱财不可兼得，实际上写得最具深度的却是对闺蜜变态心理准确而深刻的挖掘。都市喧嚣的氛围，衬托着流动其间的女人攀比嫉妒的病态心理。马拉的特点在于，他的描写似乎天然具有都市时尚的气质，一种流动的荷尔蒙让都市女人飞扬跋扈。都市文学中稀缺的外在氛围与内心感受之双向互动，在马拉的小说中风生水起、熠熠生辉。赵建云的《所有往事》写青年男女的交往恋爱，30岁女孩奇妙地处在似乎恋爱又非恋爱的状态。少女心理的描写颇为生动，12岁被性侵伤害的惨痛经历挥之不去，从而切入一个社会问题。小说《流言》写都市白领，办公室的风波生动细腻，欲言又止的状态巧妙地传达出都市社会的画面。香港作家周洁茹的《罗拉的自行车》写小地方走出来的年轻人的恋爱情感史，也颇具城市风采，但作为中篇小说似乎还不够紧凑。

"90后"作家索耳的中篇小说《南方侦探》偏爱内心自我分析，叙述方式奇特，窥视者从容进入，其小说视角具有当下网络文学的某些气质与元素。在结构和情节设计以及人物刻画上，均有独到之处，显示出年青一代小说家的新意。王泽珠的《审判者》由一封不落款的寄给丈夫的信件，牵引出丈夫与妻子之间相互揣测、彼此琢磨的复杂心理，原来有一段旧情隐秘其中。作者的构思，以及对作品引而不发节奏的把握，颇具艺术匠心。西风的短篇小说《梦潜》以专业潜水员的视觉，展开作品画面，可读性强，作品灵动，结构、文笔、技巧都值得称赞。萧达的短篇小说《路线图》写风雪夜的赶路少女，有一种生命的恍惚弥漫全篇，文本难得有一种神秘感，传达给读者强烈的阅读诱惑力。中篇小说《少年当街》属于成长小说，开场引人关注，中间情节生动，少年打架斗殴于伦理中挣扎，疯狂恋爱，荷尔蒙盛行，眼花缭乱地展示了一幅少年生存画面。海外女作家方丽娜的中篇小说《处女的冬季》文字华美，都市氛围浓郁，时尚感觉弥漫，把处女情结放到中西文化冲突中去讨论。作者并没有采取简单的态度，而是通过笔下少女遭遇不同男人、在与他们的交往中去呈现与思考。其作品都市气质以及少女心理的细腻描写，均值得赞扬。

吴萌的《告别晚宴》描写68岁老太太将移民美国，在告别晚宴上她对一生加以回顾。这种描写方式并不陌生，但这位老太太远去美国，躲在异邦了此生的心理，也是都市人特有的虚荣，作家显然完成了人生某种形象的表达。黄金明的《孙山的爱情》有诗人语言的精练，为小说平添了特殊的韵味。他在描写都市生活方面做了不懈的探索，水平逐年提高。但人物处理稍显戏剧化，都市的气质似乎还不到位。《培训》在城市的氛围中全面展开一个行业，写尽人间百态。作品人物具有幽默感，形象比较丰满：在长长的铺垫后，最后显出生活的艰辛。作品中处长的形象颇具复杂性，刻画适可而止，分寸把握较好。《37度》描写了一个少女进入城市的挣扎心理，进程的纠结与生命力的奔涌，构成一幅独特的都市风景图。《送哈雷兄弟跑路》同样表达了一种生命力的宣泄，但似乎总找不到出路的困惑，也让作品具有一种不屈不挠的力量。欧阳晓彬的《独舞》描写30岁的男人遇到19岁的女孩，在心地单纯中反射社会的复杂，于大量男女恋情小说中显出独特性。

文清丽的《她骑着小桶飞走了》呈现都市深度思考。作品以妻子自杀，副教授丈夫对法官陈述原因开场，展开夫妻生活的回顾：妻子在35岁时得了绝症，成了又聋又瞎的人，但她曾经是一名有名的美女记者——许多男人迷恋的对象；丈夫在照顾她的13年中有了婚外情。在一个夫妻关系故事的表层叙事下，作者难得地表达了不完美的城市与不完美的人生之间的一种"互文关系"，这是小说家的独特发现与独特表达。小说的结尾，作者写道：以完美和无限星空为蓝图的城市永远不可能建成，就如理想的爱人同样找不到。坚决与你离婚的人，可能并不是当初坚决和你结婚的人。——就此表达了一个颇为深刻的理念：人生是不完美的，也没有完美的人生，我们在接受都市生活的同时，也要接受这个不完美的故事。这个出人意表的点题，犹如一道光芒瞬间照亮作品，让我们在絮絮叨叨的都市情感叙事下，品出作家对都市生活的非同寻常的深刻见解，发人深省，令人回味不已。获得大奖的《她骑着小桶飞走了》使我不禁联想起杜拉斯的名作《广岛之恋》。这部名作同样是一个表层伦理背叛叙事，支撑着一个深层叙事主题：战争对于人类的伤害，超越种族、国家与空间，具有普遍性。我们不难发现，杜拉斯的角度奇异，思考深邃，艺术传达曲径通幽，异乎寻常。由此可见，中国作家在想象力和小说叙述方面，依然有很大的提升空间。

《广州文艺》都市双年展坚持数年，固定专栏发表的这批小说，对中国内地的都市文学做了多方面的有益探索，值得肯定。但评委总体感觉对城市接纳度还比较低。由此我对小说作者的身份产生了好奇，对作家的生存状态有一种探究的冲动。大略翻了一下作者简介，鲁艺学员、中国作家协会会员为多。这似乎意味着作者大多属于文学创作上小有成就，人生经验比较成熟的中青年作家。我不满足的是，作品视觉偏向单一，题材主要是恋爱加性爱，情绪主调迷茫加惶惑，字里行间多有作者的影子晃动：居无定所，漫无目标，在城市中游荡；小文人自怨自艾加小小自恋，内心视角也偏向狭窄。

几位评委形成一个共同看法，都市文学在总体上期待突破：其一，城市如何改变人，人进入城市后，在城市的生活中如何开拓视野、提升精神？其二，当下城市生活中的人，是否安居乐业？城市的原住民处于怎样的生存状态？外来"移民"又怎样进入城市？这些似乎尚未得到准确细致的描写。不妨分析一下，这些都市小说的作者群，大多是后来进入城市的，所以他们对城市的热爱远不及故乡，尚处于一个彷徨犹疑状态：飞毯式居住地，无根漂浮之漂泊状态。中国内地都市文学，目前未看到都市人真正的内心。其实，生活在城市的我们不难感受到都市人在都市的奋斗状态：原住民已与都市血肉相连，外来人员也有非初来乍到，已有两三代居于城市的，尽管可能是边缘，但他们一直竭尽全力进入城市，最终获得城市身份，这是他们的目标。在我熟悉的保安、保姆、清洁工、快递小哥等打工者的身上，可以看到一种追求幸福生活的热情。他们至少觉得自己会成为一级台阶、一块铺路石，让自己的子女在城市获得更好的生活。这样一种向上奋发的努力，这样一种开朗热情的倾向，在作品中很少看到，却往往被文人受挫时的忧郁伤感所替代。

暴雨如注、电闪雷鸣的羊城六月，读海明威小说，居然联想到《让子弹飞》里姜文扮演的悍匪张牧之，那个被女作家称为"浑身荷尔蒙，想阉都不知哪里下刀"的男人。这两位男性有什么相像的气质吸引着人们？在我最喜欢的作品之一《乞力马扎罗山的雪》中，海明威淡定谈"死亡"，现实主义框架中意识流与象征主义手法娴熟，叙述空间极大：意识流动与现实处境，肉身原点与灵魂漂泊水乳交融。即便隔着八十多年岁月，依然活力充沛，没有一点陈旧和灰尘。相比之下，我们今天的许多作家，尚未获得如此挥洒自如的力量。即便同样写女人写情事，也局促偏狭，止于肉身却不见想象力之飞扬。飞扬跋扈，我愿意把它看作一种艺术生命状态，尽管更多在贬义领域使用。海明威"不装"与其"装"，也可以同中国内地作家比较，其间大有玩味。没由来地联想到清朝文人沈复的《浮生六记》，他的好处亦在"不装"，但生存能力贫弱，逆来顺受，备受压抑。海明威不同，少年离家闯江湖，20多岁就在巴黎文化圈小有名气。小说获得成功后，他极会经营作品，成为精明的商人，高价出售出版影视授权，保证了自己拥有富裕的生活与良好的创作条件，为世界知识产权保护提供了一种途径。难道不同经济状况，注定了作家的生存状况？它对作家的生命力、创造力、想象力到底有多大影响呢？我一时茫然。

六祖慧能的名言"非风动，非幡动，仁者心动"强调的是世界存在于人类的主观之中。由此想到小说，所谓现实反映，也是存在多种方式：巴尔扎克是现实主义的代表，列夫·托尔斯泰全景反映俄国的现实，被列宁称为"俄国革命的一面镜子"。海明威则是大量地把自己的人生经历写进小说，但同时代的作家福克纳的《喧哗与骚动》也是现实主义的。南美作家马尔克斯坚定地认为其名作《百年孤独》表达的就是拉美现实，尽管学术界把它定义为"魔幻现实主义"。由此可见，小说与现实世界的不同之处在于：它是绽放在作家心田上的奇异花朵。我欣赏这样一句话：新闻停止的地方，正是小说的开始。由此有理由要求小说家创造更多的艺术方式，超越现实、超越套路，传达不一样的生活感受并抵达城市精神的内核与本质：折射出一部当代中国人以城市为中心，冲突、碰撞、挣扎的心灵史。

从整个中国当代文学史看，城市文学起步艰难，20世纪50年代城市观念在文学中初步建构，但城市文化始终受到排斥，乡村文化一直占据上风。小说《我们夫妇之间》引发的文坛争论与运动，背后隐藏着城乡之间的观念挣扎与纠结。改革开放以后，20世纪90年代中国城市全面崛起，城市生活逐渐主导现代生活，20年快速推进，城市排名渐成热点，这一点也在紧跟世界潮流。所有的现代生活都以大都市为标准。于是，路遥《人生》《平凡的世界》里的主人公们的努力，就在中国风起云涌的移民潮中尤显突出；还有大学生群体，1996年国家不包分配之后，他们在城市的落户扎根就变得相当艰难。

因此，城市外来者的两类人：农民工与白领阶层成了新兴城市文学的主要描写对象。广东作为移民大省，打工文学蔚为大观，在这些外来人群中，始终伴随一种"城市疼痛"：从乡村撞击城市的异乡人，到城市流浪者的漂泊感，尖锐呈现了从"熟人社会"到"陌生人社会"的社会进化过程，生活目标、日常伦理、价值观等物质精神各个层面均被不断颠覆，而在城市生存方面的艰难，无形中是一种拒绝，其间不免笼罩着人生绝望的阴影。这种明显的"身份拒绝"，构成"城市边缘人"进城不得、前后失据的彷徨，外来者的"身份焦虑"有增无减——所有这些在文学作品中均有真切表现。改革开放让中国的社会结构、生活方式等发生了巨大变化，这也为城市文学带来了巨大的书写空间。从时代发展、文化使命的高度来要求作家，我们发现城市文学明显滞后。当然，我们也可以换一种更加激励的说法：城市文学，方兴未艾，正在路上。

广州都市女性写作进化论

2020 年初夏，我在广州文艺市民空间直播讲座"广州都市女性写作的亮点与意义"。海报设计出来，改成"进化论"这个词——直播团队做文案加上去的。乍一看，似乎有点标题党的意思。但仔细一想，确实又有点进化论——传统延续这样一个意味在里头。这促使我做了一些思考。海报发到了我的一些微信群里，有人问：是女人进化，还是女作家进化？进化论对女性有没有不尊重的意思？

我突然感觉到了压力，因为女性这个话题在近 30 年始终长盛不衰。

一、"进化论"意味深长

我在军队大院长大，这样一种生活使我失去了祖孙三代相处的家庭环境。直到上大学我才有较长时间与我的外婆相处。在她的讲述中我知道了家族的一些过去，促使我个人的文学阅读与中国历史产生一种紧密的联系。

我的外婆 1911 年出生在一个比较富有的家庭，20 世纪 20 年代读了省城著名的女子中学，当时读女中算是较高的教育水准了。但是，她回归了家庭，做了一辈子家庭妇女。她同辈的姐妹大多没有走向职场。外婆有位堂姐——我们叫她姨婆，读了师范，出类拔萃，她的父亲就是一个教育家。姨婆从师范学校毕业后，她父亲要把她嫁人，她不愿意，因为那时开始提倡自由恋爱，姨婆就抗婚，她的四姐妹在结婚前夜给她穿了 7 套衣服，然后每一套衣服都用针线密密地缝起来——表示抗婚。第二天早上，家人大惊失色。她父亲还是一个比较开明的人，最后被迫同意了退婚。这在当时是震动四邻的大事。

我的姨婆后来成为内地一个省会城市的第一位中学女教师。

回望岁月，20世纪中国女性成长有不少与城市相关。逃离传统生活的乡村，进入个性解放的城市，恰好成为女性千载难逢的机会。虽然内地城市在相当长的一段时期里也是"都市里的乡村"。但毕竟为中国女性摆脱"三从四德"传统规定角色：女儿、妻子、母亲——提供了经济与人格独立的机会。除了女性快速成长外，我们还要谈谈女性与城市的关系。

首先，从女性进化论上来讲，女性解放、人格独立、经济独立，都是因为城市提供了平台和机会。因为中国乡村几千年来处于封建传统社会中，形成了女性被困在家庭这样一个传统角色。但这一角色到城市就被逐步解构化解。当然，并非一蹴而就，中国的城市在很长一段时间还是"都市里的乡村"，仍然具有浓郁的乡村特点。

不过，广州较早地开始都市化。近代以来，从西关小姐的年代，广州的女性就开始走向社会。可以说，21世纪女性快速成长——有力超男性之趋势。

20世纪80年代初，我在中文系教书的时候，女生优势出现——人数与男生相当，学习成绩占据全班分数排名的前10——女性的优秀从多方面表现出来。当然，也有人说这是因为中国教育属于记忆型，比较适合女性，但此说法也没有科学根据。

有目共睹的是，当代女性成长非常快，我们发现在男性占据优势的所有领域，女性也可以起到一样的作用，取得突出的成就。甚至我们在私下议论，女性的成长速度超过男性。一些比较优秀的女性开始抱怨：男性成长太慢，跟不上她们的步伐。这为我们所有的男同胞都敲了警钟——这是一个有意味的现象。

在非兵器、非体力时代，女性的天性可能更符合合作、分享与服务，刚柔相济成为职场的最佳性格。以柔克刚，男性正在对女性刮目相看。由此可见，妇女解放或者说中国女性社会身份的进化——从传统角色走到今天的现代女性，其实只有100年的时间。

二、广州女作家与写作阵营

广州是广东的省会，最近广东省文联编了一本书，其中有一本书是我所在的文艺评论家协会主编的《文采舜华》，我们可以看到从黄遵宪、丘逢甲到康有为、梁启超，从陈寅恪、黄药眠到黄谷柳、欧阳山、陈残云，再到萧殷、黄秋耘、秦牧，我们发现这些大家中没有一位是女性。

女性大家缺席，令人惋惜。我们广州这座城缺一个丁玲，缺一个萧红，也缺一个张爱玲。

20 世纪 80 年代初期，我到复旦大学学习，见到茹志鹃带着她女儿王安忆来与我们开座谈会。当时王安忆还没有出名。上海这座城市"文革"前出了一个著名女作家茹志鹃，80 年代开始冒出一个王安忆——属于知青作家，如果再加上民国时期的张爱玲，还有当时上海的一批女作家，那么上海就形成了女性写作传统。

相比之下，广州的作家还没有上海的传统，从简单的"进化论"来讲，真正的广州女性写作者形成团队、形成规模，可以说是从 20 世纪 90 年代开始——还不仅仅是改革开放前期的 80 年代。有趣的是，从整个新时期文学发展的角度看，稍稍往后推了大约有 10 年的时间。

1990 年，广州女作家张欣从北大作家班毕业，她的小说创作发生了一个转向：从军队医院生活转向广州，转向城市，转向大都市。我认为，这一转向以及张欣周围的一批女作家的出现，意味着真正的广州都市女性写作——说是团队也好，群体也好，一个阵营也好——正式出现，形成规模。

除了张欣、张梅的小说在 90 年代影响全国以外，当时还有一个文学写作现象，即以黄爱东西、黄茵、张梅、石娃、素素、兰妮等一批女作家为代表，形成影响广泛的女性写作现象——"小女人散文"。由此起步，与"都市小说"正式构成了广州都市女性写作群体，并开始形成富有自身文化个性的写作传统。

我 1998 年底调到深圳，记得当时读到两位老朋友写的文章——介绍广州的女作家和女性写作者：一个是艾云——学者型的散文家，艺术感觉与理性思考交相辉映；还有一个钟晓毅——研究海外华文文学的学者，散文也写得灵动润泽。我在深圳的时候已经远离文学了，但是文章抓住了我的眼球：广州有一批写作的女性。具体而论，有一批都市写作者，比如说在小说领域中，我比较熟悉的张欣、张梅、黄咏梅、梁凤莲，还有魏微的小说创作——魏微跟广州这座城市的联系还不是那么紧。小说家之外，还有黄爱东西——我喜欢并关注多年的广州散文家。我一直遗憾她没有写小说，如果用长篇大作把她体验的羊城历史长河的一些属于灵魂的东西更多地表达出来就更好了。

当时黄爱东西的随笔散文的发表借助了广州的媒体，特别是《南方周末》，无疑提供了良好的传播平台——属于都市文化的平台。当时我在内地，每期都看她所传达的观念，坦诚率直的态度、坚定自信的女性立场，给我留下了深刻印象。

广州的女性写作恰恰出现在 20 世纪 90 年代，也就是章以武老师写《雅马哈鱼档》的时代。都市高度发展，整个珠三角出现财富的奇迹，香港、澳门、深圳、广州、佛山、中山、东莞这些城市快速崛起。城市对于都市女性的生活有很大的冲击。

从广州女性写作者的角度，可以生发出许多城市文学话题。

比如说，广州诗歌中我印象比较深的三位诗人：郑小琼、冯娜、谭畅。我最先知道郑小琼——打工女诗人——在她的诗歌中有"铁的冰冷和疼痛"这样的句子，她是四川人，在广州写作并安家落户。云南白族诗人冯娜，她的《出生地》写云南，但是广州提供了回望故乡的空间，"海边的南方女人"构成她的另一个身份。来自河南的诗人谭畅，她有诗歌集《大女人·散板》，书名与"小女人"构成对峙，是什么样的关系呢？值得琢磨。三人都从女性角度切入城市。

广州的媒体也有一批知名的女记者、女编辑，她们也是优秀的写作者，可以说各年龄段都有。印象中我比较熟悉的有楚明、宋晓琪、刘丹、冯君、刘小玲，以及相对年轻的陈美华、钟洁玲、白岚、李贺、邓琼、郭珊、肖文、林宋瑜、麦小麦，还有"80后"的安然、张淳、杨希、姚陌尘等。作协、大学、科研机构里有艾云、钟晓毅、西篱、高小莉、鄞珊、张鸿、东方莎莎、朱继红、王璐、王美怡、姚玳玫、凌瑜、徐珊、郭冰茹、胡传吉、裴谕新、申霞艳、陈咏红、周文萍、李俏梅、郭丽萍、黄灯、王焱、袁瑾、杨汤琛、王瑛、聂莉、王雷雷、张丽凤、吴琪、刘茉琳、曾婷婷、杨晓丹、王溱、罗丽、王晓慧等。

每一个名字后面，都是十年、二十年乃至数十年来对文字的钟爱与努力——而真正原创的文字，每一个都是鲜活的生命。写作者一旦穿上"红舞鞋"，痛并快乐着。目力所及，挂一漏万，优秀者数不胜数。她们的写作跟广州这座城都有千丝万缕的关系。也正是因为广州这个平台，使她们能够一直往前走。

我在广州女作家的创作谈中读到：北京女作家活在云端；上海女作家说凡是写作的人多半买不起房；广州则有所不同，不但自己买得起房子，而且要有一间自己的书房。同时，女作家们大多不加掩饰地说出自己的物质需求：口红、香水、化妆品、靓衣、鲜花、美食、艺术品……城市、都市、女性、女作家、女性写作者、女性成长与广州，实在是一个具有发散性的话题，值得回味。

三、结语：广州都市女性写作意义非凡

简而言之，我眼中的广州都市女性写作意义非凡——

她们突破了传统的妇女角色，人生光阴大大超出了相夫教子，进入职场并成功获得城市角色，精神独立，赢得社会尊重，属于温婉却坚定的中国式女性主义。如果说，舒婷的《致橡树》喊出了改革开放之初中国女性的心声，那么，广州张欣等女作家的作品则全面而勇敢地进入日常世俗，从而第一次有力地回答了鲁迅时代"娜拉出走后怎么办"的时代之问。

在我看来，她们的文学创作更类似一种表白与宣言：在伟大的城市中重建当代女性的自我——我不属于谁，我只属于我自己。

都市女性或许感受尖锐：愈近中年，世俗生活要求你更多地考虑他人，而唯有在文学艺术创作中，在超越现实的虚构中，女性方可以心无挂碍地回到真正的自我。此时，写作或许成为自我世界的建构，艺术家在她的作品中完成一座堡垒——这虚幻而坚固的堡垒，成为女性精神栖息的最后一方净土。

我深沉地感知着张欣笔下女性角色的挣扎、张梅笔下女主恍惚的眼神、黄爱东西刚柔兼备的诙谐文字、黄咏梅的深入骨髓、梁凤莲的西关风情、郑小琼"冰冷的铁"、冯娜的《出生地》、谭畅的"大女人"、陈思呈的温柔敦厚、侯虹斌的尖锐疼痛、黄佟佟的真挚倾诉、裴谕新毫不犹豫的自我解剖……乃至陆梅民国旗袍国画系列和陈美华都市诗歌与她的月季花卉画系列……

桃李春风一杯酒，江湖夜雨十年灯——原本属于男性文人的人生感慨，同样痛彻心扉地流淌在女性笔下。都市女人太不易！哪有什么"乘风破浪"？咬着牙、硬扛着、向前冲、向前冲！柴米油盐半辈子，不经意一入中年：不强调自我，只平衡存在，唯有温柔以对，期盼投桃报李，希望美好结局。但人生却时常事与愿违。理想是雨后彩虹，现实却是一地鸡毛。

作为男性评论家的我，透过她、她们、她们的倾诉与表达——文字、线条、色彩与旋律，同她们身后那座两千多年的广州城建立了某种奇妙的联系。她们是这座南国大都市的女神：一半维纳斯，一半胜利女神。历经磨难，风风雨雨，与都市一道成长。

岭南书法艺术的浪漫气质

2017 年开春，广州文化界发生了一件大事，就是南方报业与广州市文联合办的广州市民文艺空间新举动——一场以艺术发展为契机的新闻发布会。

广州市民文艺空间，在 2016 年试运行了几个月后反响很好。广州市文联试图拉近艺术家与大众的距离，让文艺志愿者周末下基层成为一种例行的活动。南方报业欣然同意合作，提供艺术场所。2017 年发布会暨"墨舞广州"书法展，以高大上的书法展作为背景，颇具震撼力。我参观过无数展览，未见过如此长幅大幅的书法，气势磅礴，宏伟大气。无端由冒出一诗句：狂飙为我从天落！但见书坛盛会，名家集萃。百米书法长卷，犹如黄河之水天上来，河中奔流不息，两岸风景迷人。写尽羊城八景，彰显岭南风骨。"墨舞广州"展出作品以歌咏广州历代名人的经典名篇为主题，既有气韵饱满，如长风出谷的百米长卷，又有岭南新风，如崇山峻崖的鸿幅巨制。展览按历史顺序分享"墨舞广州"的总体构思和创作过程，将观众引入最能代表中国传统文化基因的书法与诗词合一、相互辉映的审美意境。

书法艺术是中国文化的重要组成部分。岭南是近代书法史上碑学思潮及碑派书法的发源地，而广州是岭南最主要的文化中心，也是今天岭南的书法重镇，不仅是岭南书法人才的聚集地，也是书法人才主要的培养地。作为本次展览的主创者，广州市文联主席李鹏程以时代为顺序，精选了历代包括汉代杨孚、唐代杜甫、张九龄、宋代苏东坡、王安石、李昂英，明代陈献章等20 位有代表性的历史名人赞颂广州的名篇，书法以帖融碑，既雄浑劲健又凝重典雅，"静如山岳，动若江河"。字体以草书和楷书为主，每件作品中都有与作品对应的人物、图像背景、释文及创作手记，让观众更好地理解书写的内容。作品长度多为 6 米以上，最大的作品达 50 平方米。策展者认为：当代书法已经从实用功能向审美功能转变，从实用书法向艺术书法转变，从小字小幅向观赏性的大幅巨制转变，甚至书写方式也从指腕向肩肘运动以至全身运动转变。在我看来，今人的生活方式和生活空间，与古人已经大不相同，何况书写方式已然变化几轮；观赏方式也是一样，今非昔比。所以，适应多种因素的大幅巨制书法作品的出现，是水到渠成之美事，再自然不过了。

从文艺评论的角度看，我对此次书法展理念中涉及"浪漫"的艺术观点倍感兴趣。书法家李鹏程认为：广州性格往往侧重于务实，而忽略了浪漫的情怀。六祖慧能"非风动，非幡动，仁者心动"的禅意表述是一种浪漫；张九龄"草木有本心，何求美人折"的风骨是一种浪漫；陈白沙"凉夜一蓑摇艇去，满身明月大江流"的豪情演绎是一种浪漫；张维屏《三元里》中，"风人慷慨赋同仇"的革命精神也是一种浪漫。他坚信，岭南画中，不但不缺少浪漫因素，而且因其远离政治中心，缺少文化束缚而更为明显。白沙心学之所以能够在岭南大盛，亦与此有深刻而复杂的联系。

我们一般认为，岭南文化以阴柔取胜。古代中国文化，一向就有南北之分。北方是大漠孤烟直，长河落日圆；南方是江南水乡，小巧玲珑，小家碧玉，纤纤细手，杨柳岸晓风残月。不过，从美学风格和精神风貌来说，很多事情都不是单一的，时常具有多面性。比如说，广东音乐既有《雨打芭蕉》的清丽缠绵，也有《赛龙夺锦》的激烈亢奋。古人有言"气脉雄如此，由来是广州"。可见，岭南气脉中，亦有阳刚的壮阔大气。冼星海是纯粹的广东人，他的《黄河大合唱》就有一种气势磅礴的雄浑大气。广东音乐用得最多的乐器，不是二胡、古筝、笛子，而是大鼓。雷州半岛就有一种民间活动，叫作雷州换鼓。端午节时赛龙舟，震耳欲聋的也是大鼓。广东音乐中，也有广场音乐、队列音乐，节奏强烈，高亢奔放。当然广东音乐的另一面，也会呈现出浪漫的气质。

明代大儒陈献章先生，是广东新会人，博学多才，见解独到，是岭南文化中的一个重要人物。他在求取功名上多有坎坷，却以举人身份获得天下儒生的推崇，从而一举成名。他的求学道路，实际上也不是十分顺利——先拜江西临川人吴子傅为师，专研儒学。后来又放弃读书，试图通过静坐思考来体验儒学——在家乡筑起了春阳台，日夜在台中静坐。为了不受外界影响，连家人送饭都是从墙上的小窗户传递的。小楼孤坐，一晃十年。静坐中，慢慢悟出道理，足见其刻苦用功。学界评价：儒学创新乃陈献章先生的价值所在。也有学者认为，岭南文化具有"远儒性"多种特点，可以互补。无论如何，明代的社会思潮重视自我本真的生命感受，尤其重视自然和真情。陈献章先生的心学重视个体的主体性，也是主张从生命的轻松、乐趣中，生发出道理。但我观陈献章先生一生，似乎也很难说他是属于浪漫主义的。

当代画家卢延光先生是正宗的广东人，他对岭南文化的评价是："岭南的怪异"总在于"既有南方的温柔与绮丽，忽然之间又爆出北方的尚气与豪雄"。岭南具有与中原完全不同的地理、环境、气候，相对独特。在北方人的眼中，南方是南蛮之地：酷热、山林、瘴气、野兽出没、不毛之地，所以历代以来岭南就是流放之处。说到文化更不值一提，文化沙漠几乎是共识。故而，到了中唐六祖慧能，突然悟到佛教真谛："菩提本无树，明镜亦非台。本来无一物，何处惹尘埃？"让五祖下定决心，将衣钵传给他。从此，一花五叶，流传千古。到了明代，陈献章先生对儒教有所创新，是广东人中唯一可以进孔庙祭祀的历史人物。近代，怪异之气更甚：拜上帝教的洪秀全，猝不及防地造反，当了占有半壁江山的天王；孙中山，当上中华民国第一任临时大总统；还有康有为和梁启超，新说影响神州；岭南画派，广东音乐，也多有创新。岭南之所以会突然出现这种怪异的现象，南方温柔的语气里之所以时常突然爆出北方的豪气，其实跟广东居住者多来自北方有关。唐代诗人张籍有诗云："北人避胡多在南，南人至今能晋语。"即是表明一种事实：当时唐代的普通话已经普及中原，而广东却能够讲几百年前的三国、晋代的语音。这也是古风犹存的证据。可见广东一向有保留传统的习惯，这与历史也大有关系。

广东有三大文化：广府文化、客家文化、潮汕文化。此外，还有粤西的雷州文化。可以说有四大体系，这四大体系的文化都有中原色彩，都有中原文化的参与。只是在不同的时代实现不同的文化交际，形成文化叠加、不同地层的一种累积。所谓岭南文化传统，其中包含来自北方文化的不断进入，以及土著的百越文化的遗存，再加上海洋文化的影响，在两千多年时间里逐步形成。这样的文化，既具有某种传统的固执，同时又有海洋文化的开拓。跨文化的交际冲突，在这里表现得非常充分。我们很难用一个定语来把它完全概括。那么，从反传统、反规矩，敢于创新、敢于开拓这样一个角度来讲，似乎又可以与浪漫相联系——它是对现实的一种超越。包括陈献章先生所重视的"真情"与"自然"，也可以说是一种浪漫的状态。到了近代，这些精神感应投向中原，举兵造反的、挑战正统的，各色人种、各式动作打破传统思想，是否也具有某种浪漫的状态？梁启超的一生恰好对应转型的大时代，他的思想观点也随时代的发展而变化。有人批评他多变，我的理解以及他自己的辩护：时代发展太快，历史转型期里，每一个人要跟上时代的发展，难免多变。在梁启超那里，这种多变是真诚的，并非一种浪漫的想象。

在我看来，书法艺术本身就有一种浪漫的气质。汉字，以象形、指事为本源。著名学者李泽厚在他的名著《美的历程》中有所阐释：汉字与绘画的一个很大区别，在于它的符号具有特有的抽象意义、价值和功能。表达的线条的曲直运动和空间构造，是由自由多元的各种线条所组成的。所以它能表达出各种情感、情绪与力量。李泽厚认为，自篆书开始，书家就注意了对客观世界各种对象形体姿态的模仿和吸取，而这种模仿和吸取又具有极大的灵活性、概括性和抽象化的自由。在美学家宗白华看来，仓颉造字窥见了宇宙的神奇，获得了自然界最深妙的秘密，通过结构的疏密、点画的轻重、行笔的缓急，就像音乐的强弱、高低一样来表达外界的形象和内心的情感。所以说，中国书法艺术之所以能够独立出来，其艺术奥秘就在于将象形的图画魔力逐渐变为纯粹化了的抽象的线条和结构，从而形成一种独特的书法美。这种独特的书法美，并非线条整齐一律、均衡对称的形式美，而是还原为多样流动的自由美：行云流水，骨力追风，有柔有刚，方圆适度，每一个字，每一个篇幅，都可以有所创造，都可以体现个性，既状物又抒情，两者相互结合，融为一体，如同音乐般传达一种艺术的魂灵。

岭南文化中的浪漫主义精神是一个很大的话题。由此进入，我们确实可以找到今天艺术流变的某种特有的气质，以及精神之源。在岭南书法、岭南画派、广东音乐，以及广东的各种民间艺术中，我们都能体会到这样一种与浪漫相关的艺术态度、艺术气质与艺术精神。陈献章先生晚年曾经自创"茅龙笔"，以茅草为原料替代动物毫毛做成大小不一的笔，用于书法创作，可谓独步天下。其书法境界高远，被同时代的人高度评价，在岭南以至中国书法史上均占有重要地位。

林墉作品鉴赏会：霸悍的恣丽与岭南的画风

林墉的画被誉为"霸悍的恣丽"，两个极具反差的形容词，构成奇特的艺术张力，让我联想到画家的潮汕籍贯以及对他成长具有重要影响的两座城：潮州与广州。宝珍堂五幅林墉珍贵藏画进入广州白云山华远别墅——由宝珍堂与华远地产联合举办的"林墉作品鉴赏会"正式开场。

犹记得少年时观林墉作品，懵懵懂懂中感受到一种尖锐的新奇，给人一种奔腾冲撞的感觉。当年主要看他极富异域情调的人物画：造型灵动，色彩艳丽，眼神魅惑；记忆中印上了中国邮票，名扬天下的画家，当年也就三十多岁，何等意气风发。

跨过近半个世纪，再观林墉山水画：笔墨放肆，有西化影子，别于传统；画面沉甸满实，色彩斑斓绚烂。人物更显突出，生命勃发，张力凸现，甚至抽象提升。宝珍堂专家大明点评到位：艺术不止于具象，亦不止于表面；我们需要去感受、去体验，你内心波澜处或许就是画家欲表达的张扬处。

20世纪70年代林墉出访南亚，所绘的印度与巴基斯坦人物肖像抓眼，女性眼睛魅惑力十足，色彩类似油画般厚重，具象与抽象结合，人物眼神夺人心魄。林墉的花鸟画亦有当代思维，线条肌理乱中有序；梅花图不拘一格，展现蓬勃之势。花鸟长卷甚至构成冲突，陌生化生长透出强烈感染力。

竟有一幅红章盖到画面中间，一幅画隐约可见中国对联趣味，仿若三幅画拼合而成；大胆落笔，肆意狂放；一改中国风，将国画空白填上大红亮色，将一枝梅花傲然挺立变成满幅枝头繁花，闹腾奔放替代孤傲清寒。

也许，在那个令人窒息的年代，年轻的林墉唯有通过绘画表达郁闷愁绪中的左冲右突；也许，唯有充满张力的线条复杂纠缠，方可稍微宣泄天才创造力的奔涌。谁也无法知晓画家心底的真切想法，唯有挣扎与冲撞的线条与色彩，留下时代的印记。

美物若山泉汨汨滋养心田，美在画面节奏与流荡中绽放。

林埔作品空降别墅，让豪宅晕染艺术色彩，熠熠生辉之时，深刻演绎岭南画派风格：立足中国传统，热情怀抱世界，不拒八面来风，兼容古今中西。所有的思绪与联想凝聚成我喜欢的那句话：广东离中原很远，离大海很近。

海洋性，或许是我展开万千思绪的起点与归宿。动若鲲鹏展翅高飞，静若游子归来故乡。

鉴赏会没有止于艺术，金融大咖当堂演讲，推论艺术与财富携手之可能。当艺术遇到资本，仿若泡泡玛特贩卖惊喜与悬念；引流众多IP，做世界的泡泡玛特。艺术在当代将全面汇入经济大潮。

对话与跨界：名声稍纵即逝，唯有艺术永恒；纵观历史轮回，资本永不休眠。艺术与资本强烈碰撞后，或许有更多的发展空间与无限的可能，抑或国将不国，艺不成艺？

我的思想飞翔，进入未来，探索未知领域；一如林埔当年横空出世并探求创新，披荆斩棘，步履不歇；面朝大海，澎湃昂扬……

向林埔大师致敬！向岭南画派致敬，亦向推动文化收藏事业的宝珍堂与华远致敬。

第三辑　都市肌理

——社会生活空间中的都市文化表征

粤地中央厨房：广府商务宴请及居民宴席习俗溯源探究

区域特色的生活方式是典型的文化基因，有目的地针对某个中心城市市民的生活习惯和方式，进行系统的梳理、调查和回溯观察，是留存这个城市文化基因库的基础工作，也是充分了解之后引领发展的底蕴和启示。

在"都市与生活方式：广式幸福体系模式"的专题观察里，我们认为，一个地方的衣食住行，是此地特有的生活方式，是这个区域的文化基因库，由无数的细节、习俗和仪式组成。

广州身为千年商都，此地餐饮文化中，除了蜚声中外的饮早茶，商务宴请及居民宴席的文化习俗亦积淀深厚。本文对粤地商务宴请及居民宴席习俗进行了观察、溯源和探究。

广州是商贸平台的中心和繁华地，虽然随着时代岁月一起或缓或急地向前流淌，这里的居民们却有意无意地固守和传承着有自己节奏的生活方式，或者说仪式。

那是一整套的价值观和具体到每个操作细节的生活仪式。这种细节甚至涵括累积了此地居民们对一蔬一饭滋味达成的共识和标准，在看似平常的每个时刻，人们都有机会领略感觉到，似乎有小小的幸福刚才从自己身边路过。此地居民埋头过日子之心无旁骛，甚至让你恍惚觉得所有的文化，都是为了让如此密不透风太过实在的凡俗生活更加滋润，才衍生出来的锦上添花和褒奖。

在这个历史悠久、城间烟火气息浓郁的城市繁华地，某种对人生和生活的选择，以及具体实施的所有日常细节、态度和传承，就是文化。乍看是水银泻地，不知如何提纲挈领，实际上一直有脚踏实地的平静和安然专注的生活态度，根深蒂固地贯穿其中、囊括所有。这是一种拿定主意要全盘仔细过好每餐每天、每月每年的态度和文化。

或许抵达幸福的路径，并不只是必须登顶才降临的巨大褒奖这一种，或者还有另一种，是一路走去和风细细。如果幸福的感觉也可以通过积分获得，那么累积的过程也是一种抵达。

由于历史渊源和所处经纬度，此地相当多的居民成了资深小康生活的科代表。如果说，人间幸福有着不同的达成模式，那么我们所观察注视的"广式幸福体系模式"，无疑是此地人们世代累积经验努力的成功途径之一。

一、粤语细节里的商都渊源："官"字的意思，同时还是行商的商名

迄今地道的坊间粤语里仍然半恭维半戏谑地称年轻男性为"某官"或者"某少"。所谓"官仔骨骨，大秀二秀"。现在这称谓的范围大了很多，未必一定真是行商和大户人家出来的，只要长相清秀、举止斯文即可。

"官仔骨骨"更多用来形容好人家的男孩，明亮干净有礼。至于"骨"字，粤语里形容精巧或小巧别致，说"骨子"，用叠字则更强调，相当于用略长一辈的口吻在夸谁家少年初长成。

究其渊源，这里的"官"字，指的是行商的商名。

《广东十三行考》的考据注释里说："清代豪商富户俱住在西关，鸦片战争后有'西关绅士'及'西关官仔'之称，至民国广州开马路以前犹然。"[1]

"十三行行商以捐输得职衔，用是或称某'官'（Quan, Qua, Quin）或某'秀'（Shaw），以此类同。"[2]

"至当时豪商富户有以金捐'官'捐'秀'者，缘明、清两代称人以郎、

---

[1] 梁嘉彬：《广东十三行考》，广州：广东人民出版社 2009 年版，第 60 页。
[2] 梁嘉彬：《广东十三行考》，广州：广东人民出版社 2009 年版，第 65 页。

官、秀为等第。十三行商人在外人记录中亦咸称某'官'（Quan，Qua，Quin），或称某'秀'（Shaw，例如，Cumshaw，Kewshaw 等）；乾隆以前行商尚多如此称呼，及后则概以'官'（Qua）称之矣。"①

"粤俗呼人每曰某'秀'，如'王秀''大秀''二秀'之类，其后转化为'少'，意谓北语'少爷'之简称。"②

清代张心泰《粤游小志》卷三记载："潮俗，秀才最尊，其兄弟辈则称大秀、二秀，其父则谓太公。"③

笔者广问潮汕籍友人，反馈是现在此俗已淡，不过仍然有把秀才的兄弟叫二秀；至于把秀才的父亲称太公，则不能随便叫，并不是所有秀才的爹都能当太公，要儿子的职位高才可以。

林大钦，籍贯潮州府海阳县东莆都仙都村（今潮州市潮安区金石镇仙都村），明嘉靖壬辰科状元。传说里有位叶姓先生曾出上联戏谑年少的未来状元："竹笋方萌，几时称得林大秀？"林小娃娃应声答："梅花魁首，何曾见有叶先生？"故事未必尽信，但这个版本不一的对联里提到的"大秀"，也许可以作为此称谓旧俗的一则旁证。

《岭南即事杂撰》（上海锦章图书局石印本）六集（广州）"西关"条："南海名区，西关胜地，路迷几甫，市接三摩。冠百粤而控蛮夷，萃五羊而成锦绣。间阎扑地，呼童使婢之家；舸舰迷津，高尾横楼之轴。身兼嫖赌，阿官仔之富丽何穷；商并盐洋，市头公之经营靡尽。"④

此文中的"阿官仔"，即普通话里的"阔少"，是商官而非行政官。

市头公，应该就是现在市井地道口语里仍然在说的"事头公"，意思是商号店铺里主事的男性，这里也指盐商、行商。至今粤语里还有"事头婆"的

① 梁嘉彬：《广东十三行考》，广州：广东人民出版社 2009 年版，第 51 页。
② 梁嘉彬：《广东十三行考》，广州：广东人民出版社 2009 年版，第 65 页。
③ 梁嘉彬：《广东十三行考》，广州：广东人民出版社 2009 年版，第 65 页。
④ 广州市荔湾区地方志编纂委员会办公室编：《广州西关风华》，广州：广东省地图出版社 1997 年版，第 7 页。

称谓，意指商号、店铺里主事的女性，即老板娘。更有甚者，香港未回归之前，港地街坊把英女王也称为"事头婆"。

粤港同声同气皆说粤语，旧时港地明星里，郑少秋就有一个街坊们公认的好昵称，叫作"秋官"。当得起"官仔骨骨"的，是陈百强和张国荣这种，《胭脂扣》里张国荣演的"十二少"，岭南最俊十二少。

而说起民国时期港地温柔乡销金窟旧事，有本绕不过的《塘西花月痕》，报人罗澧铭以笔名"塘西旧侣"所著，书里说有时为彰显客人来自人丁兴旺的豪门世家，会直接在"三少"或"四少"前面直接加个"十"，"三少"直接变成"十三少"；也有些时候是客人自己故意这么做的，免得做的事传到了长辈们那里，一听排行第几就被逮个正着。

粤语之旧，其来有自，特别方便追根溯源，某官某少，顺流而下一路叫到今天，透过满洲窗玻璃的日光，客厅里花开富贵的画，俗世烟火日常里一代代地老去和长成。

二、商务宴请溯源：钱在哪里，美食就在哪里

对于面朝大海、物产丰饶、资深有钱又偏安一隅的地方，史书里经常会找到标签。

在秦始皇派兵平岭南的诸多原因里，要把这里变成自己的钱包至少也是个顺带的理由。

到了南北朝，《南史·萧劢传》说了个事情："广州边海，旧饶，外国舶至，多为刺史所侵，每年舶至不过三数。及劢至，纤毫不犯，岁十余至。俚人不宾，多为海暴，劢征讨所获生口宝物，军赏之外，悉送还台。前后刺史皆营私蓄，方物之贡，少登天府。自劢在州，岁中数献，军国所须，相继不绝。武帝叹曰：'朝廷便是更有广州。'"[①]

文中的武帝是梁武帝，和达摩聊天的那个。感觉是好不容易碰上了一个

---

① 杨万秀、钟卓安主编：《广州简史（修订本）》，广州：广东人民出版社 2015 年版，第 49 页。

不贪的忠臣，抱着一堆宝贝和银子喜滋滋地赞叹，哎呀呀，朝廷这是又拥有了广州。口气娇嗔呆萌，这皇帝当得也不容易。

唐宋是广州历史上对外贸易的第一个全盛时期。古代来开交易会的国际客商"诸蕃客使"，到了广州的住处，在唐代叫"蕃坊"，在宋代叫"共乐楼"，在明代叫"怀远驿"，到了清代康熙年间，有了"十三行"，他们住"十三夷馆"。再后来，住宾馆，来宾嘛。

唐代的广州商业繁荣，已是全球著名的大都市和国际港口城市，当时广州的航线从波斯湾扩展至东非，被称为"广州通海夷道"，途经九十多个国家和地区，是当时世界上最长的国际航线。其时万商云集，"郡邑为之喧阗"。那情形放到现在，大概和天天开广交会差不多。

元末明初时，孙蕡写了首《广州歌》，被引用最多的是"广南富庶天下闻，四时风气长如春"，"丹荔枇杷火齐山，素馨茉莉天香国"。①

而实际上，如果用韦小宝的话来形容，这还是一首花差花差的赞歌："闽姬越女颜如花，蛮歌野曲声咿哑。峨峨大舶映云日，贾客千家万家室。""游人过处锦成阵，公子醉时花满堤。"此地"春风列星艳神仙，夜月满江闻管弦"。

吃喝玩乐，吃排第一。于是乎，明末清初屈大均《广东新语》载："计天下所有之食货，东粤几尽有之，东粤之所有食货，天下未必尽有之也。"②

至于吃喝产业链如此发达的原因，清代乾隆至嘉庆年间，仇巨川所著的《羊城古钞》卷七"濠畔朱楼"条有说法："广州濠水，自东、西水关而入……天下商贾聚焉。……此濠畔当盛，平时香珠、犀象如山，花鸟如海，番夷辐辏，日费数千万金，饮食之盛，歌舞之多，过于秦淮数倍。"③

清道光年间，温训的《记西关火》有说："西关尤财货之地。肉林酒海，无寒暑、无昼夜。"④

---

① 陈永正选注：《岭南历代诗选》，广州：广东人民出版社1993年版，第99页。
② 屈大均：《广东新语》，北京：中华书局2010年版，第304页。
③ （清）仇巨川纂，陈宪猷校注：《羊城古钞》，广州：广东人民出版社1993年版，第581页。
④ 仇江选注：《岭南历代文选》，广州：广东人民出版社2011年版，第362页。

这类一掷千金的吃法，用现在的话说叫作商务宴请，做生意要聊得高兴，宾主尽欢，饭桌上吃得好和吃得巧是常规标准，还顺带略为展现财力和资源，总之是炫耀型消费，而且是刚性需求。

在天天开交易会的地方，餐桌上铺排的是美食，也是钱。数不清的飞觞华宴上，客套话里说出无数此起彼伏的"请"，都是金币落地的声音。

足够多的金币，经年累月落到餐桌上，杯盘碗碟里会开出玄妙的入口之物，送进嘴里会绽出本能和新奇的愉悦。

三、距今近200年的粤地进口食品和酒水清单：请请礼和7小时晚宴

日常的粤语里，家长教小孩子串门拜年说吉祥话，有个简洁的词："请请。"训练家里宠物小狗站起来作揖，也说是教它们"请请"。

原本以为这就是个没特殊意义的儿语叠词，直到在书里看到这段："这位行商站起身，用中国的见面礼节向我致意，即所说的'请请'礼。双手互握，举至胸口，做一个像传教士一样的动作，然后，他只是说，他将如实传达这番答复。"①

拱手作揖，在清代来广州的外国人的形容里，被简化成"请请"，又在粤语里留了下来。

这本似游记非游记、似回忆似笔记的书，书名为"开放的中华：一个番鬼在大清国"，作者是法国人，叫作老尼克，说的是鸦片战争前后的道光时期，一个法国医生莫菲·岱摩（后来又改名为"平西"）在中国的几年游历。

书的一开头就是给朋友的信，仔仔细细描述了广州的十三行区，记录或是显摆了自己在行商缫官招待下的三顿吃喝明细。

---

① ［法］老尼克著，钱林森、蔡宏宁译：《开放的中华：一个番鬼在大清国》，济南：山东画报出版社2004年版，第20、25－28、30页。

现在，您清楚地知道我们的朋友缫官的地位了。或许我能让您高兴下，向您讲述我在这位显赫商人家中享受到的第一次中国晚宴。

这里的缫官，指的是顺泰行商马佐良，原名马展谋；在其他资料里，马佐良的商名叫作秀官，粤语发音里和缫官相近。其实在当时的行商中，马佐良算是中小行商。

而后要准备描述晚宴的作者先是忸怩了一下：

那是在我的康复初期，伯驾先生让我暂时住在他的一位双鹰行（中国人这样称奥地利商行，因为徽标上有两只鹰）的朋友家中。那段生活是最舒适安逸，也最单调无聊，所有在当地的欧洲人的生活都是如此。对这种生活，我感到有些羞愧，因为我身边的这种挥霍生活和我年轻时粗茶淡饭的习惯形成了强烈反差。还是由您来下结论吧。

继而拐弯说起了被人伺候之下慵懒的午餐：

仆人进屋叫醒我，就在我设定闹钟响的那一刻。他扶我起床，在我身上浇了几桶水，然后给我擦洗，我没有计较他那副睡意惺忪的可怜样子。接着是午餐：一盘咖喱鱼或咖喱鸡、鸡蛋、油炸小点，还有几片没加配菜的冻肉、火腿和牛肉。我看书、画画，或上中文课，一直到三点。

小显摆之后，才是憋不住的大显摆：

这时，晚餐将我们聚集在一起。我亲爱的帕特里克，那可是何等丰盛的晚餐！当然，都柏林行会是从不曾如此奢华的。首先是两道或三道浓汤，喝马德拉葡萄酒、雪利酒和波尔多红葡萄酒，每瓶酒都用湿棉布裹着，以保持清爽口感。然后是一盘鱼，通常吃这道菜只喝啤酒。接着，就是这个时候，才开始真正的晚餐：烤牛肉、烤羊肉、烤鸡和必不可少的牛峰肉、火腿。有时，为了换换口味，会有一块来自欧洲的昂贵的肥鹅肝或小山鹑肉。和这道菜搭配的酒是波尔多红葡萄酒和索泰尔纳酒。所有这些菜撤掉后，开始餐中甜食和烤野味。有当地的一种叫做米雀的雪鹅，有野鸭，有小野鸭，等等。这时，开始喝香槟，还有波尔多红葡萄酒。紧接着加味菜：鲱鱼、孟买的洋葱、奶酪、沙丁鱼。总之，足够多的消化菜以缓解五六道容易消化不良的菜。啤酒没有间断过。

一直到仆人们——穿着白衣服，蓝鞋子，辫子系着红发带——端上餐后甜点。这时，每个人根据自己的喜好和酒性开始品尝葡萄酒。有的人纯粹出于礼貌，只碰了碰杯口，有的人自己倒酒，一口饮尽。最后，我们来到客厅。在那儿，利口酒和咖啡为这顿奢华的日常餐画上句号。您可以猜猜这顿饭的费用，想想几乎所有菜的原料——甚至是烧菜的木炭——都来自欧洲，都必须支付进口税。

那位将近两百年前的收信人看到信后做何感想无从考究，但放到今天却能让大伙把清代道光年间广州十三行行商们日常招待的进口食材和酒水库存，围观窥视好一阵。

在另外一封"拉仇恨"的信件里，巨大的显摆来了，这一回主要是吃本地大餐，从头到尾被记录得仔仔细细：

……我的东道主再次字斟句酌地邀请我，希望我"光辉地出席"他所提到的庆典。

节日当天，将近中午，来了第三封信，我以为另有变动。正相反，缫官又一次盛情邀请我去吃"晚上的饭"（当地人这么说晚餐），正式询问我是否出席他的宴会。我答复了来信，表达了谢意。于是，两个小时后，我们出发了。

主人焦急万分地等着我们。他从未见过我，因此见面时不像平常那样行

"请请礼"，而是说了这样一句话：

"素仰芳名！"

用英语来说，意思是："我早已经仰慕您的散发芬芳的名字。"

接下来是私家大宅里饭厅的装修和招待规格：

一番恭维后，他领着我们进了宴会厅——这是一间位于宅子的正屋，即主人所住的地方。

大厅内，左右两边摆放着四张印尼苏拉特木料做成的桌子，呈一个大平行四边形，留有足够的空间通向一个椭圆形的门。门边立着两只巨大的古瓷瓶，插满色彩鲜艳的花朵，其中高高地夹着两扇宽大的孔雀羽毛。第五张桌子，也就是缲官的桌子，摆在大厅的最内侧，在进门的边上，正对着另一端的是一个小戏台。整顿晚宴期间，戏台上翻筋斗的和走钢丝的杂技演员以及歌手不停地表演着，虽然似乎没人瞧他们一眼。

虽然桌子足够四人甚至六人入座，但每张桌子只坐两位客人，左右留出空间，不挡住看表演的视线。我们一坐下，立即有人端上一大杯杏仁蜜。这只是纯礼节性的开场。

宴会开始上闲食水果和前菜冷盘：

不一会儿，一道道装在镶金画的雕花小瓷碟里的冷盘端上来。大部分菜我都不知道。主人很客气地向我介绍了几道菜。这道是飞鱼，晒干、切成细丝儿，拌上醋和石耳（这儿叫做"石头的耳朵"，是僧侣们必吃的菜）。接着是米饭鱼，纯白色，做法和格林尼治的小鲱鱼一样，油炸，味道还不错。这道是鹿脚，做成肉酱。这道是褐色的圆形切皮，叫做日本皮，要在水里泡上很久才嚼得动。这道是鸟肝和鸟胃，剁成小碎块。这道是长在甘蔗上的一种毛虫，加盐翻炒。还有几盘水果，除早就熟知的桃子、梨子、核桃之外，还有中国橙、金橘（一种小橘子）、荔枝、龙眼（龙的眼睛）、黄皮（黄色的皮）、枇杷，等等，等等，摆在桌上，透着几分神气。这些中国水果的头两样是成串端上来的。熟透的荔枝有点像草莓，不过，果皮包着软软的果肉和两三粒硬核。黄皮则更让人想起葡萄或是醋栗。枇杷是一种味道有点涩的欧楂。

所有的盘子为银质——极为小巧——摆满了整张桌子，只在正中央留出位子给真正的晚餐：一盘接一盘分别端上的热菜，撤掉的速度之快也足以让巴达维亚岛的贤明君主大吃一惊。

接着是琳琅满目的热菜，天上飞的，地上跑的，水里游的：

我又要开始罗列菜名了？您一定会感到不高兴。这简直不是读信，而是看饭店的菜单！一道道菜就这样从我们的鼻子下端过。先是两三道菜，稍事休息后，继续上菜，直到有八盘炖菜：卷成团的鲨鱼鳍、裹着一层冰糖的燕窝、鹅掌、麻雀头、牛蛙、豪猪（拌生乌龟肉）、鱼肚（边上一圈海草）、孔雀冠和在太平洋和马来西亚群岛礁石丛中采集的海参沙锥。

接着，十二到十五碗汤，汤里漂着切成小块的鸳鸯肉、鸡肉、野鸡肉或是鸽子肉。随后是几盘装着长长软软的细丝的菜，起初我以为是粉丝，正要品尝时随口问了菜名。主人用广东英语对我说："You wantshee grubbe（您想尝尝吗）？"

我的朋友，这可是些虫子，地里的大虫子，不折不扣的虫子。我放下了碗，或者应该说，我毛骨悚然，把碗掉在了桌上。

"My no wantshee，my thankee（我不想吃，谢谢）。"我回答说。

席间的宾主互动当然有，从互相观察、轻度的玩笑到给客人布菜：

缫官让我坐在他左边，不动声色地观察我的一举一动。而我也同样努力地观察他，以至于晚餐刚开始时，我差点和他一起站起来，和他一起郑重地为我的健康干杯……这位可敬的行商，对我的笨拙足足取笑了一番后，开始可怜我。他将一大块黏乎乎的燕窝送到我嘴里，这块燕窝我已经竭力摆弄了好几分钟。我任凭您想象，我是否会很喜欢这样送到嘴里的烩肉块。我闭着眼睛接受了好客的商人送过来的不甚合时宜的礼物。

其间还有个貌似歇席看菜和吃主食的环节：

接着是一种有点奇怪的考验，目的是让主人相信，他的客人们都很满意。盛满了菜肴的四只碗放在每张桌子中央，靠在一起，摆成方形；四只碗上面，又叠着三只碗，呈三角形，也是满满的；最后，第八只碗叠在金字塔的顶端。习惯是这样的：客人们不管得到如何盛情的邀请，谁也不去动碗里的菜。于是，桌上的菜撤走了——每张桌子上都有好几道可以替换的菜——接着端上糕点、果酱一类的甜点，中间是——至少为我们准备了—— 一盘用最鲜嫩的竹笋拌成的色拉，还有一些用水泡过的菜。直到这时，米饭才第一次端上来。在日常的饮食里，米饭则重要得多……人们在饭里拌上各种调味，鸭子或咸鱼，或几勺酸汤。最后，一道茶结束了整顿晚宴。用没有盖的小茶杯盛着，不加糖也不加奶。喝完茶，大家长时间地洗手。

吃正经大餐，酒必不可少。不过看到行商给法国人喝热葡萄酒，到今天粤地"土著"们还是会露出谜之会心微笑，这场宴会没准是在三伏天举行的，此地的习俗是在这种天气里不吃生冷食物，理由是会伤脾胃：

……我们还用精致的烫金酒杯喝葡萄酒，酒杯有杯耳，就像古代的水壶。葡萄酒是热的，因为当地人认为所有的冷饮都有损健康。还有米酒、饭酒，上帝知道还有多少种度数很高的酿造粗糙的酒。我们甚至还喝了当地烧酒，不过味道很淡，几乎没有去除沉淀。

…………

总之，这场晚宴让我精疲力竭。整整花了七个小时。

要尽地主之谊招待客人吃饭，古早时候都是拿自己认为好吃的出来。至于清代末期这顿正经晚宴的真正吃后感，法国客人私下表示：

尽管进餐过程中允许起身在大厅里走上一圈，尽管礼仪允许偶尔抽上一两口烟，但到底是一件可怕的事情，这么长时间地吃着那些难以下咽的东西，呼吸着四周难闻的气味。当地菜大量使用大蒜，还有我们只在药店里用的蓖麻油，令大部分的菜肴气味难闻。而且，除了米饭，所有的菜都是用十二到十五种原料混杂起来的。大厅的气味因此而遭殃。还有客人们的胃。

必须承认，这里菜的普遍特点是，淡且油腻。欧洲美食家熟悉的"大豆"在这儿作为调味品，只能略微补救淡而无味的缺陷；至于第二个缺陷，这儿根深蒂固的风气是，当地人眼中大腹便便、有着无数层下巴是一种美，可以得到别人的赞赏。

稀奇古怪的菜肴很受青睐，如鲨鱼鳍、燕窝之类，原因有二：第一，这些传统甜食价格昂贵，可以显示主人慷慨宴请的财气；第二，人们赋予这些菜某些功能，相当于块菰之于精疲力竭的唐·璜们。

主人家的热情招待无微不至，到了今天都堪称周到：

回到行馆，我们上楼看一位因为身体有点不适，而没有能够去参加晚宴的朋友。我正要向他大谈盛宴的菜肴时，他把我打住，只见房间的所有角落都摆满了一盘盘的菜，我们刚吃过的菜肴大部分都有。这就是当地人的盛情好客，比我们更细致周到，甚至把菜送到了缺席客人的家中。

至于大餐礼节，古早时期的规矩套路如下：

第二天，我们每人都收到了缫官的又一封来信，信中向我们表达了遗憾，觉得他的款待配不上我们无尽的功绩所应获得的盛情款待。这封信必须答复。于是，我们依葫芦画瓢，动用欧文的所有美丽绚烂的修辞，用同样夸张的手法，向我们的主人描绘他那无与伦比的盛宴给我们带来的快乐。

此乃这首美食长诗的收场。

四、大行商的商务家宴菜单：番鬼亨特和潘启官家的"筷子宴"

粤语里很少煞有介事地说"那些外国人"，那会令说者和听者都觉得别扭异常。到现在，街坊们还总是说："那些鬼。"

现时文字记录中，对十三行的清晰记忆来自一只当时"住唐"的美国的"鬼"，叫威廉·C. 亨特。1825 年他到广州时，只是一个十三岁的少年。之后马上就被送到马六甲的英华书院学中文，次年返回广州。1829 年在广州加入美国旗昌洋行，1837 年成为该行合伙人。1842 年退休，两年后返回美国。其后又回到中国，在广州、澳门和香港等地活动达二十年，并创设亨特洋行。晚年旅居法国，1891 年，旗昌洋行倒闭的几天后，他在法国尼斯去世。

他的经历之所以仍为现在的人所知，完全是因为他写的那两本书：《广州番鬼录》和《旧中国杂记》。当时，他是广州仅有的几个懂中文的外国侨民之一，书中所记全是他耳闻目睹或亲身经历的事，内容涉及早期中西贸易和中西关系的各个方面，具有较高的史料价值。

他在书里戏谑地也把自己称作"番鬼"，在《旧中国杂记》的序里惆怅地说："书中所讲到的'番鬼'这一类人……他从'羊城'消失了，在他存在的全部时间里，那里是他的唯一栖身之地。可是现在他已从那里消失了，就像史前巨兽从地球表面消失一样。""谁也没法'为他唱一支安慰灵魂的挽歌'。"①

---

① ［美］亨特著，冯树铁、沈正邦译：《旧中国杂记》，广州：广东人民出版社 2009 年版，第 189 页。

"番鬼"亨特1825年在广州十三行的时候，"主要的行商有浩官、茂官、潘启官、潘瑞官、章官、经官和鳌官"①。也就是说当时的四大首富里，他打交道的应该是浩官伍秉鉴、茂官卢文锦和潘启官潘绍充。

和富豪们打交道，除了做生意之外，比较令人高兴及值得拿出来讲故事的是逛他们的豪宅及宴会，况且那时候和十三行的行商们做生意也是一件乐事。

亨特记叙说："作为一个商人团体，我们觉得行商在所有交易中，是笃守信誉、忠实可靠的，他们遵守合约，慷慨大方。"②

之后，是逛豪宅：

他们自己的住宅，我们曾去过几处，规模宏伟，有布局奇巧的花园，引水为湖，叠石为山，溪上架桥，圆石铺路，游鱼飞鸟，奇花异卉，千姿百态，穷其幽胜。

其中最美丽的是潘启官的住宅，坐落在江边，在商馆四边的三四英里处。他的私人"宫殿"中有大批仆役，通常包括侍者、门丁、信差、轿夫和名厨。我们曾有幸领略过这些名厨的技巧，参加过一次无外国菜的"筷子宴"。

那次，他们吃了"美味的燕窝羹、鸽蛋，还有海参，精制的鱼翅和烧鲍鱼"，而"这些只不过是全部菜色中的一小部分，最后还有各式各样的点心。饮料是用大米酿造的'三苏'，也有一种用绿豆、一种用黄皮水果，以及其他我们从未听过的东西酿成的酒。盛酒的是小银杯或瓷杯，每只杯都放在制作精美的银座上"。而光是那道"美味的燕窝羹"，就是从爪哇运来的最好的珍品，每担值4 000西班牙银元。

①　[美]亨特著，冯树铁、沈正邦译：《广州番鬼录》，广州：广东人民出版社2009年版，第45页。
②　[美]亨特著，冯树铁、沈正邦译：《广州番鬼录》，广州：广东人民出版社2009年版，第49页。

亨特还记下了一首大概是别的"番鬼"描绘铭官宴客的一首近似于笑话的诗："筵席大张，五光十色……啊！四大洲的朋友/不会说中国话。……"

这首不伦不类的诗里说，吃了很多种叫不出名字的菜，饱得不能再往下撑的时候，又撤换餐具上来了一样菜，看上去像是只鸭子："细细端详/他已经/头晕目眩/转向侍仆/指着菜叫'嘎，嘎'。"结果，"这个中国人摇头/随即有礼地鞠躬/并表示盆上是什么/说出，'煲汪汪！'"上来的是一盆狗肉。

"这些宴会确实令人赏心悦目，至今仍使人记忆犹新……"① 20 世纪的美国人亨特，大概是一边咂着嘴一边记下这些话的。

而且很显然，这位美国人亨特对粤地宴席的接受和好感程度，远高于同时期那位吃了七小时晚宴的法国人莫菲·岱摩。

五、城市居民们的宴席：九大簋和满汉全筵

家有喜事要设宴，粤语说"摆酒"；至于要摆几围，那是多多益善，少小无拘。

至于酒席的数量词，不说多少桌，而说多少围，其渊源可以追溯到 19 世纪初："酒楼的台、椅，多用方形的'八仙台'……一桌筵席，只坐 8 人（每边 2 人）。高级或隆重的宴会，则坐 6 人，空出一边，饰以顾绣台围，宴会气氛更显得庄重。"② 这个围，是台围的围。

要去赴宴，粤语说"去饮"，既是"摆酒"，那自然是去"饮"，饮喜酒、饮寿酒。随之延伸的是"饮衫"，指穿去赴宴的私人行头；"饮歌"，通常指公开场合里某人最拿手的曲目。

请人吃好的，说请你吃"九大簋（guǐ）"。幼时一直没明白九大"鬼"有啥好吃的，后来才知道，是"簋"。

粤语这说法的出处仍和清末到民国时酒楼的经营方式相关，清末时"'酒

① ［美］亨特著，冯树铁、沈正邦译：《广州番鬼录》，广州：广东人民出版社 2009 年版，第 49－50 页。

② 陈基等主编：《食在广州史话》，广州：广东人民出版社 1990 年版，第 61 页。

楼'的规模不大，多数只有两三个厅房或十来张方台，而'酒馆'则完全不设座位，只做'上门到会'生意（备好原材物料，到顾客指定地方做菜式、筵席），所以人们又称之为'包办馆'……酒楼的餐具，也很粗糙，一般都是粗瓷。小菜用的是榄形高脚碟，大小博古碗，釉彩花纹粗犷。上好筵席则用锡器，锡碟、锡窝，多用圆形，工艺较好，大方名贵，但较笨重……上面所说锡窝，当时又称为簋（guǐ），也像现在的瓷窝，圆形有耳。它并非做羹汤专用，做有芡汁的菜馔也可用。过去请客，用'九大簋'就十分丰盛的了。"①

说请满汉全席的，属于土豪行径，是真金白银的豪举。而粤地近代都不乏榜样："清末，广州各名牌酒馆，均以承办满汉全筵作号召。民国初期改名为大汉筵席，菜肴也从原来的百余款（鼎盛时菜式多达二百余款）减至七十二款。但因这种筵席极度奢华，非一般人能享用，摆设者越来越少。其后便创出'八大八小''六大六小'等筵席以取代。后来又改为十大件、两热荤。抗日战争期间，酒席改至八大件、两热荤，一直沿用到今天。"

"一九五六年广州市举办名菜美点展览，满汉筵席也在展出之列，引起群众的浓厚兴趣。"

"满汉筵席的花费确是惊人的。远者姑且不说，近者十多年前，澳门新皇宫酒楼曾为粤剧名伶任剑辉、白雪仙做了两席满汉全筵，计价四万余元葡币，若以物价相比相当于今天十多万元葡币。近二三年来，香港一些酒楼也办过这种筵席，今年八月承办的一席竟要港币二十万元。"②

资料出处是广东人民出版社 1980 年版《食在广州》，换算一下当时的物价，20 世纪 60 年代的四万葡币、70 年代后期的 20 万港币，再换算成今天的购买力，消费力很棒。

---

① 陈基等主编：《食在广州史话》，广州：广东人民出版社 1990 年版，第 61 页。

② 钟征祥：《食在广州》，广州：广东人民出版社 1980 年版，第 155 - 156 页。

六、20世纪80年代的广州交易会菜单："一掌定山河"

现在已经退休的粤菜大师黄振华，曾任广州酒家企业集团总厨师长，从艺56年，经手制作了广州酒家经典品牌广式"满汉全席""满汉精选华筵""五朝宴""南越王宴"等脍炙人口的筵席及菜式，他在《食单珍藏记》里说："在改革开放的八九十年代里，应到广州的来宾要求，我们也曾制作过广式的满汉全席（新加坡冼良烹饪学院）和众多的满汉精选，这是许多年前的事了。"①

自1989年3月《中华人民共和国野生动物保护法》实施后，满汉全筵的许多食材不再被允许出现。不过，如果还是特别好奇，"满汉精选"仍然是擅长怀旧菜式的广州酒家的保留菜单，用的是合法的食材，人均880元，十人起订，他们的文昌路老店有个专门的贵宾房叫作满汉宫，可以去那里吃。副总经理赵利平说，多数时候的客人是一些商家和私企老板，出于宴客或喜事去消费。

现在已经吃不到的粤式名菜里，有一道名字霸气的菜，叫作"一掌定山河"，出自黄振华之手。

20世纪80年代，每逢春、秋两届交易会，日本东京银座亚寿多大酒楼都会派业务人员来华考察学习。有文字记载的，是1980年春交会期间，他们尝遍大同酒家、大三元酒家、泮溪酒家、听丽轩酒家和东方宾馆。最后一站是在广州酒家，订了一席菜，九人份，时价一千六百多元，筵开广州酒家兰圃厅。

"客人吃过两个热荤，以及'蟹螯清汤翅'等菜肴之后，服务员端着一盘熊掌（还附上一碟摆得端正美观的熊掌骨）上席了。这个集飞（乳鸽）、潜（海参）、动（熊掌）、植（冬菇）于一盘的大菜式'一掌定山河'，引起客人浓厚兴趣，气氛顿时高涨起来。有的赞它'非常好吃''特别美味'，有的认

---

① 黄振华：《食单珍藏记》，私人菜单纪念册。

为连菜名也起得好，'很贴切，气魄大'。"

"一般烹熊掌，习惯是扒到焓透原只上席，吃时像'元蹄'一样用筷子一夹就开；也有切成丝，拆焓鱼肚、鹧鸪等。但黄振华思忖当时正值夏天，天气较热，应该使客人吃来感到鲜爽。于是便放弃了常用的制法，参照'麒麟熊掌'这味菜式，将扒焓的熊掌切成日字形，夹上火腿，并以海参夹北菇拌边，外围再拌以百花乳鸽，砌回熊掌形上席。造型优美，食味香（北菇）、焓（海参）、爽（虾胶）、滑（熊掌）俱全。参与这台盛宴的食家、富士贸易株式会社社长高翔翾说：'我们亚寿多的朋友，不仅在日本、东南亚、香港等地吃过熊掌，而且自己也烹制过不少熊掌；但广州酒家做的熊掌特别好，堪称独创一格。'"①

当时的黄振华35岁。很多年后，这份菜单在黄振华的《粤菜华筵·经典佳肴》里有收录，他在手记里说起过当年食材的部分来源和收录理由：

为什么在酒家的菜单里有这些原料？话说当年大兴安岭大火后（1987年），有人拿着两大袋的熊掌、犴鼻等等冻品来找我，当时查证了他带有吉林省林业公安出具的证明，我就买了，八十年代这些东西也不算贵。

今天公开了珍藏菜单，虽是陈年旧事，拿出来可能是不识时务，但我觉得这是中国烹饪的瑰宝，食在广州的代表作，不得不说。这是记载广州餐饮人在这段历史中为食在广州，因地制宜地传承、改革、创新粤菜的一段故事。②

七、细分高中低档的宴席日常服务链：鲍参翅肚招待宴

民以食为天，这门功课粤地人民可以做科代表。

粤人之爱吃，赚钱叫作揾食、揾两餐。二十世纪七八十年代，香港经济

---

① 钟征祥：《食在广州》，广州：广东人民出版社1980年版，第188－190页。
② 黄振华：《食单珍藏记》，私人菜单纪念册。

二次起飞，粤语对钱包满满的具体诠释仍然是吃："鲍鱼送饭，鱼翅朗（漱）口。"

当时的西关人家里，没有香港和海外关系的完全可以算是大熊猫一样的存在，所以这些吃食和说法很快就朗朗上口。

也有说鱼翅捞饭的，就是鱼翅羹拌饭，匮乏人家从前是豉油捞饭。鱼翅漱口和鱼翅捞饭的意思是有钱人家不拿鱼翅当大菜，鲍参翅肚是油盐酱醋般的日常存在。

后来有餐厅干脆出了一个也不知道算是菜还是主食的大抵是噱头够足的碟头饭，就叫作鱼翅捞饭，也许还算快餐。

以民间经验臆想富贵人家的日常细节，这事各处都有，一直是草根阶层"等咱有钱了"话题的娱乐版本。贾平凹在《老西安》里说："一位南郊的九十岁的老人曾经对我说过他年轻时与人坐在城南门口的河壕上拉话儿……一个说：蒋委员长不知道一天吃的什么饭，肯定是顿顿捞一碗干面，油泼的辣子调得红红的。"

再古早些的山东吕剧《下陈州》有段唱词："听说那老包要出京，忙坏了东宫和西宫。东宫娘娘烙大饼，西宫娘娘剥大葱。"类似的说法还有，"皇帝有个金锄头，东宫娘娘烙大饼，西宫娘娘卷大葱"，"听说那皇帝要出宫，忙坏了娘娘东西宫。东宫娘娘烙大饼，西宫娘娘卷大葱"。

相较而言，同住一城的城市居民们互相想象对方的生活，经验和细节大致上错谬不多。几百年里此地的高端商务宴请，的确是鲍参翅肚和珍稀食材挂帅。

在千年商埠里，宴席的日常服务链，细分高中低档，各自发财。

《食在广州史话》载：

1911 年辛亥革命之前……广州酒家之第一流者……酒具筷架等用银、锡精制，碗碟选正江西名瓷，筷子以象牙制造。分设厅、堂、房座，并冠以杨柳、芙蓉、红棉等种种优雅名称。

菜式名目繁多，其用料亦品种多样：海产类如鲍、参、翅、肚、蚝豉、鱿鱼之类；河鲜则鲈鱼、虾、蟹等；三鸟又包括乳鸽、鹌鹑和野生动物；肉类则以猪肉为主，遍及腊味、烧卤；而蔬菜则更要讲究时令，如豆苗、菜胆、菜远、椒子、凉瓜、柚皮等。

…………

当时大酒家一个共同特点，是不以牛肉作原料，以为牛肉不够名贵，鹅亦绝少使用于酒席。

中、小酒家分布市面各处，招牌上写"随意小酌"者便是，但每席亦需10～20元之谱（1926—1935年间）。各具风格特色，有以鱼生、狗肉作号召，有以凤城炒卖宣传，有以雀局等手法招徕顾客。

花筵馆系专营妓寨生意之酒馆，多分布于东堤及陈塘两地，以清末为盛。沦陷期间，西关十五甫也有专营花酌。

中等酒楼布置亦相当华美，讲究清洁幽静，设有小厅房。杯盘碗碟酒具虽不如第一流酒家，但亦属雅致。

…………

另一类菜馆，俗称大肴馆……这些菜馆主要包办酒席，市民婚丧嫁娶多在菜馆定席，或设宴在家，称为上门到会。由柜面出示菜单，任顾客选择，商妥后依时派厨师及助手上门烹饪，一切杯盘、碗、碟、炉灶等用具均由大肴馆配备。如果主人家中地方狭小，亦可临时租用大屋三两天，为饮宴场所。台椅家私等亦可租赁，只付租金，多至数十席，亦可承接。①

时日如流水般过去，从1949年至现在，如果你想吃怀旧粤菜，或宴客或家人小酌，还是随时能吃到的。至于原因，按当时街坊们的理解，我们是南大门，而且我们有广交会，招待客人怎么可以没吃的？

---

① 陈基等主编：《食在广州史话》，广州：广东人民出版社1990年版，第215－216页。

广交会，也就是广州交易会，全名为"中国进出口商品交易会"，英文简称为 Canton fair。创办于 1957 年春季，每年春秋两季在广州举办。

每到春秋两季，交通很忙，宾馆很忙，餐馆很忙，交警很忙，家家都很忙。记得小时候有一段时间买肉买粮几乎买什么都要票，但到交易会开幕时，也会偶尔天外飞仙地来个七拐八弯去参加交易会的谁家亲戚或友人，于是阖家去饭店吃顿好的。

从厨师们为国家挣外汇研发鲍参翅肚菜式，到街坊居民们沾光去饭店吃饭，也可以看作千年商贸平台城市的产业链人口和红利溢出。

八、粤港城市居民对顶端招待宴席的特别好奇心和消费力：女王和亲王的菜单

粤港两地食客对顶端招待宴席有着特别的好奇心和消费力。

或许换到别处这好奇心也差不多，但消费力和人群，在商埠城市则会大许多。

试想想，如果招待重要客户，请客不是问题，请客要请得让人有点印象才是问题。比如说，请你吃招待亲王的宴席，或者招待女王的宴席。这或者也可以看成昔日满汉全席的现代更新版本。再细节些的日常，特供的酒乃至柴米油盐酱醋茶也一直都是送礼噱头。

女王宴的版本，来自广州白天鹅宾馆。

1986 年 10 月，英女王伉俪首次访问中国内地，经停广州。

曾任白天鹅宾馆副总经理的彭树挺，曾经聊过当时的"英女王宴菜谱"：月映仙兔、双龙戏珍珠、燕乳入竹林、金红化皮猪、凤凰八宝鼎和锦绣石斑鱼。

月映仙兔是一道广式点心拼盘，由白兔饺、炸芋角、春卷和干蒸烧卖配成；金红化皮猪则一直是白天鹅宾馆的招牌菜，上桌的乳猪还专门经过一番"整容"，既不让它的牙齿外露，也不让它露出小眼珠。

当时广州的海鲜还不多见，霍家从香港运来龙虾和石斑鱼，用以招待英

女王。

此后便有外宾来用餐时专点"英女王宴"。直到 2012 年白天鹅宾馆歇业整修前，售价是 2 000 元/人。

我曾专门问过现任白天鹅副总经理余立富，其答复是：这席招牌宴会现在仍然可以十人份起预订，含服务费盛惠一万五千元。

港版的记录，来自 20 世纪 60 年代的香港名厨陈荣，祖籍广州番禺，他当时在港报开设烹饪专栏，专教做菜，后结集出版了《入厨三十年》（共 14 集）。

1975 年 5 月，伊丽莎白二世和皇夫菲利普亲王到访香港，这也是英国在位君主第一次访港。

陈荣在《入厨三十年（第十二集）》里，逐样教港地厨艺爱好者和师奶们怎么做出当时招待亲王的一席菜，书里详录菜单和店家的后续好生意：

最近，英女皇伊丽莎伯二世、皇夫菲腊亲王到香港，香港各界士绅，联合设宴，宴中菜馔虽非玉乳琼浆，但亦几经研究，方加以决定，并不草率。

宴会是在英京酒家，事后有人向英京酒家订制宴席，声明菜肴须如欢宴菲腊亲王一模一样，酒家方面，认为三百元一席，实不过取，因而欢宴菲腊亲王的那一席菜馔，便蜚声起来。

当晚欢宴菲腊亲王的菜馔是：二热荤：碧玉珊瑚，咕噜肉；五大菜：滑生鸡丝大翅，烧全体金猪仔，一品官燕白鸽蛋，金华玉树鸡，清蒸大红石斑；面：长寿伊面；饭：扬州炒饭；甜露：生磨杏仁露；另跟杏仁露、跟上点心两式。①

菜单上的"碧玉珊瑚"，是芥蓝上面铺着膏蟹肉和膏蟹黄。最后的那两款点心，是芝麻饼和五仁酥角。

---

① 陈荣：《入厨三十年（第十二集）》，香港：陈湘记书局 1985 年版，第 1 页。

菜单里有传统粤菜中招待国际友人之大名鼎鼎的咕噜肉：

咕噜肉：欢迎菲腊亲王宴席二热荤之二。咕噜肉作为热荤，是很少见的。不过，正如笔者上期所说，热荤没有规定要用什么菜馔，同时外国人很喜欢粤菜的咕噜肉，所以绘宴菲腊亲王席上，使用咕噜肉作为热荤。①

都说此菜始于清代，当时在广州的许多外国人都非常喜欢食用中国菜，尤喜糖醋排骨，也有说是生炒骨的，但不喜要吐骨头的肉。因此粤地厨师以去骨的精肉捶切调味，加笋粒制成丸状，入油锅炸至酥脆，糖醋卤汁勾芡，端上桌来晶亮一盘，现在也有用五花肉来做这道菜的。有个版本说，因为外国人爱吃，所以又称"鬼佬肉"；也有说其实是叫"古老肉"，但总之是因为外国人发音不清，就叫成了"咕噜肉"。

这菜在很多西关餐馆仍然有，因为酸甜口，凉着上，通常天热的时候吃，而且这还是一道哄小朋友们的菜。

城市居民对于顶端招待宴席的特别好奇心和消费力，对酒家食肆来说是个很好的生意噱头，作为处于超级资深的商贸中心的居民来说，请客吃饭的日常里，如果能师出有名地给对方留下印象美好的一餐，也属于刚性需求。

九、家有余粮之为什么都挺有钱

在一个全城各处都吃得花样百出的地方，居民们要有钱，或多或少，也得是家有余粮，揭不开锅的话，何来这等闲心思。

至于贫富差别，有个三年两载余粮和百年粮仓的，差别也挺大。

明朝万历三十六年（1608）葡萄牙传教士奥伐罗·塞默多，汉名曾德昭，在他的《大中国志》里记过一笔：

---

① 陈荣：《入厨三十年（第十二集）》，香港：陈湘记书局 1985 年版，第 3 页。

葡萄牙人每年两次带着货物来到那座也叫广东（Cantone）的城市（尽管它原名是广州府）……它方圆足有15英里，客商云集，因此它的人口比许多其他城市多。中国大部分最好的商品都由此处运往各地，因为它是中国最开放和自由的交易地点。且不说6个邻国的土著和异邦人运走的各种货物，仅葡萄牙人运往印度、日本和马尼拉的货物，每年约有5 300箱各类丝绸，每箱装100匹真丝，如天鹅绒花缎（Velvet damask）和缎子、轻料如半花缎（half-e-damasks）、彩色单层线缎，还有250块金子，及每块重12盎司的2 200块金锭；有7皮切（Pichi）麝香，重量超过35亚洛瓦（Arrova），每亚洛瓦重25磅，每6盎司合1磅。此外有小珍珠、糖、瓷盘、中国木、大黄，以及各种奇特的镀金器皿，还有其他不太重要的东西，即使长篇开列也不能尽举其名。①

明末清初，屈大均《广东新语》"贸货"条："东粤之货，其出于九郡者，曰广货。出于琼州者，曰琼货，亦曰十三行货。出于西南诸番者，曰洋货。在昔州全盛时，番舶衔尾而至，其大笼江，望之如蜃楼蜃阙，殊蛮穷岛之珍异，浪运风督，以凑郁江之步者。岁不下十余舶。豪商大贾，各以其土所宜相贸，得利不赀。故曰金山珠海，天子南库，贪者艳之。"②

提到物流的还有"诸番贡物"条："诸番之直广东者，曰婆利，曰古麻刺，曰狼牙修，曰占城，曰真腊，曰爪哇，曰暹罗，曰满剌加，曰大泥，曰蒲甘，曰投和，曰加罗希，曰层檀，曰赤土；其直安南者，曰林邑，曰槃槃，曰三佛齐，曰急兰丹，曰顿逊，曰州湄，曰浡泥，曰阇婆，曰扶南，曰彭亨，曰毗骞，曰天方，曰锡兰山，曰西洋古里，曰榜葛剌，曰苏门答剌，曰古里班卒，是皆南海中大小岛夷。……以上凡十二国。皆尝来往广东者，旧例贡舶三艘至粤，使者捧金叶表，入京朝贡，其舶市物还国。次年三舶复至迎敕，

① ［葡］曾德昭著，何高济译：《大中国志》，北京：商务印书馆2017年版，第20－21页。
② （清）屈大均：《广东新语》，北京：中华书局2010年版，第432页。

又市物还国。三年三贡，或五年一贡，一贡则其舶来往三度，皆以澳门为津市。"

这则的最后一小段，终于提到了小民们的小本生意怎么赚钱："黄文裕云：往者番舶通时，公私饶给，其贸易旧例，有司择其良者，如价给之，次则资民买卖。故小民持一二钱之货，即得握椒，展转交易，可以自肥。广东旧称富庶，良以此。助国供军既有赖，而在官在民又无不给，是因民之所利而利之者也。"①

列了一堆资料，本意是据此略谈一个感想：此地多年作为外贸港口，皇商赚大钱，小民赚小钱。

粤地历来做生意的人也多，《明清广东商人》载：

据嘉庆年间（1796—1820）统计，广州、佛山、石湾三镇市经商者的籍贯，顺德商人占 3/10，新会、番禺及各府县、外省商人占 2/10，南海县商人占 1/10。也就是说，在广州、佛山等地经商的商人有 60% 是广州帮商人。史称：省会、佛山、石湾三镇客商，顺德之人居其三；新会之人居其二；番禺及各县各府，外省之人居其二，南海之人居其一。……从道光年间（1821—1850）各县商人向清政府所捐纳的税饷比例看，南海县的"商贾十之六"，"地亩（农业）十之二"，"工作（手工业）十之二"；番禺、东莞、新安（宝安，今深圳南头镇）商贾十之三；增城十之二；香山（中山市、珠海市）十之一。可见广州帮商人数目是不少的。②

小本生意未必压得起货，有种精乖伶俐的做法是略沾一星半点油水就肯出手，薄利多销求个货如轮转，长做长有。

清代嘉庆时期，叶权的《博贤篇·游岭南记》载："广城人家大小俱有生

---

① （清）屈大均：《广东新语》，北京：中华书局 2010 年版，第 428 页。
② 黄启臣、庞新平：《明清广东商人》，广州：广东经济出版社 2001 年版，第 122 页。

意，人柔和，物价平，不但土产如铜锡俱去自外江，制为器，若吴中非倍利不鬻者，广城人得一二分息成市矣。以故商贾骤集，兼有夷市，货物堆积，行人肩相击，虽小巷亦喧阗，固不减吴阊门、杭清河坊一带也。"①

看起来这里的商家挺随和的，特别乐于采用薄利多销的策略。

"十年不发市，发市吃十年"的策略，理论上也可行，但前提是你的本钱足够守到那时候。

这里的商铺，到现在都是每天要"发市"的。开店第一笔生意，你如果还了价，略低一些也可以成交，档主都是说，"行吧，先发个市"，意思就是答应成交。以前陪朋友逛街，会略为提醒，上午的时候，不是真想买的东西别轻易还价，这天的第一单生意，如果档主答应了客人的还价交易还是不成，可能一天都觉得不开心，那天生意如果不够好，会对你有点怨念。

生意有赔有赚，灯油火蜡吃喝用度，打个平手略有盈余，日子就能过下去。生意往来少不了沟通应酬，自家的生意不论大小，招呼别人和自己家人都是预算，而对于酒店食肆而言，又都是生意。

《食在广州史话》里，有相关各行业聚餐和居民餐饮消费习惯的早年记载：

广州民俗信仰，主要是佛教，也有信奉道教的，神佛诞辰之多，几乎无时无之。再加上门官土地等数以十计的家神，都有他们的令诞。还有各行各业的"祖师"，如很多行业供奉的"关帝""金花""洪圣"……真是庙宇遍布广州。每逢仙、佛及民间信奉的先贤诞辰，当事者都有吃喝饮食的惯例。特别是行业祖师诞已成为各行业聚餐惯例。"关帝诞"则更隆重，几乎所有工人组织多有庆聚。……"郑仙""吕祖"等诞辰则是道教徒的聚餐吉日。较高级的宴会是"祀孔"，这是官僚、名士雅集的节日，当然光顾较高级的酒楼。至于迎神、建醮、水陆超幽等活动，更是一连数日，附近酒楼、包办馆

---

① （清）叶权：《博贤篇·游岭南记》，北京：中华书局2008年版，第43－44页。

便要忙得不亦乐乎。此外广州人的婚姻嫁娶，俗例是连吃三天的（俗称开厨吃到三朝），这是酒楼一项很大的业务来源。①

看来清末民初时，各行各业打工的日子相当不错，而且各家各户都需要酒楼。

曾经有对各地酒楼餐馆的消费进行统计，结果发现粤地自费的比例相当高。

其实在广州人的概念中，本地酒楼食肆的价钱大都合理，视场合需求的选择也多，自费不算是个特别要紧的重点，出门吃饭这事，似乎是抬腿就走进了自家厨房之外的另一个饭堂。

如此有全城居民自费消费渊源的餐饮市场，当然一直以来都是"高手论剑，各出奇招"的江湖。

---

① 陈基等主编：《食在广州史话》，广州：广东人民出版社1990年版，第61－62页。

暗黑猎奇菜谱的渊源和目的：粤地商务宴请及居民宴席习俗溯源探究

如果你作为一位客人来到广州，能否吃到传说中的暗黑猎奇菜谱，或多或少地给自己的私人饮食经验体系扩容，视行程的长短而定。

现在通常请客的第一餐，没人会请你吃奇奇怪怪的食材，头回见面大家不熟，以宾主尽欢不出错为主。餐桌上的菜式以红烧乳猪和鸡为中流砥柱，往上走是鲍参翅肚，往下看则是这家餐馆擅长的招牌菜式。最后一道菜通常是清蒸一条鱼，海鱼或河鱼。而清蒸这事，是粤地对食材的精致做法之一，够新鲜够生猛的鱼，才可以清蒸。

然后，宾主的友谊熟络进度发展到大概是第三、第四顿，正儿八经的用餐地点和餐桌上的食物也许就开始有了转移的趋势，或者是客人要求，或者是主人建议：咱们去吃点特别的。

如果是秋冬，可能会去吃蛇。"秋风起，三蛇肥"，请你吃蛇的人，是打算让你进个补。"土著"们认为秋冬才是吃补品的最佳时令，而蛇类又以秋冬季节、冬眠之前生长最肥，所以从前酒楼只在秋冬才卖蛇羹蛇馔，春夏两季不卖，这叫作"不时不食"。

粤人吃蛇特别资深，有文字之前就开吃了，被记下来的是《淮南子》："越人（秦汉时广东以及广西部分称南越）得髯（蚺）蛇以为上肴，中国（指中原数省）得而弃之无用。"[1]

---

① （汉）刘安：《淮南子》，郑州：中州古籍出版社 2010 年版，第 120 页。

《南裔异物志》（汉·杨孚）载："髯惟大蛇，既洪且长；采色驳荦，其文锦章。食豕吞鹿，腴成养创；宾享嘉宴，是豆是觞。"[①]

南宋《萍洲可谈》载："广南食蛇，市中鬻蛇羹。"[②]

八百年前这蛇羹当街售卖，现在要专门去找，不便宜。

而且蛇羹也分很多种，有毒蛇的贵很多。从前餐馆里不论三蛇羹或五蛇羹，绝大多数酒楼都会在蛇肉的基础上，再加上山珍野味，而且菜名都很好听。蛇叫作龙，鸡叫作凤，有名的"龙虎凤会"是蛇、豹狸和鸡做的蛇羹，也有蛇和鸡再加猫给一锅炖了的。呃，怎么能吃猫呢？

正儿八经的三蛇羹并不是随便弄三条蛇，而是有讲究：眼镜蛇、金环蛇、过树榕。理由比较玄幻，眼镜蛇的头比较猛，金环蛇的腰猛，过树榕的尾猛；如此这般吃下去，上中下三焦祛风祛湿。

五蛇羹名单里多了三索线和银环蛇。三索线叫作贯中蛇，传说吃了能打通三焦，听起来有点像是天材地宝级别。没有贯中蛇，简直是没脸开全蛇宴。

清末民初时有蛇行，立秋之后集齐各路捉蛇高手奔广西十万大山捉蛇，贯中蛇极贵，捉蛇团队进山前要卜梦，说是能捉几条就是几条，多了会出人命，一年捉蛇分的花红是否可观，也须看捉的贯中蛇的数目。

五蛇羹、全蛇宴曾经是相当"高大上"的暗黑料。清末民初的岭南美食界标杆江孔殷，史上留名的太史蛇羹就是五蛇羹。

捉蛇有风险，做蛇羹也很花工夫，配料多，鸡肉丝、浸发鳘鱼肚丝、浸发香菇丝、浸发木耳丝、经多次浸泡直至去尽辣味的姜丝、少量陈皮丝，还有煲蛇壳用的竹蔗、圆肉、陈皮、姜片什么的，煲完了再去掉。上席时也必须跟佐料：白色去蒂的菊花瓣、薄脆、去叶脉切成细丝的柠檬叶。

美食家唐鲁孙说过请吃蛇羹，主人家要请客人洗澡。

何止洗澡，似乎还要备衣服，最好是白衣。吃蛇羹后会出汗，蛇羹祛风

① （汉）杨孚撰，吴永章辑佚校注：《异物志辑佚校注》，广州：广东人民出版社2010年版，第81页。
② （宋）朱彧：《萍洲可谈》，北京：中华书局1985年版，第21页。

祛湿的力道够时，会出油汗，汗渍是黄的，甚至还黏稠，白衣最显这个。吃完了再换衣服。说着说着，这当年蛇宴的功效和流程类似于纠众蒸着桑拿吃补药，而且是马上检验成效。

这顿吃下来，宾主之情足可以由"塑料"的演化成铁打的，客人回家和人聊起异地见闻，话题也奇特。

多年后这蛇羹里的蛇大都成了濒危受保护的动物，非惦记地道还原这口的也没了，就算有也是人工养殖的。

不过黑暗料理还是可以继续。可以带你去吃水蛇粥，可以去弄个"蛇窝"，此地的火锅吃法叫作"打甂炉"或"打窝"，用来吃鸡叫作打个"鸡窝"，用来吃蛇叫作打个"蛇窝"；还可以去吃椒盐蛇碌、卤水蛇碌、红焖海豹蛇什么的，琳琅满目摆一桌，不算贵。

以前去过专门的蛇庄吃蛇，开宴之时的蛇胆酒和蛇血酒仪式也比较暗黑，据说已经改良了，从前的蛇胆端给最尊贵的客人生吞，蛇血的生吞范围大些，可以纠众直接去用酒精擦过的蛇尾处割个口子吸，确是生猛。私下觉得，蛇胆泡在白酒里绿幽幽的那种就别喝了，有点铜金色的那种比较稀罕，可以考虑把别人的份额也喝了。

动物保护法颁行之前的旧时，野味也是待客自用之选。比如说著名的穿山甲、猫头鹰和五爪金龙，五爪金龙其实是巨蜥；再有的，黄猄、果子狸、夜游鹤、山猪，逮到什么是什么。

20世纪80年代蜚声一时的大排档胜记，发家故事里的一个细节是舍得下本钱入货做野味和生猛海鲜生意，好此道的香港富豪呼朋唤友专程来吃。

有别于常规菜谱的请客餐桌上，山鸡、鹧鸪和鹌鹑，炖个汤焗个饭，算是轻量级。当零食端上来的可以是桂花蝉和水蟑螂，水蟑螂还叫作龙虱，这两样说是滋阴健肾；蝎子是和土茯苓煲瘦肉汤，功能似乎是祛风湿。

时节赶巧了，农历三四月或者八月，桌上会有禾虫，学名疣吻沙蚕，进厨房之前是金黄红绿夹杂蠕动的一钵，处理时会爆浆，用来蒸蛋或者焗。

蟛蜞粥和礼云子都是好吃食，礼云子是蟛蜞卵，蟛蜞有雅号叫作礼云，得名是因为两螯状若作揖，《四书》里有"礼云礼云，玉帛云乎哉"这句。蟛蜞既小又没肉，夏天的也不好吃，要到天冷时滚粥，黄澄澄一锅，再搅两只鸡蛋黄进去，糯甘鲜俱有。

有店家专门做蟾蜍火锅的生意，那最好是春夏时节去，挑战成功的福利，说是祛湿，解疮毒瘰疬。

田鼠和竹鼠红焖的多些，配上黑豆，说是乌发补肾。去郊区旅游时，山民卖的自制腊味里有腊田鼠。药酒里泡的动物五花八门，蝎子蜈蚣蚂蚁蜂窝，蛇和还没开眼的小老鼠。

相较而言，鹿正常些，以前鹿鸣酒家有鹿宴，番禺也有一家山庄做鹿宴，可以散点，鹿血菜肴做成鸭血汤、鸡红汤类似菜肴。

孔雀宴也有，是养殖的。以前中大生物系有师姐毕业后就去养孔雀，建了孔雀养殖基地，不全为好看，更多的是提供食材。

鳄鱼也是养的，一只分量太大，酒家里处置完了之后摆在点菜区散卖，白灼红焖炖汤，客人自己选部位。

略数一番，还没怎么数到海里的，这食材单子看着就颇为广谱。

杂食性杂到一马当先，非要追根溯源也是其来有自。

《水经注》的"浪水"条记载："骘到南海，见土地形势，观尉佗旧治处，负山带海，博敞渺目，高则桑土，下则沃衍，林麓鸟兽，于何不有？海怪鱼鳖，鼋鼍鲜鳄，珍怪异物，千种万类，不可胜记。"[1]

千种万类里，有鳄鱼、犀牛、亚洲象、绿孔雀、华南虎。

广东古时有鳄鱼，最众所周知的是韩愈的《祭鳄鱼文》，然则《广州异物志》也说："鳄鱼长者二丈余（约7米），有四足，喙长七尺，齿甚利。虎及鹿渡水，鳄击之。"[2]

曾昭璇《几种典型热带动物在岭南灭绝的时期》一文说：

---

① （北魏）郦道元著，谭属春、陈爱平点校：《水经注》，长沙：岳麓书社1995年版，第548页。
② 刘纬毅：《汉唐方志辑佚》，北京：北京图书馆出版社1997年版，第361页。

热带大型动物如鳄鱼，在广东沿岸各三角洲均有分布……与鳄鱼有关的地名，在增城东江边上有鳄埔，惠州西湖边上有鳄湖，新会平原有鳄洲，东莞近海也有鳄湖，可见珠江三角洲古代是鳄鱼遍布的地区……

这些记载均有实物为证，据王将克等研究（1981），在平洲河道、石湾河宕石器时代遗址中，新会棠下石头市都有鳄鱼头骨或碎片发现。顺德、桂洲、勒流和新会大林所见头骨和整条鱼骨架，相当周朝及春秋时代。①

而且考证说，这种鳄鱼不同于今天长江一带分布的扬子鳄，因为扬子鳄是栖居淡水性沼泽地带的鳄类，一般不侵害人类。而潮州的鳄鱼却是危害人畜，从习性、体形来看，和现代湾鳄或马来鳄相似，彻底被灭应该是在清末民初时期。

有犀牛。唐代刘恂撰《岭表录异》说："岭表所产犀牛，大约似牛而猪头，脚似象。"更古的记载，是《尔雅·释地》："南方之美者，有梁山之犀象焉。"②

有象，亚洲象。

唐代段公路《北户录》称："广之属郡潮、雷州皆产黑象，牙小而红。"③

宋代《本草图经》说："世传荆蛮山中亦有野象，然楚、粤之象皆青黑，惟西方拂林、大食诸国乃多白象。"④

清代李调元《南越笔记》引《岭表录异》："广之属郡潮、循州多野象，牙小而红。"

这种象体形比非洲象小，耳朵也小些，象牙带红色，商品名称为"红牙"，牙亦较小，多在 30 斤以下，小象的牙只有 10 多斤。非洲象体形大，耳

---

① 曾昭璇：《岭南史地与民俗》，广州：广东人民出版社 2015 年版，第 262 页。
② 胡奇光、方环海：《尔雅译注》，上海：上海古籍出版社 2004 年版，第 254 页。
③ （唐）段公路：《北户录·附校勘记》，北京：中华书局 1985 年版，第 24 页。
④ （明）李时珍：《本草纲目》，武汉：崇文书局 2017 年版，第 954 页。

大，牙洁白而大，在 50 斤以上，至达百斤，商品名称为"白牙"。

唐代象群的分布西至金利（西江边上），东至东莞，《镇象塔记》称："每秋有群象踏食禾田。"

广州西湖路建西湖商场时，在禺山附近掘出象大腿骨；海珠广场广州宾馆东侧华安大厦 1949 年前也掘出象大腿骨。

吃象鼻这事，唐《岭表录异》有记载："广之属郡潮、循州多野象，最堪作笋。潮、循人或捕得象，争食其鼻，云肥脆，尤堪作炙。"① 数量多，都吃出经验来了。

晚唐词人李珣，祖先是波斯人，他有首名作《南乡子·相见处》："相见处，晚晴天，刺桐花下越台前。暗里回眸深属意，遗双翠，骑象背人先过水。"②

此作堪称粤地奇幻玛丽苏异域版，刺桐开花通常在二三月，广州美人骑象涉水，留下来的双翠没准还是孔雀毛做的。就是偌大动静，要避人耳目不太容易。这相见造型，值得给满分。

骑象比吃象有诗意，不过现在骑象因为驯象过程涉嫌虐待动物，变得不太正确了。

孔雀这种热带大型鸟类，实际上有点让人不知道说啥才好。长得漂亮，全身是宝，可是既漂亮又憨，特别容易被捉住。

《南越笔记》说："孔雀产高、廉、雷、罗定诸处。"③

曾昭璇在《岭南史地与民俗》里考据说："珠江三角洲上的新会也有孔雀生存（见 1908 年出版的《新会乡土志》），增城亦有存在（见《增城县志》）。"④

---

① 鲁迅、杨伟群点校：《历代岭南笔记八种》，广州：广东人民出版社 2011 年版，第 54 页。

② 夏承焘选校，张珍怀、胡树森注释：《域外词选》，北京：书目文献出版社 1981 年版，第 163 页。

③ （清）吴绮等撰，林子雄点校：《清代广东笔记五种》，广州：广东人民出版社 2006 年版，第 295 页。

④ 曾昭璇：《岭南史地与民俗》，广州：广东人民出版社 2015 年版，第 264 页。

"我国南方古代分布的是绿孔雀，因为印度孔雀分布在印度以西为主，雄毛蓝色，不是绿色，雌的灰色，面部有白色羽毛，与古书记载不合。绿孔雀又称爪哇孔雀，又称真孔雀。分布于中南半岛，云南南部现生孔雀亦属绿孔雀。因而两广以南孔雀亦属这种。体形较大，达6公斤，印度孔雀体形较小，只5公斤，故亦和诸书记载不合。唐《岭表录异》卷中称：'孔雀翠尾，自累其身。'与今天绿孔雀情况相合。"

"又如南宋《岭外代答》卷九引旧志称：'前志谓南方有大雀，五色成文，为鸾凤之属。孔者大也，岂是物欤？'就说明我国南方孔雀体形大，羽毛五彩，和绿孔雀相符合，又清《岭南杂记》卷七称：'雄者尾大而绿，金翠夺目。'亦与绿孔雀合。所以南方孔雀当与云南南部绿孔雀同属一种。"①

物以稀为贵，宋代周去非在《岭外代答》卷九叹息："中州人得一，则储之金屋，南方乃腊而食之，物之贱于所产者如此。"② 腊而食之，这是吃不完囤起来的节奏。

至于孔雀毛，清《岭南杂记》说："宋时，禁中每幸诸阁，掷龙脑以辟秽，过则以孔翠尾为帚扫之，脑皆粘聚尾上，无有遗者。"③

龙脑，用现在的话说，叫作冰片、橘片、艾片、龙脑香、羯布罗香、梅花脑，名字挺多，由菊科艾纳香茎叶或樟科植物龙脑樟枝叶经蒸馏结晶而得。龙脑樟原产于印尼苏门答腊岛的天然龙脑香树树根，曾经是龙脑的主要来源，最早记载于南北朝，距今两千多年，在中医典籍中龙脑被称为天然冰片，因极具透皮功能，被归于芳香开窍类药材。《本草经疏》评价说："其香为百药之冠。"

而当时的孔雀尾毛，在岭南用来当成高端些的鸡毛掸子使。其他的毛用来补衣服，肉还是继续吃："土人取其尾每数十茎长短相杂为一屏，价亦不甚

---

① 曾昭璇：《岭南史地与民俗》，广州：广东人民出版社2015年版，第268页。

② （宋）周去非著，杨武泉校注：《岭外代答校注（卷九）》，北京：中华书局1999年版，第367页。

③ （清）吴震方：《岭南杂记（说铃之一）》，北京：中华书局1985年版，第39页。

贵，其遍身氄毛及尾毛之破碎者，取以线补服，其肉则充饷馈如鹅雁，味亦如之。"①

《红楼梦》里"勇晴雯病补雀金裘"的那一出，如果是在岭南，不至于"能干织补匠人，就连裁缝绣匠并作女工的问了，都不认得这是什么，都不敢揽"。

除了悲催的孔雀之外，还有华南虎："孔雀在宋、明被大量捕猎后，清初已集中广西地，广东只有罗定及'下四府'有之。这一带正是南海沿岸热带丛薮，如徐闻向以多虎出名，即因地属热带稀树草原区，有利于虎的栖息。而这种环境也全是孔雀栖息地点。今天虎和孔雀俱已灭迹矣。"②

倒也并不都是吃完的，人族地盘扩充，奇珍异兽们的地盘就没了。

考据的结论，是岭南大致在北纬24°以南，属于挺大一片热带地区，所以古代分布着不少典型的热带大型动物。

粤地食材之广谱的渊源和区域物产相关，一路吃下来也像是热带丛林、海边生存大考验的训练课程。

民谚说"靠山吃山，靠海吃海"，古早之时，供不应求的特殊食材如何到手以及料理得宜，一直是一种长期的投资和资源经验的累积，可供显摆、炫耀和分享。

至于请客目的，那是主人在炫耀食物链资源的同时，明晃晃或者暗搓搓地向客人表白：我是如此这般地重视你和你的身体健康，我的资源乐于和你共享。

九、结语

特色鲜明的饮食一直是广州乃至广东省的一张名片，区域性的饮食习惯和当地的历史渊源、地理位置及物产资源密切相关，亦与其都市化进程和商

---

① （清）吴震方：《岭南杂记（说铃之一）》，北京：中华书局1985年版，第39页。
② 曾昭璇：《岭南史地与民俗》，广州：广东人民出版社2015年版，第270页。

业进程相关。

平心静气地以现在的眼光观察千年商都饮食习俗中的猎奇菜单，当可观察到并非能以一句"蛮俗"简单论之略过，多一些注视的目光，也许能给千年商都的特色文化更添一些容易理解的谈资诠释，而对此追根溯源，也旨在发掘其间更多的历史和文化内涵。

霸气侧漏去煲汤

有种花，岭南人民特别熟悉，那名字也特别合适武侠玄幻修仙故事。中文学名叫作霸王花，另外，剑花、霸王鞭、量天尺也都是它。其为金虎尾目、仙人掌科、量天尺属。量天尺是"虬龙高跃欲量天"的意思。听着就玄幻，像是个修仙故事里的至尊宝贝。

这宝贝原产墨西哥、南美热带雨林，还可以出现在印度、巴基斯坦、喜马拉雅地区。也有说原产地是巴西的。据说，曾经发现的霸王花种类有17种，如今部分品种已绝种。所以这些五花八门的原产地，说的未必就是同一种霸王花。

反正全世界的热带、亚热带地区都可以种。我国主要分布在广东、广西，云贵川亦有，又以广州、肇庆、佛山为主产区。

粤语里以前说霸王花，还兼指强势泼辣的女性，女警女兵都能称作霸王花，可以看成是"巾帼不让须眉"的极简说法。香港电影《霸王花》说的是女特警的故事。

身为广州半吊子"土著"，本人要小声说，这玩意非要种的话，岭南人家都可以种，就是它太占地方，又是仙人掌又是攀缘植物，一旦长起来，说好听是舒展版的盘龙卧虎，说不好听是无序版的筋头巴脑，真没啥好看。

开起花来确实非常大，起码小孩脑袋般大，像昙花，又名假昙花，也在晚上开，开了就不闭合，就开那么几天。其实半开花时就可以摘去晒成干了。

昙花也是仙人掌科的，和霸王花是亲戚。

它们家的亲戚还有火龙果。按分类专家的说法，火龙果和霸王花本来就是一回事，但作为常见的水果和蔬菜，两者都已经不是原生物种，而已经是园艺驯化栽培的植物。作为霸王花的量天尺培育成了可专取其花食用的菜，主要吃花；作为火龙果的量天尺花果都可食用，主要吃果。

本人最纳闷的事情就是火龙果为什么能卖得到处都是，多奇怪的果实啊，大部分啥味道都没有，番薯都比它甜。

在我们儿时，岭南最出名的霸王花产地，是肇庆。那里有著名的鼎湖和七星岩。

很多年前那里差不多是省会中小学生们远足郊游的最远去处。有说"七星山水甲桂林"，爬过七星岩长大后再去桂林玩，都是喀斯特地貌，确实非常像。

广东有道出名的素菜叫作"鼎湖上素"，是道正规上席的菜，说的就是肇庆的鼎湖。

鼎湖山泉也出名，在卖水成为一门好生意之前，芡实不错，粤人一天到晚要健脾，汤料里用芡实，而肇庆出的专称肇实。

以前粤港师奶们心目中，一定知道肇实，却不一定都知道芡实。肇庆最出名的是端砚。另有巨大的肇庆裹蒸粽，还有巨大的霸王花。

种那么多霸王花，不为赏花，为的是吃。

霸王花晒干的用处是煲汤，弄三几棵浸水漂净，煲猪骨或者煲猪䠋肉。

猪䠋肉，指的是猪腿附近连肥带肌腱的一坨肉，耐煲。

煲够火候时，汤里吸足肉味的霸王花口感滑溜，既清又糯，那是能完全吃饱的汤。如果不是因为煲汤好吃，估计不会种那么多。

就是不能贪心，煲汤时如果肉不够，又下了太多霸王花的话，口感会寡。我小时候干过这样的蠢事。

说来说去，这些仙人掌家族里王霸之气十足的量天尺一脉，最早都是从海路来粤地的吧，那么大的花，怎么就被研发成了老火汤料，用来清心润肺、清热祛暑。

这种汤料还有个好听的名字，叫作"七星剑花"。

家有余粮怎么说

人生在世，钱不够花。

假使人生如网游，我怀疑这是个基础设定。

至于那些生下来就掉到金山银山里的极少数，属于游戏开发团队老大的亲友团。

或者不是第一次玩游戏，比如说，这一趟玩游戏的时候，如果你架桥铺路放生、散尽家财拯救地球什么的，下一趟来的时候，一注册就有机会领到系统派发的新手大礼包，最豪华最限量的那款。

这样的传说得算是游戏攻略，就是验证反馈的结果不知道能在哪里看到，也没说万一不靠谱能上哪儿喊冤给差评，你爱信不信。

总而言之，人人都在找点钱花，到底多少点才算是点，因人而异，可以从毫厘而至无穷大，富有富得各路传奇如有神助，穷有穷得个台风过处满目疮痍。

为了保证"人生在世，钱不够花"的设定一直成立，还有个"相对匮乏"保驾护航。

多年以前有位叫理查德·康尼夫的作家，用田野调查的方式研究了一堆富人，写了本《大狗：富人的物种起源》，书里就说到过，富人们都不觉得自己富，因为有钱这事，得看你和谁比。

有位当时身家 9.6 亿美元的富人，因为离那个神奇的十亿（billion）美元还差了点，就曾经哀怨地说："每次看到那些身家三四十亿美元的人，你就会自问：我到底什么地方不如人？"是啊，这前有楷模后有追兵的，一天不登榜首一天压力山大，胜利登顶了也还压力山大。

据说心理学上把这种不按客观标准作自我评价，而是以一个精选的同僚团体为标准，和自己作比，然后把自己给比幽怨了的心态，叫作"相对匮乏"。

换成咱们的说法，大概是"人比人得死，货比货得扔"，以我的理解，这句话的意思其实是不鼓励随便进行这种比较的，所以直接剧透了比较的后果。

按书里提到的富人起源考据，有这么几段：

人类进化约在 10 万年前大致达到与目前相同的形态，考古学家普遍认为，第一个富人现身大约是在一万年前。

这个富人的配备当然不是劳力士手表或钻石，而是类似鹰嘴豆的东西。大约就在现今的叙利亚和土耳其边界的某个地方，有一群人定居下来，发明了农耕。考古学家的说法大都是：人口增加、气候改变、粮食短缺等原因迫使人们不得不舍弃从前的狩猎和采集生活方式，而改采农耕方式，而少数强势家族在某个遥远的冬季，因为作物收成有盈余而发了财。

这最初农耕的作物可能是原始小麦或苦巢菜，或新石器时代七种最古老的农作物之一。但是考古学家老觉得是鹰嘴豆，这种作物确实很容易成为我们印象中富人种种行径的物质基础。鹰嘴豆可以囤积，可以用来换取别的物品，可以用来聚集土地、权势、性伴侣，以及各种小东小西。

如果咱们把这事本土化一下，可以和鹰嘴豆媲美的恰巧有那么一样。

"岭南文库"丛书里有本《岭南文化》，书里说：

广东是世界上最早开始将野生稻变为人工栽培的地区，英德牛栏洞出土有距今约 12 000 年前的人工栽培的非籼非粳水稻硅质体。曲江马坝石峡遗址也出土有 4 000 多到 5 000 年前新石器时代晚期的栽培水稻遗迹……说明在广府民系地区，稻米已开始作为食物的补充。经过漫长岁月的实践，提高了稻米产量，才开始长达数千年以稻米为主食的生活。

参照鹰嘴豆富人的逻辑推论，那么粤地最早的富人是囤了好多米而发财。

迄今地道粤语里形容有钱，都不叫有钱，叫有米。"他们家非常有米"的意思是，这一家非一般地有钱。

找活路找工作，说是"揾米路"，蛇有蛇路鼠有鼠路，各有各的米路。

发薪水叫作"出粮"，发双薪叫作"出双粮"，加薪倒是不叫作"加粮"，而是叫"加人工"。

老板和客户群，总之能让你有钱赚的都可以叫作"米饭班主"，过年时节给家里米缸贴张红纸，上面写着"常满"，给家里娃娃或者宠物起个小名，也可以叫"有米"，意思和来富、旺财差不多。

从前有位阿姐和我讨论，特别踏实的安全感的实质是指什么，我瞎琢磨了一通回答说："家有余粮？最好是米烂陈仓？"你看米烂陈仓也是形容非常富裕的。

反正钱的事情，在粤地方言里和大米脱不了关系，其来有自。

那么北方形容别家有钱怎么说？有矿？有面？好奇去查了一下，小麦其实并非我国原产，其起源于西亚，大约在距今5 000年左右进入我国。比水稻的种植历史少了一半。

经过漫长的旅程，小麦逐渐适应了我国的土壤环境，成为外来作物最成功的一个。在我国农耕文明进程中扮演了重要的角色。小麦自出现在我国后，经历了一个由西向东、由北向南的推广过程，直至唐宋以后才基本上完成了在我国的定位。小麦的推广改变了我国粮食作物种植结构，也改变了国人的食物习惯。

算了，那还是说有矿吧。说有鱼塘鸡场也不行，家财万贯的，喘气带毛的不算，因为停电几天或者来一场禽流感，即刻归零，哭都没用。

也许总结起来，古时是囤着耐储存的必需消耗品才比较有机会做富人，到今天就不太管用了，反正不打仗不遭灾的话，咱们现在囤盐、囤压缩饼干和囤肉罐头是当不了地主的。

围观地主倒是可以。

前几年住过一个小区，开发商本人就住在那里，业主们挺高兴的，起码这物业管理好啊，不好了就可以去直接邂逅开发商本人，提个改进建议对吧？有两回去楼盘的酒店里吃饭，觉得今天这出品真不错啊，后来发现酒店老板恰好过来吃饭呢。

那几年物业管理真是挺好的，偶然到酒店地下停车场里晃过一圈数了数，那里停了他家半个亿的一溜名车。话说那辆迈巴赫齐柏林确实好看，私下嘀咕八卦，这才叫车吧，奔驰宝马在旁边都被比成了渣渣。

好东西谁不喜欢？查了一下车价，当即就说，去买张彩票还是有希望的……那车订的时候要进行资格审核的，比如您的第一辆车是什么品牌？我和朋友琢磨了一下怎么填表：第一辆，自行车，凤凰的？第二辆，摩托车，本田的？当时还年轻吧，就这点事情乐得像傻子似的。

再后来，开发商又建了个 3.0 版的新豪宅楼盘，搬新家了。这原本楼盘的业主们果然就不那么乐呵了，财富溢出效应溢到新楼盘去了嘛。

但八卦还是有得听的，比如说私人飞机；比如说从别省平移古建筑过来家门口玩，光是运费就若干；比如说新花园名贵树木若干，台班费、连吊带种的费用，光是这私家园林也有半个亿……这算是米烂陈仓的近距离围观真人版。

再再后来，我就搬到山里的村屋小区围观邻居了。

至于为什么是围观而不是自观，应该不算是匮乏心理，而是真觉得，本人不过是搂着几个盒饭钱的下中农一枚，不小心进了富农们的地盘。

互联网的富豪们养猪，我的邻居们则热烈地养了鸡鸭鹅，有一天我遛弯的时候，甚至还听到了羊叫声。

山下有一户邻居签了 20 年租约，而后轰隆隆地在花园里花费十来万元建了个养鱼池，要自己养鱼吃。

我都听得入迷了，直接蹦下去伸长脖子参观了好几回，那鱼池大池套小池，像以前有种叫作华容道的七巧板玩具似的构造，以本人的下中农思路，这是要亩产多少才能把成本给吃回来？……热烈地送了人家一本《科学养鱼50问》，顺便问：你家的鱼以后能卖我几条不？

再就是种菜。邻居们打招呼时都热情地说，来我家摘菜啊！我没种菜，热情回答说来我家摘花啊好像也不太合适，这天就有点聊不下去了。自家没特产，不太好办。

有一次还真干了件蠢事，邻居说"来我家摘菜呀"，我居然脑子进水地就真进去了，人家精心料理的菜啊，从外围一叶叶掐下来给我，他们自己都舍不得吃菜心，本人默默尼亚加拉瀑布汗自省中，您这造的是什么孽啊亲。

也有邻居种菜大丰收的，去年这时候我被邻居派发了一堆萝卜，泥乎乎的，然后吃了一礼拜萝卜。

本着投桃报李的原则，我憋到了中秋才抱着盒订制月饼送人家，结果又被人塞了免税店买回来的几包烟。回家默了半晌，这事，没完了啊。

至于果树，有追求的业主都用上滴灌了，树种要好，营养也给得科学、精准、到位。

村屋小区业主群里，他们拼团买的都是鸡粪、鸽子粪、牛粪。业主们的家长住这儿，还有会养蜂的，咱家非洲芙蓉一开花，就招来一窝蜂，门都差点不敢出。

所以我估计，重建自己的食品供应链这事，是家有余粮之后的人们特别爱干的，重建这个重建那个，吃喝拉撒一样样来。

至于描述乍富，印象深刻的当数 H. G. 威尔斯于 1909 年发表的小说《托诺·邦盖》，里面有那么几句：

"他们大惊之余开始热烈地采购。"

"他们一头栽进去，就像栽进某种事业。"

其中有一位，"一旦开始采购，就开始激烈地采购。……他就像一心要表达什么东西而采购，他是为了使人吃惊愕然而购买；他渐强地买，极强地买，强到无以复加……"每每想到这句，我就觉得被卷进了一场壮观的交响乐。

而最喜欢的金句，出自唐代韦庄："花开疑乍富，花落似初贫。万物不如酒，四时唯爱春。"

俗世俗事都被说得花团锦簇那么好。

贵公司载歌载舞的年会，可能源自广东人爱福建人

腊八一过，左邻右舍的装修工程像被谁拉了电闸一样霎时安静下来。

天地墙，水电门，贴瓷片的、刷外墙的、铺木地板的、磨水磨石的，纷纷赶工结算，之后开始回家过年。

做卫生的阿姨们会晚一周左右撤退，那也得赶紧，不然她们也回老家，根本找不到人来帮忙。

习惯网购的已经要下单囤点油盐酱醋米面，去菜市场的时候也顺便问问相熟档主，你们啥时候回家，档主也在问我们啥时候回家，当成个寒暄。

小区开始发通知，让大家小心门户。是啊，贼也要回家过年，但没准就来你这加个班。

长住山里的邻居门前，年橘甚至都已经摆好了，水仙头如果再不泡进水仙盆，那妥妥的是来不及赶在除夕开，只能去花市买。郊区花市也已经搭好，备货收货相当繁忙。

换成以前在城里上班的时候，差不多该开公司年会了。之前去一个公司上过十年八年的班，爱国爱港和内地合营的，同事里有台湾人也有香港人，刚开始日常开会的时候，他们说过一个梗：早年香港同事说粤语，台湾同事说国语，互相听不懂，他们开会只好说英语，不然就只能一起写繁体字书面交流了。

香港回归之后好多了，香港同事们迅速刻苦学习起了国语，想起刚上班那两个月，我们部门几位香港同事随时随地拿着普通话速成教材，我心里相当惭愧，咱怎么就没这么努力地去学好英语呢？

前一阵见过当年其中一位刻苦学习普通话的香港同事，她正在学 VR 课

程，只要工作有需要，她啥都会努力去学，人家编程都溜得能授课了，以后她能讲授如何维修卫星都不奇怪，当然，我又暗自惭愧了一阵子。

日常交流里，其实香港同事的粤语更有古早风味，他们仍然把"身为员工"说成"做人伙计"，把同部门同组的同事说成"成班手足"，后来在年底他们问，你们这里做不做"尾牙"？

我切换了好一阵子才反应过来："你说的意思，内地现在的称谓大概是叫作公司年会，开完了大家就差不多该放假了。"

所谓"尾牙"，正写应该是"尾祃"，二十世纪二三十年代的报人陈荆鸿有过考据，写了一篇《旧日商店的祃期》："做祃，粤俗通常将祃字读作'牙'字音。其实这是仄声，读'骂'字音的。""旧历十二月十六日，粤地商场中称之为'尾祃'。旧式商店，有所谓'做祃'那一回事的，每月两次，在上旬的初二日和中旬的十六日。做祃多数是宰鸡作馔的，至于每月初一日和十五日，则煲猪肉。"

这里说的应该是古早年代的商铺，对伙计还包吃包住的那种，日常清淡管饱，适当日子加菜。到了写字楼年代，早九晚五，那就不管饭了。

对做祃日期的考据，此文存了个疑问：

"为什么每月的初二和十六两天，称为'祃期'，也不明其所以。《诗经》：'是类是祃。'注云：'类，将出师，祭上帝也；祃，至所往之地，祭始造军法者，谓黄帝及蚩尤也。'《说文解字》称：'师行所止恐有慢于其神，下而祀之，曰祃。'所以《宋史·礼乐志》有这样的记载：'太宗征河东，出京前一日，遣右赞善大夫潘慎修出郊，用少牢一祭蚩尤、祃牙。'而《封氏闻见录》则谓'军前大旗谓之牙旗，出师则有祃牙之事'……可知刑牲来作祃祭，古代只是关于行军之事而已。不知后来为什么会辗转传到商场中去，而且还规定了时间，每月举行两天呢？"

关于尾祃在粤港地区的习俗，文中还说了线索："往时广州的商业，在七十二行中，当以沙基的'三江帮'为最大。主要营业，是从山东的济南、青岛，安徽的芜湖，办运花生、芝麻、各种豆类、米粮、生油等，批销粤中各城市乡村的。而香港呢，则德辅道西一带，有所谓生药行，专办内地南北各地药材，运销出口。文咸西街，则以办运参茸玉桂为业的，丛集其间，一般称之为幼药行。那几种行商，都是经营大宗生意的。到了十二月十六日，所谓尾祃，便暂停交易，谓之'收秤'，除了向客户收账外，便优哉游哉，筹备年货，等欢度新岁而已。"时间来到搜索引擎年代，相关问题比较容易找到线索，本人"八卦"回来个答案："尾祃"是福建地区的民间传统节日，商家一年活动的"尾声"，也是普通百姓春节活动的"先声"。

每月的初二、十六的是闽南商人祭拜土地公神的日子，称为"做祃"。二月二日为最初的做祃，叫作"头祃"；十二月十六日的做祃是最后一个做祃，所以叫"尾祃"。

台湾、香港也行此例，要看老皇历、万年历择日的话，选"刚日"。这也许就是后来大行其道的公司年会的前身。

公司年会风气之盛，在互联网时代可以全民围观，开饭前的重头节目是全公司上下各展所长、各出奇招、吹拉弹唱搞怪。网上看来的热闹，堪称经典的是某公司高层集体跳《四小天鹅》娱乐自己和属下。

咱以前上班的那家公司，则是好些部门的员工在会议室和吸烟区排练得如火如荼，以至于没啥觉悟的本人表示很迷，这年会为啥全是员工出节目啊，瞎忙一年还得载歌载舞的，幸好俺啥都不会。

再以前，上班的地方是报社，那时候倒没啥节目要求，只有一条：不许躲酒。

如果尾祃起初是福建的习俗，那它如何在粤地也变成了天长地久的约定俗成？自由联想也许可以追溯推论到鸦片战争之前丝茶贸易兴盛之时，那时候的粤地著名十三行行商里，最厉害的可都是福建来的茶商起家的，而且是行商之首。

你看，广东人爱福建人，最起码爱了好几个世纪，到现在也挺爱的，过年每家要泡要摆的水仙头，基本上全是福建货。明末清初的时候屈大均就说："羊城世界本花花，更买鲜花度岁华；冬尽人人争买花，水仙头共牡丹芽。"《宋史》"军礼"里说："祃，师祭也，宜居军礼之首。讲武次之，受降、献俘又次之。田猎以下，亦各以类附焉。"

尾祃之后年会之后，就该回家过年了，明年再战。

附　录

回到广州，我有一种安定的感觉

——江冰教授采访录

"广州具有一种务实、平和、低调、行动派的定力……"学者、作家、"新广州人"江冰说——广东文化是对中华文化的有意义补充，广东文化的海洋性、契约性、人与人之间的距离感，这些最本质的东西，是最难能可贵的东西。本土文化是指由这座城市焕发出来独特的文化风采和文化魅力等，不只代表传统的、古老的。

从福州到南昌、从深圳到广州；从学者到媒体人，再从媒体人回归高校，人称"移民教授"的江冰，最终在广州落地生根。如今，在广州已经生活了15年，依旧不太会粤语的他，却将广州作为了自己的"精神故乡"，并倾力推广广州的本土文化。

在新广州人江冰的眼中，广州历来都像是一个码头。"她的特点就是五湖四海，所有人流、物流、人才、财富、资源、物产都在这里交换，所以奠定了这座城市的千年商都的港口特点。改革开放的近几十年，越来越多人与来自四面八方的人融汇在这里，新城和旧城、古老和现代在此自然交汇。"

江冰说："千年商都的文化底蕴是十分珍贵的，也是其他许多城市无法比的。我决心要用我的余生，为推广广州本土文化花点力气。"

捍卫本土文化的"移民教授"

主持《广州文艺》栏目说广州人和广州事；在高校做与广州文化相关的

课题；走遍广州的各个角落去发现记录广州文化；在朋友圈推广广州本土的各种美食……在身边人的眼中，新广州人江冰是一个比广州人更爱广州的文化人。

2016年，江冰主持成立广州都市文学与都市文化研究基地，并任首席专家，积极投身推广广州本土言说。作为扎根广州的学者，他以推动广州本土言说作为自身不可推卸的责任。早从2010年起，他就在写这方面的文章。他总强调："广州文学在北方看来是文化沙漠，那是因为他们不了解珠三角文化，这也给我动力去推动提升广东的文化，讲广州的故事。"

对广州20世纪90年代创作的都市文学、女性文学、小女人散文等，江冰格外偏爱。"目前，广东省文学艺术创作基本按北方义化的标准，很少有广州本土的标准，所以我要坚持做本土文化，这是我的历史使命，我以后要花更多的时间和精力去做这件事情。现在谈'文化自信'我也会从广州提起。"

他认为，如今外来文化充斥眼球，如果失去了对本土文化的支持和尊重，传承可能会在这一代断掉。"我非常坚定地认为，广东文化是对中华文化的有意义补充，广东文化的海洋性、契约性、人与人之间的距离感，这些最本质的东西，是最难能可贵的东西。例如古代中国是重农抑商的，但是广州对商人是重视的；'父母在，不远游'这种观念，在广东人心中就不强烈，广东人鼓励自己的孩子闯出去，这种海洋性造就了广东人的实力。"

城市的生活味吸引他落户生根

2016年，江冰的新书《这座城，把所有人变成广州人》引起了不少新老广州人的共鸣。他在书中写了不少自己多年来对广州的认识："广州是一个适合生活、有亲情、有足够包容性的城市。"

在不同的城市里不停迁徙的江冰，一直认为自己没有故乡。2003年，江冰来到了广州，在这里，一直漂泊的他好像找到了自己的"故乡"，"回到广州，我有一种安定的感觉"。

江冰说，广州给他的感觉更为宽厚仁和。这座城市的务实、包容和从容使他产生了强烈的好奇与契合感。

他深深体会到，相对于其他一线城市来说，广州这座城市的生活门槛比较低，生活心态比较好。"至少我来广州买得起房子，可以拥有自己的房子，以及自己喜欢的生活。"江冰说，在他生活的社区里，无论是身家千万的人还是普通的市民，都能在一个大排档里吃饭。"人与人之间相对平等，相对尊重隐私，阶层观念不那么明显，处处有美食，大排档也不比五星级酒店差。这座城市有浓浓的平民意识，很亲切。"

2005年，他曾对30个教授就"为什么来到广州"做过问卷调查，得出主要有三个原因：一是广州是改革开放的前沿，财政收入较为集中，工资相对较高且稳定；二是广州比较注重隐私，单位之间的距离相对宽松，人与人之间彼此保持距离，社区概念较大；三是广州的体制对人的束缚相对比较宽松，人不会被管得太死。这奠定了广州成为一个适合生活、有亲情、有足够包容性的城市的基础。

用年轻人和互联网传播"本土文化"

江冰也有担忧：在"现代性"的冲击下，本土文学固有的传统文化价值体系正在一点点丧失。

"本土非常重要，因为我们所谓的根系就在这块土地上。"为研究广州本土文化，这位"移民教授"的足迹遍布了广州的角角落落，每到一处也必会留下文字，或是笔记文章，或是朋友圈里的美食美文。他坦言，虽然有越来越多的机构和学者在保护本土文化，但是各方面的传播力度仍不理想。"例如粤剧，在年轻人中的影响力不大，受众面小，这是值得深思的。"

江冰认为："本土文化是指由这座城市焕发出来的独特的文化风采和文化魅力等，不代表只是传统的、古老的，文化也是需要描述的。但我们表达得还是不够！"例如在电视节目方面，这种文化的影响还是不够大。他觉得，广州在传播方面还是十分有优势，如海外说粤语的庞大华侨群体，就为广州文化传播奠定了十分强大的基础。

因此，江冰建议，要抓住两个关键点：一要在年轻人里大力传播。如在教育内容掺进本土文化，不论小学、初中、高中还是大学的教育，使本土文化多种途径进校园，让孩子们提前认识和接触这些东西，同时培养他们对于本土文化的自信；二要利用互联网，大力宣传本土文化。"现代人是十分需要体验生活、需要慢生活、需要心灵鸡汤、需要精神抚慰的，所以这些都可以成为传播手段。而且城市推广永不过时，任何时期都应该做好。"

守住自己的本土、自信心及特色

《新快报》：对于大家给您贴的"新广州人"标签，您认同吗？

江冰：我很认同，这就是我的归宿。我来了这里，有很多人说我比广州人更爱广州。我觉得广州具有一种务实、平和、低调、行动派的定力，无论何时，都能将自己的事做好，落到实处。

《新快报》：在青少年方面，您觉得本土文化传播有什么不足吗？

江冰：例如粤语。在广东，能说粤语的本地人越来越少了。我觉得可以借鉴上海，几年前就提出从娃娃抓起，学会上海话。如果失去方言，就没有粤剧可言了。

《新快报》：您对新广州有什么寄语吗？

江冰：我觉得未来的广州依然可以走自己的路，不要受各种指标的束缚。但是在全球化大环境的冲击下，需要我们守住本土的文化、自信心及特色，我觉得广州能够做到。

（原文刊载于《新快报》，2018年3月23日，记者王娟，实习生胡霜月）

我把"精神原乡"安放在广州

——江冰教授采访录

说到学者江冰,有一幕令人印象深刻:在今年 8 月(2016 年 8 月)的"南国书香节"上,他为新著《这座城,把所有人变成广州人》做推介,很多广州街坊、本地学者饶有兴致地赶来,与这位至今不怎么会说粤语的教授一起热烈讨论,广州到底需要一种怎样的"本土言说"。

江冰祖籍江苏,出生、成长在福州,读大学和任教在南昌,2003 年从深圳来到广州,进入当时的广东商学院(现广东财经大学),重新回到高校学者的行列。这时谁也没料到,在迅速以"80 后文学创作现象研究"先声夺人之后,他的文学评论、文化批评之眼直接投射进了广东的本土文学创作,而且十数年来坚持在各种场合、多篇文章中,强调再强调:要在广东文学中保留南粤的特殊韵味和文化传统,要以精品力作再现广东人的日常生活状态、为人处世方式、山川物象、文化符号、风俗制度、信仰崇拜乃至价值观——广东文学在这方面远远落后于其他地域省份。

就像新著的书名那样,江冰对广州这方水土倾注了特别的深情,甚至称之为"乡愁"也并不过分。由于父辈经历的离乱和自己从小生活在军区大院里的缘故,江冰对于祖籍没什么认识,对福州也颇疏离,他特别羡慕会方言、有乡愁的人,可叹自己永远只是处于城市的边缘。来到广州之后,江冰欣喜地发现这个善美食、讲务实、珍视日常生活的城市,跟自己的性情、口味和价值取向都如此相投……人到中年,去年他的父亲也辞世了,具象的故乡日益稀薄,江冰更将自己的"精神原乡"放在了广州。

在此之前，江冰的研究都集中在相对公共性的领域，"知识分子与当代文学"研究、国家社科基金课题"80后文学与网络互动关系研究"……当他从一种宏大叙事中部分抽离出来，便开始认识到公共性之于文学创作的某种弊端，而地域化写作恰好能提供一剂良药。他说，20世纪80年代以来，广东是中国大陆变化最大的地域，但是这片迅速富裕起来的土地与人群到底发生了什么？除了一系列经济指标，文学最擅长关注的人性人心发生了什么变化？文学史上不能缺失这一页。

江冰说，广东现今比较兴盛的是诗歌和"打工文学"，但前者主攻的不是地域特色，后者则主要表达打工者的漂泊感与文化冲突感——他们很难融入广东，尤其是城市都市。这固然也是广东文坛的惊艳风景，但他更寄望于懂粤语、擅长描绘岭南风物而又懂得编制故事和塑造人物的本土作家；而即使是作家里的"新客家"，也希望能有意识地以浸润了广东风情和价值判断的笔墨来撰写作品。

"要非常警惕在创作中的过度公共性！"说到此处，江冰似乎不再只是一位严谨学人，他显得异常感性。他建议，作家要"下苦功夫，脱胎换骨"，"甚至去隐身山中，或者哪怕是痴迷茶道"，才能真正找到自己的言语。而他自己则在研学之余遍访岭南山水、走读羊城街巷食肆，然后不断地在微信朋友圈以美食美图美文"拉仇恨"来实践。"我就是要与一体化的公共空间拉开距离。以前我们闲时就是去书店、博物馆，现在我书读得够多了，我要去菜市场、去街巷食肆，我要读生活，体会都市最鲜活的文化性格。为什么顺德陈村有陈村的米粉，桂林有桂林的，柳州有柳州的，常德有常德的……后面都有它独特的经济、社会、地理、气候、自然的故事，多么精彩！"

是的，"都市"，这是江冰近来所做的市井采风、课题研究与文学批评实践的交汇点。他说起一位学生，24年前她的母亲曾在深圳打工六年，最后没能实现留在深圳的愿望，抱着遗憾回到故乡生儿育女，但一直讲述"深圳故事"，激励子女重新回到城市。如今，女孩毕业后已成为深圳一家大公司的品牌经理，坚定了自己的人生目标，要成为新一代城里人。这段故事给江冰启示，如今的城市就像一块拼图，甚至比拼图更加复杂，各种人群、各种文化、各个地域、各个阶层，汇集一处，冲撞、冲突、交流，有多少大戏上演，构成一个空前绝后的都市大舞台……江冰相信，中国21世纪最好的小说、伟大的作品，一定是描写城市与乡村之间肉身与灵魂漂泊的小说，同时这也是中国大陆重建都市文化最重要的内容。身在广州，大有可为。

访谈：广东本土作家怎能缺席这一段文学史？

《羊城晚报》：您对广东在改革开放之后的本土文学创作是什么样的判断？

江冰：20世纪八九十年代，广东有几部具有全国影响的伤痕文学作品，比如陈国凯、孔捷生的小说，还有表现改革开放的《雅马哈鱼档》等，一批电视剧《外来妹》《公关小姐》《情满珠江》。但分量最重的长篇小说还是稀缺。好在有张欣、张梅的"都市白领小说"，有"小女人散文"，有自由撰稿人的随笔——可惜不被主流文坛重视，文学史一般一笔带过，或者完全视而不见。

目前广东省内对本土创作的认识还处于初级阶段，台面上的众多作家很重要一部分来自外省，这也构成了广东独特的"新移民文学"，出生地与生活地所构成的反差成为这些作家创作的一个兴奋点。

《羊城晚报》：那么再加上全球化的推进、广东工业化时代的崛起，基于岭南的本土创作会不会渐渐消失？

江冰：答案当然是否定的。在这样的时代背景下，重新理解自己的故乡，重新审视本土文化、寻找广东本土创作的"出口"，重新站到中华文化的前列，这正是广东地域文化"本土叙述"的动机所在、愿望所系。何况，在南粤这片土地和海洋上，近四十年发生了那么多独特的大事、奇人奇事。假如我们的文学对这段具有浓厚"地域性"色彩的历史描述缺失，假如本土作家缺席，又将是怎样的历史遗憾与作家失职呢？

《羊城晚报》：那您认为到底是本地的还是外来的作家将担负起这样的使命？

江冰：就"本土化"表达而言，综合考察来看，这种历史使命将更多地赋予在本土作家身上——他们有人脉，有地气，有方言，有熏陶，较之"新移民作家"可能具有出生地等天然优势。但这也仅仅是理论上的说法，本土作家倘若由于熟视无睹进而导致漠然，其优势也可能瞬间消失殆尽，反而不敌外来作家因为差异冲突而唤起的新鲜感。

而且这样的文化产品生产出来之后，还要进入现代传播领域，借助一切媒介，渗透到广大民众的日常生活，唯有如此，这种地域文化才能源源不断地从每时每刻正发生的生活中汲取营养。

《羊城晚报》：您目前比较看好的本土作家都有谁呢？

江冰：我曾不止一次地推荐过广东文坛的两位"80后"本土作家：潮汕的陈崇正，陆丰的陈再见。陈崇正出生于1983年，是"新概念作文大奖赛"的获奖者，他的《碧河往事》刊于《收获》2015年第5期，就在不长的篇幅里，营造了广东潮汕文化的特殊氛围，内蕴一场关于"文化大革命"的反思，文笔克制隐忍。陈再见的中篇小说《扇背镇传奇》刊于《啄木鸟》2015年第2期，借一幅广东海边小镇的风情图画，展示了20世纪80年代改革开放以后，南粤大地民风的步步沦陷。其中的深意，又岂止丛林法则中的弱肉强食？也可以说，他无意中完成了当下最有神韵、最具深刻性的广东本土叙述。

（原文刊载于2016年12月18日《羊城晚报》，记者邓琼）

美学是入口，写作是解药

——聂莉与江冰关于都市女性写作的对话

夏日午后，"开卷广州"团队相约在燕娜的工作茶室品香茗、叹生活、聊写作，从聂莉随笔新作《以美学，致生活》聊开去，关于美学、关于写作、关于都市知识女性的困惑，如水中涟漪，不经意一层层推开去。中国作家协会新锐批评家、文艺评论家江冰教授与作者聂莉博士的精彩深入对话，或许是帮助我们阅读的引子。

一

江：常常在聂莉的写作中感受到一种矛盾的东西，写生活，但把自己的日常保护得很好。在《以美学，致生活》中亦如此，对于很个人的一些东西包括情绪的表达实际上是克制的，为什么？

聂：如果是故意要掩饰什么，很不真诚的那种，没有把自己真正的情感放进去，然后你能看得出虚伪，这当然是很忌讳的。但我只是说没有把自己的家人、朋友，把自己赤裸裸的个人生活放进去，这有什么关系呢？我是真诚的呀。何况我觉得已经坦露得太多了。（笑）

我一直告诫自己，写作，尤其是女性的写作，一定不能陷入自我。一开始在自己的文章里还特别喜欢用"我"的，因为这是个表达习惯，后来不断地改，不断把"我"给去掉，很多句子都不用人称。相信大多数读者应该并不喜欢动不动就说我怎么样吧。经常看到一些写作者自我感觉特别好，而我最怕给人的感觉就是：你这个人自我感觉良好，过于自我。何况在现实生活中，我常常自我感觉不怎么好（笑）。

所以，写作的过程于我而言，是找回自己、获得自己的方式，甚至是治愈自己的方式，但不是自恋的方式。

二

江：对，我觉得你讲的这个挺有意思的，其实写作从某种角度讲都是一种自恋，只是说这个自恋是自恋狂还是对自我的肯定，这里头有一个尺度的问题。这个尺度的滑动，我觉得也是相当大的。刚才聂莉说的这个问题，在女性写作中尤其容易陷入自我，因为女性天生就是感性的，她在倾诉和倾听方面要超过男性。这一方面我觉得在聂莉的文章中，是我所感觉的尺度把握得比较好的。但是有时候也有点犹豫的。她有好几面。

在《以美学，致生活》中，我感觉她有三个形象。

第一个形象就是美的传播者。非常文雅的，非常有学问的，学富五车的，而且出口成章，对生活、对事物、对这个世界上的事情，她有自己独特的感受，而且这种感受里有美学的光芒在。

第二个形象是文艺青年形象。对艺术的热爱以及对生活的热爱，甚至对于日常——那些我们可能不经意发现的东西——都有种热爱灌注其间。我最早看到这样一种美学的光芒，是多年前约她写一篇关于美食的文章。当时我在《广州文艺》主持"广州人，广州事"专栏，意外发现她那篇《粤人粤菜与幸福指数》，行文中既有对羊城饮食的介入，同时洋溢着一份热爱之情。那几年我开始接触广州本土文化，对日常特别感兴趣。日常对我来说可能是一种"反拨"——人到中年以后，从庄严的学问，从堂而皇之的文字堆里走到具有烟火气的民间底层，平添一种动力。来自日常的感动与聂莉的美学观念，两者之间有一种呼应。这个呼应到什么程度？常常呼应达到最佳状态时，亦是文章最妙处。《治愈的菜市场与疗伤的厨房》即是如此，世俗与文雅、庸常与高洁，在行文中过渡得很自然，水到渠成，不由地让人高看一眼。

第三个形象就是她作为一个都市职业女性，或者是作为女性她的内心的一些声音。比如说在人格上她要独立，在学问上不愿意做"花瓶"，对事物的看法中要有自己的见解，不愿人云亦云。我觉得这些都表达了中国女性，特别是都市职业女性，在 20 世纪 80 年代以来，走过了三四十年以后，她们心智日渐成熟，在这里是有冲突的。我非常看重她在文章中所表达的那种挣扎、那种探索。当然聂莉作为这样一个富有理性的女学者，她有她自己的禁忌和尺度，所以她的文章往往是文雅但不越矩，总体的风格偏中庸，但是又有文艺的小清新和对艺术的探索。

当然我很希望她的文章中会有一些奋不顾身的东西，会有一些把世界上所有东西都忘记，然后去追求一件事情的那种疯狂劲。但是这些东西都被她的理性拦住了。她文章的最妙处可能正是这三股气质的汇合。比如说我在看她写扬州的文章时，我特别感兴趣，她对前面扬州菜的那样一种活色生香的表达，那样一种出自天工自然的喜悦之情，突然就打住了，是什么念头使她打住了？她到底在写作的过程中有一种什么样的冲动和动机，促使她有时候在文章中会产生不同的面孔，或者使风格发生变化？

我觉得从她的身上可以看到，中国都市职业女性或者说在女性成长的过程中的一些很微妙的东西。这是她文章中最耐人寻味的东西。

聂：我觉得您说的有一点我特别认同，就是看着好像很平静的文字里，实际上背后是有挣扎的。但这种挣扎，倒不是您说的那种学者的正儿八经的掉书袋、"装正经"与要很接地气的抒情之间的挣扎。我的挣扎在哪里？我的挣扎是，因为平常生活、琐碎日常本身已经是一种相对女性化的取材，所以希望自己的文字尽量避免太过女性化。看过很多女性的书写（特别是散文随笔），感觉视野较窄，当然生活里的东西不好写。而我这人的性格是矛盾的，我既希望自己有女性的美，生活中很女性化，但又希望我的行为和思想不是纯女性化的，希望能够大气洒脱一些。我的第一个挣扎就在此。所以我在这个问题上挣扎时，就可能会不那么放纵，会去克制太过女性化的抒情与表达，有时候可能会稍微地理性一些、严肃一些或者收一些。这个我曾经征求过一些朋友的意见，有一位是我非常好的朋友，她给了我鼓励。我问她：这种切入点很小，题材也是特别日常的文章，是不是过于平常，没有那种惊涛骇浪的东西，你会不会不耐烦看，或者觉得没啥意思？她说不会，虽然是一些生活中很小的事情，但你写得很大气。这个就是我要的。我不喜欢那种小情小调、无病呻吟、苍白的所谓文艺标签，文字或许写得很优美，但是背后没有深刻的东西支撑着。所以我真还不喜欢人家说我文艺，我才不文艺（笑）。这就是我的挣扎，可能体现在文字里，一到感性的部分，就不能让它泛滥，我要收一收，会回归到理性思考，要让大家看到背后的这个人，她是有思想的。

另外一个困惑或者说第二个挣扎，就是刚才我说的，个人隐私的界限到底在哪里？我是不认同有些人靠大尺度的个人坦露来获得共情的，现在特别时髦，比如非虚构写作。我觉得随笔的东西，跟非虚构写作还真是不一样，非虚构写作是纪实的东西，我们看到，那些把自己的个人隐私、最亲爱的人的事情，都这样原原本本地、真名真姓地写进去，我猜想这得有怎样强大的一个内心？不要说对公众去呈现了，就是平时跟朋友的交流，有些尺度都是要保留的，我觉得这是一个现代人最基本的规则与礼仪，所以我做不到毫无保留，而且我也不想用这种方式的共情去获得别人的关注。读者如果是以窥窃你隐私的心境去阅读的话，那不是我喜欢的。就是上面的这两点，可能反映出来的就是江老师说的那种挣扎、矛盾，觉得有两副面孔。

我可能需要提高的地方，是如何让感性跟理性融合得更好一点、更自然一些。

三

江：我觉得这就是文章的妙处，在此之间它可以显示出无比大的乾坤，人想得有多远，心有多大，我们文章就会有多么辽阔的天地。我觉得从写作者来说，我们说所有的写作，从某种意义上都是一种自传，因为它都要动用你个人的经验，无论是虚构还是非虚构，是随笔还是我们严格意义上的文学散文，其实都晃动着作者的影子，这个是我们无法避开的。那么在这种情况下，其实就是我刚刚讲的那个尺度，这个尺度如果把握得好，是很感人的。为什么呢？因为人家会觉得你是在对我说话，你在我面前是不设防的，但是在这里我觉得写作者是需要一个伦理的，这个伦理是要尊重每一个你所写的人，从某种意义上来说，你没有暴露别人隐私的权力，甚至你自己的隐私。

当你作为写作者的时候，你已进入公共空间，你也要尊重别人的接受度。

一个写作者他要有仁慈的心怀，怜悯地去尊重生命，这是一个基本的东西，没有这个东西的话，写作作为一种人性的书写，作为一种人性的善良的、仁慈的、旷达的、宏阔的表达，从这一点上来说，他就是不及格的写作，或者是我们不认可的写作。

在这一点上，聂莉作为一个写作者，既有她的犹豫处，有她的自我形象的变化处，同时也有她结合得很好的地方，这些可以在她的一些文章中看到。作为写作的尺度来说，到底在什么程度上能够达到读者对她最好的那个接受？所谓具体情况要具体分析，在具体的写作语境下，能够在什么程度上达到，其实应该是所有写作者都需要探讨的问题。

一些成熟的写作者，有时候我们看到他写的某一个段落时，我们的心里会为之一动，特别是有些非虚构写作，它恰好在这个时候，弹拨到了我们每个人内心那根弦，这个手指，这个金手指是我们每个写作者都是要去探求的。其实我觉得作为写作者来说，聂莉在将来的写作中也要去寻找这个金手指。

聂莉新著《以美学，致生活》还吸引我的地方，就是她对艺术的一种爱好以及眼光。比如，对姜文电影的偏爱。在"开卷广州"读书分享时，我不太认可这种偏爱。但是，在她不疾不徐的叙述中，我被慢慢地说服：艺术所表达的人类情感和情绪，以及对于这个时代外在世界的不同感受，在不同的艺术家身上奇妙地表达了人类的多种可能性。正是在这种人类情感可能性和艺术涵养方面，聂莉无论是作为一个学者、一个爱好者，还是作为一个探索者，强过常人。而且在这个强项中表露了一种可贵的艺术敏感与理解力。这种似乎与生俱来的艺术热爱，时常赋予文章奇妙的魅力。这种奇妙魅力，与美学相通，与艺术相通。我期望她在未来的写作中不但要延伸，而且要将其发扬光大。至于聂莉的文字，潇洒而美妙，亲切而温馨。一些篇章将感性和理性结合得非常好。但是，如何达到上文阐释的奇妙处，写作者还要不懈追求更高的境界。

女性的写作到底跟男性的写作有何不同？可以相同，但一定也有不同。

大千世界，无非男女。我觉得女性要表达的东西与男性的不同——其异样风采正是人类世界的精彩之处。或者说，只有人类情感发展到一个高度、一个比较完美的阶段，所谓"不同"方得呈现。因此，我倒是鼓励聂莉不必刻意回避女性视角，还可以在女性方面往前多走几步。

不必讳言，当下看似"女性半边天"，实际上女性解放还有很长很长的路要走。这个世界，至少在今天还是男权的世界。人们不知不觉会流露出对女性是弱者的同情，以及另外一种"观看"目光。所以，所谓女性解放既要有男性的参与，同时也要履行女性自我的决心。这种"女性自我的决心"，在聂莉的作品中也有可贵的表达。但是，肯定还不够，往前探索的可能还非常多。何况，当下社会稀缺这样可贵的探索。我还是比较赞成在男性和女性中间，写作者既是雌雄同体，同时作为一个女性写作者来说，应该保有女性的视角。对社会、人生与艺术的无限接近，其实就是对人类情感和人性疆域的无限探索。就此而言，女性自有男性无法取代的优势。我期望聂莉能够保留她的女性角色。聂莉身上已然具有两方面的素质：作为职业女性的那种果敢、灵敏、干练、大气；女性的那种细腻、细致、无微不至。两种体验与气质相得益彰，相信能够帮助她在写作路上走得更远。

聂：江老师的评说我都很认可，讲得也特别到位，撇开我的文章不说，单从刚才讨论的议题，我觉得我们真的可以专门去搞一次深入的研讨会。（笑）

两个话题，一个关于写作伦理不再多说，还有一个更有意思的话题就是关于您刚才说的女性写作，这个非常有探索性，我有很多话想说。

我有一篇特别能够体现您所定位的都市职业女性内心挣扎的文章，叫《终于与好看和解》。开头的第一句话：我一直愤愤地觉得自己是一个被"好看"耽误的人。这是我的内心话，为什么？因为从小到大我一直被人家认为好看，但是好看并不是我内心所认同的价值，因为在我的意识观念里头，好看的女性就是"花瓶"，轻飘飘的，肤浅的，这并不是我想要的，就像您说的，我一直是女性主义的，虽然并不激烈，但拒绝做"花瓶"是我的底线。

我之前看过一篇文章叫"请不要叫我女艺术家，谢谢"，我特别认同它的观点。就包括你不要叫我美女老师，不要叫我美女教授，不要叫我美女博士，我很讨厌这种称呼，因为在我的价值观和自我认同中，不是一个美就能满足的，你现在怎么夸我美，我心里都不大会起波澜，美不美我自己是知道的。所以好看这件事对我来说没有太大的价值，当然可能有人就会说我矫情，多少人在渴求这个东西，因为你有了，所以你不在乎。还真不是！所以我的文字里，最多的就是都市职业女性这样一个心结，旁人就是仅以外在来评估你的价值，而我不甘心，一直想冲破它，我一直所做的事情可以说都归结在跟这件事情较劲，包括写作这件事情也是一样的。

您刚才说的男权社会，我觉得又说到另一个更值得深思的层面，最终还是落在我们怎么样才能突破习焉不察的社会规范的问题，您希望我发挥女性特质，大胆地以女性的方式来写作固然是好意，但问题是，在男人的话语体系里，只要带了女性的标签，它就是低人一等的。本质是，男性的眼光既欣赏你身上的女性气质，同时又真心贬低它，从古至今，宏大的、理性的、形而上的被定义为好的，而感性的、纤弱的、个人特性的女性气质实际上是被孤立评价的。

创作者一旦是女性，就要用另一把尺子去衡量。女性是不能进入正常的艺术史或是文学史的。为什么我们看到，包括伍尔夫等这些非常伟大的女性主义作家，她们实际上一直非常纠结，一方面她没有办法把自己身上的女性标签去掉，另一方面她又希望能够进入男权社会所构架的标准里去。怎么办？似乎只有两种方法：要么就是把自己的女性特质极致地去用，比如身体写作，这是追求女性自身主体性的实验；而更多的女性创作者是尽力遮蔽自我，保持中性，或者甚至做花木兰，女扮男装。只有这样，她才能在你们这样的标准下获得一种价值。实际上女性无论是写作也好，艺术家也好，甚至我们普通的职业女性也好，在男人设定的标准下，怎么努力，终是悲哀。

到什么程度女性才真正获得解放？除非构建新的评价标准与体系，或许那个时候才是解放。现在真的无解。你可以看到有一些非常成熟的写作者，她会极力去掉自己的女性标签，最好不看名字时被人认为这个是男人写的，这才是最高的评价。如果说这幅画不像女人画的，或者这文笔这风格不像出自女性之手，"超越了女性的范畴"通常是对一个女性创作者的极高褒奖。一旦让人一看就有明显女性特征的这种写作，实际上已经把它放到次一等的位置了。

我说的是大实话，人们对女性创作带有一种非常微妙的"歧视"，一旦贴上了女性的标签，评判标准不同，甚至人们关注的点都不一样了。当记者不知道某教授是女性时，感兴趣的是"他"的作品，"他"的思想，一旦发现"他"原来是"她"，于是就会好奇：结婚了吗？有孩子吗？真人长得怎么样？作为女性为什么会写出这么犀利尖锐的观点？所以，您可以理解了吧？我这么爱美的人，当然希望自己非常好看、非常有女性美了，好看对我来说是好事啊！但是如果人们看到的你只有好看的时候，这是唯一衡量你的标签的时候，这个时候我就不干了，心里就很难受了，所以我才会来一句：我是一个被"好看"耽误的人。

四

江：因为我跟聂莉合作过一段时间，共同参加过一些活动、一些项目，她有时候给我的触动甚至让我有为之一惊的感觉。上次叫她配合我一起到图书馆做讲座，因为她确实对林语堂有比较深刻的理解，她很直接地说讲可以，但我不做"花瓶"啊。

这个问题特别有意思，我就觉得从两方面来看。就男性和女性今天进入城市职场看，进入21世纪以后，女性的优势逐渐显示出来，为什么？我曾经为此问题与多人探讨过。上海一位学者回答到位：今天进入了一个非兵器时代，完全告别了冷兵器时代的肌肉与大力。随之迎来一个以智慧与服务为特征的经济阶段，甚至互联网的世界也不例外。此时，女性的细腻与温和，女性善于推己及人甚至更具有服务性的素质，促使她们在职业上的胜任度已然"巾帼不让须眉"。再者，从剑桥、牛津这些世界名校的数据来看，女性学习能力的优势日渐明显。无论在考试还是在研究方面，人们已经发现男性和女性的差别在不断消失。以前认为女性比较感性，男性比较理性，现在科学研究认为并非如此。女性之所以有桎梏，除了外在原因外，还因为女性自设了一些障碍，她们自己与自己过不去。随着现代科技的发展，随着女性的独立，女性甚至开始摆脱家庭和生育的牵挂，她们的优势几乎与男性一样。女性在互联网时代以及遗传基因方面，倘若能够再获得更大的自由度，假如生育与家庭脱钩的话，为女性所设的障碍将土崩瓦解，女性将进一步崛起。目标在望，境界可期。

回望岁月，在整个中国写作历史中，女性是"沉默的大多数"，数量巨大，却"一声不响"。能够进入文学史的如蔡文姬、李清照，几乎凤毛麟角。李清照就是一个奇迹。她的"生当作人杰，死亦为鬼雄。至今思项羽，不肯过江东"就是女性大丈夫气概之表达。我去江苏宿迁楚霸王家乡时，读到不少写项羽的诗，回头来看，还是这首诗最大气。但她也可以写"人比黄花瘦"。李清照她的心胸已经开阔到足以涵盖须眉了，已然"雌雄同体"。话又说回来，我最喜欢的还是她那些从女性角度出发写的词，为我们展示了一个纯粹从女性视角去看待这个世界的美丽。

在我的心目中，写作其实可以不分男女，谁对这个世界接近，谁对人性的描写深刻，谁对人类的成长有一种艺术的表述，我就认定谁更有价值。我们文学史记载者不无偏见，有意无意地遮蔽女性。到了今天，这种偏见市场会越来越小，为什么？因为今天中国内地的写作者，她们的写作在很多方面已经不让须眉。我们不能说谌容、张洁、王安忆、铁凝、迟子建、池莉、张欣——她们的写作会逊于男性。启示在于，我们有理由期待女性写作，通过自己的作品来证明自己的地位。简而言之，今天中国女性，当她们在这个社会上已经获得跟男性同样的生存权利，甚至禁忌越来越少的时候，她们的世界要靠她们自己来争取。聂莉无疑也是这样一个写作群体中的一员。她的探索意义也可归结于此。

我们还必须再一次承认，在漫长的中国写作历史中，女性的声音非常少，古代那些写得动人的闺怨诗、妇女心理往往由男性去扮演、去代言，构成中国文学中一个非常有趣的现象。读读白居易的诗歌，更勿论温庭筠的艳词，几乎全由男性代言。反观此点，男性和女性之间又是可以沟通的。前两天看韩美林的画作，他的动物画有一个大的主题，就是对母爱的歌颂。也可以说，女性对于这个世界的体验与天然亲近丝毫不亚于男性。由此来看，我以为聂莉也不必为性别角色多虑，写作恰恰提供了无限探索的时间与空间。写作一支笔，就是挑开我的世界。当我铺开一张纸，拿出笔来写的时候，当我在电脑上码字的时候，这个世界就是我的。世界的禁忌可以消除，与隐私是否表达其实还是不一样。不能说禁忌不存在，但写作者还可以去思考这个禁忌是社会给我的，还是我内心自设的。

文化影响与生俱来。我们从小就知道男女有别，传统文化的力量不可忽视。不过，到了"90后""00后"时代，传统影响可能会逐步减弱，甚至将来男女界限也会慢慢消失。这又让我隐隐不安：大千世界无非男女，还是要有男人和女人。陈列在大自然中间，人类也不过是这个小小地球上万灵中的一员。人类是万物之灵长，或者是盲目自信，有可能夸大其词。自然雌雄，人类男女，与世界阴阳、太阳和月亮，均呈现出不同的形态与美。我还是特别鼓励女性写作者一方面要冲破社会禁忌，另一方面要努力获取内心宁静，并勇敢地表达出对于这个世界不同于男性的想法。从某种意义上来说，她们既要有冲破网罗的决心，同时也不必过于纠结禁忌网罗。你的内心有多大，世界就有多大。我始终相信，社会的发展将为女性提供更加宏阔的天地。有人开玩笑说，以后男人跟女人比较起来，就差一点：男人不会生育。如果把生育从家庭中剥离出去，他们完全一样。进而言之，当写作者在禁忌面前挣扎和痛苦的时候，亦是一处风景。文学永远不像科学，为什么要有艺术？艺术永远在表达暧昧不清的东西，暧昧这个词蕴含着复杂与纠结，它的另一面就是丰富而不单一。

人类心智不断成熟，走向21世纪和面对高科技的今天，我们如何用高情商抚慰现实痛苦，消解那种挣扎，宣泄那些怨气？一代人与另一代人有不同，每个时代、每个时间和空间均有所不同。这也正是我们人类的精彩之处。我个人之所以写作，有一个愿望，就是在我们离开这个世界的时候，后人可以看到，这些曾经在地球上行走的人，那个时刻他会这样去想、去做。因此，痛苦与纠结正是我们艺术要表达的东西，亦是迷人，亦是美丽。那种澄清的、把世界看破的则是另外一种境界。我更喜欢这种烟火气，我们在里头挣扎，在里头愤怒，有伤感有沮丧，有情绪和情感。文学在今天这种转型社会中，它展开无限的矛盾和无限的人生。最近热播的电视剧《都挺好》，为什么能引起广泛共鸣？就是我们每个人在原生家庭中都会有一些心灵的触动，亲人间的影响与伤害，超越社会原因，挥之不去。这些隐秘的触动，在大历史面前被忽略不计。因为大历史下笔太狠，不会关注这些细微的人心涟漪。但是我们的艺术与文学恰好表达这些。所以，不怕纠结，不怕挣扎，只要写作者表达恰到好处，艺术魅力永在。何况我们的艺术本身就有抚慰与宣泄的作用。

我赞赏聂莉在她的写作中对这些纠结的可贵探索。人之所以比别的动物在精神上更丰富——尽管我们现在不了解这世界上其他的生物，到底它们丰富到何种程度——但是我们知道人类从几千年走过来，从有文明史就是这样跌跌撞撞地走过来。我们为什么读几千年前的作品，心有灵犀，依旧感动，就是因为曾经活着的他们也有纠结，也有心绪波澜。写作延续人类记忆，其魅力就在于书写自己的内心。以此来说，写作永不过时。

（原文发表于"生活美学课堂"公众号，由涂燕娜摘录）

以美摆渡，欢天喜地投入烟熏火燎的生活

——聂莉教授访谈录

2019 年 6 月 11 日，"爱读书会"第 175 次活动邀请了广东金融学院教授聂莉来分享她的新书《以美学，致生活》。

这不是一次讲座，而是一次读者与作家面对面交流的体验，大家一起分享聂莉的写作和观点，一起讨论什么是美的生活。

以下为活动实录：

聂莉：《以美学，致生活》是本小书，说是散文集或随笔集也好，都是将我生活中一些很细碎、很零散的感悟，结集成书。仅就内容而言不像小说，谈不上啥文本分析、人物解读，也没有多么晦涩深刻的东西，但有时看似轻松的日常自有其可贵的价值与意义，所以我想谈谈，写作这本书对我个人的意义以及我眼中的生活美学到底是什么。

学术书出过，但文学性著作这是我的第一本，很多内容来自我的微信公众号——生活美学课堂。做这个公众号，源自我这些年的心理状态，写作与分享成为一种非常有效的精神出口。

实际上这几年我过得很不开心，原来的那一版自序里，我提到了中年危机问题：职业瓶颈、中年焦虑、开始面对亲人的离去等。

当自己全情投入、埋头苦干了十年的一件事情被完全否定，发现之前的努力一文不值、毫无意义，这些都让我对自己的能力产生了怀疑。自我否定是一件很危险的事。

我原本一直是一个充满好奇心、热爱生活，对很多事情特别有热情的人，

但这两三年来，我对很多事情兴奋不起来，无论是人还是事，很少有能令我发自内心的感动。面对生活，我变得麻木。我需要在精神上找一个出口，面对生活强烈的无力感如何消解？

我想到了我好像唯一能把握的事——写点儿东西。

至少我还能创造点儿东西，从中寻得一点乐趣，找回一些自信，觉得自己还是有存在感的，以写作来度过暗流涌动的中年。

所以这本书对我个人最大的意义，除了表达外，更多地可能是排遣。

那要写什么？肯定要写自己最擅长、最有感觉的事情，我从小到大都很擅长从貌似很平凡、很细节的日常中挖掘出一些有趣的事情。写着写着，我找到一种感觉，我的内心还是真实的，我还是有感受生命的能力的。

另一个初衷可能是，网络时代中的我们每天要面对的信息量非常大，很多知识性的东西大家都可以很轻易地搜索到。而我希望提供一些看似平凡但可以深入的线索，让大家沿着这个线索去深入探讨一些浅表事物下隐藏着的深刻的东西。

说实话，我这个人实际上很不适合当下的现代社会。

一是信息处理能力特别差，做不到同时做很多事情，包括跟人打交道，我无法应付四面八方的声音，只能很专注很认真地对着一个人、一件事。

二是我不适合激烈的竞争，特别怕与人面对面地比赛，我不是有爆发力的选手，但比耐性我可以，给我足够的时间，我可以慢慢把事情做得很好。

这两样，都让我觉得自己跟主流的节奏格格不入。

但是有时候想一想，每个人的"生命体质"真的不一样，也许这反而成就了我自己的生活方式。在巨大的生存压力下，尽可能地找到平衡。我在用退着的方式迎战。

什么是美？什么是生活美学？这个问题很难回答，因为美学实际上是一个哲学问题，有各种流派、各种美学哲学家的观点。美学的哲学问题是一个非常大、也非常学术的话题，我今天不想聊学术。

就美学而言，李泽厚对我的影响非常大，尤其是他的美学理念。他的

《美的历程》《华夏美学》《美学四讲》，我建议大家看一看。他把美回归到了人类实践活动中，开创的所谓"实践美学"奠定了今天讲的生活美学的理论基础。

回溯中国漫长的艺术发展史，无论是建筑、绘画、音乐还是文学，美实际上都跟生活息息相关。

这是中国艺术跟西方艺术很不同的一点。西方古典审美观是一种斩断了审美与日常生活关联的"文化神圣化"的审美观；而在中国艺术史和文学史中，有很多人既是文学家，又是生活家、美学家，比如说苏轼、陶渊明、袁枚、李渔、林语堂、汪曾祺……

所以我们说，"生活美学"不是新鲜事物，是东方传统美学的回归，因为美学与生活的结合更接近东方传统。中国文化中人们的审美趣味一向是与人生理解、日常生活结为一体的。

"里仁为美""见素抱朴""天人合一"等儒释道传统文化中的美学观蕴含着和谐、自然的审美姿态以及对人生的热爱。

美学一直都在生活中，但我感觉"生活美学"这个词这些年用得有点滥，太过泛化了，这跟商业、消费主义非常有关系。

很多人号称自己讲生活美学，怎么插花、怎么品酒、怎么品茶……当然日常生活的审美仪式是生活美学的一部分，但单纯将生活美学理解为实用美学可能太过肤浅与简化了，我们可能要理解它更有深意的部分。

我理解的生活美学至少包括个人的生活观、审美观甚至生命观。其实在生命中拥有感受美的能力才是最重要的，这才是"美存在于心中"。一个人对美的态度常常就是他的生活态度，甚至人生态度。

我在书中写了菜市场和做饭，在这样的生活场景下，我是怎么样感受到美的。

比如，我写了去菜市场买菜时看到的人生百态。其实，有时我不买菜，也想去菜市场看一看、逛一逛。逛的时候，我戴着大功率的耳机，放着《蝴蝶夫人》的咏叹调《晴朗的一天》，进菜市场的感觉就像去看了一场电影，很真实又很梦幻，这就是人间。我觉得美就在热气腾腾的烟火里，关键是你有没有兴致去挖掘它。

我对林语堂的一个观点非常认同，他说人生不如意十有八九，但要正视它而不能回避它，越是对生命之苦有着深切的体悟，越应该深深地、狠狠地去热爱与眷恋所拥有的当下。

我觉得知道生活的真相之后，反而更可以用一种美的心态去面对它。

比如婚姻。我一直认为婚姻的本质就是为了保护私人财产的现代社会制度，它的真相是契约，一旦非常清醒地直面这个真相，对婚姻就不会有太多的苛求，反倒坦然面对了。

以遵守契约的方式发现婚姻之美，好好把日子过下去。这个过日子的过程有美，这个就是生活之美。我用我的方式接受它，但不迎合它。

在生活中，我们可以发现很多美，在细碎中反映出来，所以生活美学不仅是一种正襟危坐的所谓仪式，而是领略生活的点滴，发现日常闪现的光芒。这些都与物质不相干，只有丰富充盈的心灵，才能感受这种轻之美。

我特别喜欢葡萄牙的诗人费尔南多·佩索阿，他有一首诗特别契合我的《以美学，致生活》的初衷：

你不喜欢的每一天不是你的
你仅仅度过了它。无论你过着什么样的
没有喜悦的生活，你都没有生活。
你无须去爱，或者去饮酒或者微笑。
阳光倒映在水坑里
就足够了，如果它令你愉悦。
幸福的人，把他们的欢乐
放在微小的事物里，永远也不会剥夺
属于每一天的、天然的财富

这是一首小诗，但是特别符合我对生活的理解，试着调节自己的心情，试着让自己度过的每一天都属于自己，这样的人生才是有意义的。

麦小麦：我跟聂莉是同龄人，我在这儿听她讲，好像对着一面镜子看自己，很有感触。生活美学可以聊的点很多，我们可以先从女性聊起，作为女性，作为一个教授、学者、传播者，你如何看待这个身份的优势或者劣势？

聂莉：我蛮幸运的，女性做教育工作者或者做学术都有自己的优势，因为女性比较细腻。另外，我也算是坐得住的人。

而劣势，实际上不光是我这一行，女性在这个以男性为主导的社会里，自然会发现很多明显的不对等。

比如说这么一个场景，参加学术会议，当时就我一位年轻女性，发言时可以很明显地感受到来自男性学者的内心噪音："一个女的，这么年轻，她能说出什么？"

你要让别人接受、认同你，可能需要付出更大的努力，你必须格外地优秀。

女性从事专业工作，要承担不平等的评价体系，这不是一件好事。作为女性，你如何看待这个评价体系代表了你的女性观。

有人觉得利用女性特质获得便利也挺好的，但我觉得这是一件很悲哀的事情，女性所谓的自强、自立、自重很多体现在这里，我不大认可靠女性化特质的写作来获得关注与肯定。

麦小麦：作为高校老师，平常工作压力也很大，我很好奇你日常的写作状态是怎样的？

聂莉：说实话，这些文章我写得很轻松，因为我特别喜欢，有热情。

比如说我写《延禧攻略》的剧评，本来可以写学术论文的，但我不愿意，我觉得这么有趣的事不能变成无趣，我的生活不能全部去写论文。

学科化、专业化的工作有时对人的热情是一个巨大的消耗，所以我必须让自己腾出时间来，做我愿意做的事情，这就是我的状态。

麦小麦：我们再聊一下婚姻和人生吧。我特别认同你的婚姻观，看破了它的真相，再去发现它的美。

聂莉：我有时候在想，为什么我们的爷爷奶奶那一辈，他们的婚姻倒很是稳定、幸福？他们很多人的结合是父母之命、媒妁之言，通过"门当户对"的理论凑在一起。

什么是门当户对？实际上就是我们讲的资本对等，是对文化资本、社会资本、经济资本的社会性考量。

在这种基础上，大家很有刚才我讲的契约精神，他们对婚姻没有太多苛求和奢望，反而在漫长的共同生活中建立了感情，甚至滋生了爱情，成为家人。爱情与婚姻的捆绑倒常常令现代人陷入困局。

麦小麦：接下来，你有没有写作的新打算？

聂莉：肯定要继续写下去。这本书出来之后，与一些专业人士交流，我受到了两个打击。

一个是关于语言技巧，有朋友认为我的文字或者说表达还应该追求更高的境界——语言的出其不意。我觉得很有道理，我确实还是要在语言的技巧方面加以提升。

写作跟阅读是联系在一起的，我的阅读量不小，但还不够，所以接下来我计划开始看一些哲学书，因为哲学中有足够的思想密度，还有就是开始多看优秀的诗歌，诗歌都是语言的意外，相信我会从中获得滋养。这是一个漫长的过程，我准备好长跑，我不着急。

另一个打击是我的好朋友、文艺评论家江冰教授说我的写作太温和平庸了，缺少一些奋不顾身的东西，不够激烈或者说个性不足。

但我对此有自己的坚持，我从来就不是激烈的人，比如我主张女性主义，我温和，不是那种咄咄逼人的、尖锐的，却不代表我没有立场与态度。我有我抗争的方式，是用另外一种方式去表达，这点每个人的风格可能都不一样。

（原文发表于"广州公益阅读""爱读书会"公众号，由麦小麦摘录）

参考文献

［1］［法］列斐伏尔著，王志弘译：《空间：社会产物与使用价值》，上海：上海教育出版社 2003 年版。

［2］［美］威廉·A. 哈维兰著，瞿铁鹏、张钰译：《文化人类学》，上海：上海社会科学院出版社 2005 年版。

［3］［英］阿雷恩·鲍尔德温等著，陶东风等译：《文化研究导论》，北京：高等教育出版社 2004 年版。

［4］［美］段义孚著，潘桂成译：《经验透视中的空间和地方》，台北：台湾“国立”编译馆 1998 年版。

［5］包亚明主编：《现代性与空间的生产》，上海：上海教育出版社 2003 年版。

［6］［法］拉康著，褚孝泉译：《拉康选集》，上海：上海三联书店 2001 年版。

［7］［美］丹尼尔·贝尔著，严蓓雯译：《资本主义文化矛盾》，南京：江苏人民出版社 2007 年版。

［8］［法］皮埃尔·布尔迪厄著，刘晖译：《区分：判断力的社会批判》，北京：商务印书馆 2015 年版。

［9］［美］欧文·戈夫曼著，冯钢译：《日常生活中的自我呈现》，北京：北京大学出版社 2016 年版。

［10］［法］塞尔日·莫斯科维奇著，管健、高文珺、俞容龄译：《社会表征》，北京：中国人民大学出版社 2011 年版。

[11][美]戴维·哈维著,阎嘉译:《后现代的状况——对文化变迁之缘起的探究》,北京:商务印书馆2003年版。

[12][美]兰德·柯林斯著,林聚任、王鹏、宋丽君译:《互动仪式链》,北京:商务印书馆2009年版。

[13][法]让·鲍德里亚著,刘成富等译:《消费社会》,南京:南京大学出版社2001年版。

[14]许文郁:《解构影视幻境:兼及与文学、历史、性、时尚、网络的关系》,北京:中国社会科学出版社2004年版。

[15][美]迪克·赫伯迪格著,陆道夫等译:《亚文化:风格的意义》,北京:北京大学出版社2009年版。

[16]陶东风、胡疆锋:《亚文化读本》,北京:北京大学出版社2011年版。

[17]胡疆锋:《亚文化的风格:抵抗与收编》,北京:首都师范大学出版社2007年版。

[18][美]伊哈布·哈桑著,刘象愚译:《后现代转向》,上海:上海人民出版社2015年版。

[19][美]弗雷德里克·詹姆逊著,王逢振等译:《快感:文化与政治》,北京:中国社会科学出版社1998年版。

[20][美]约翰·菲斯克著,祁阿红、张鲲译:《电视文化》,北京:商务印书馆2005年版。

[21][英]露丝·陶斯著,周正兵译:《文化经济学》,大连:东北财经大学出版社2016年版。

[22]赵磊:《文化经济学的“一带一路”》,大连:大连理工大学出版社2016年版。

[23]司徒尚纪:《广东文化地理》,广州:广东人民出版社1993年版。

[24]司徒尚纪:《广东文化地理(修订本)》,广州:广东人民出版社2013年版。

［25］杨东平：《城市季风：北京和上海的文化精神》，北京：东方出版社1994年版。

［26］曾大兴：《岭南文化的真相：岭南文化与文学地理之考察》，北京：社会科学文献出版社2017年版。

［27］陆铭：《大国大城：当代中国的统一、发展与平衡》，上海：上海人民出版社2016年版。

［28］林语堂：《吾国与吾民》，南京：江苏人民出版社2014年版。

［29］江冰、张琼主编：《回望故乡——岭南地域文化探究》，长沙：湖南师范大学出版社2017年版。

［30］江冰、贾毅：《都市魔方：广州都市与都市文化研究》，广州：花城出版社2017年版。

［31］曾牧野等：《话说岭南》，广州：广东人民出版社2005年版。

［32］曾大兴：《文学地理学研究》，北京：商务印书馆2012年版。

［33］黄树森主编：《广东九章》，广州：广东人民出版社2006年版。

［34］江冰：《这座城，把所有人变成广州人》，广州：花城出版社2016年版。

［35］江冰：《老码头，千年流转这座城》，广州：花城出版社2019年版。

［36］邓演超主编：《广州人的生活方式》，海口：海南人民出版社1988年版。

［37］杨万秀主编：《广州通史》，北京：中华书局2010年版。

［38］［美］克利福德·吉尔兹著，王海龙、张家瑄译：《地方性知识——阐释人类学论文集》，北京：中央编译出版社2004年版。

［39］（清）关涵等著，黄国声点校：《岭南随笔（外五种）》，广州：广东人民出版社2015年版。

［40］李权时等主编：《岭南文化（修订本）》，广州：广东人民出版社2010年版。

［41］张晓辉：《近代粤商与社会经济》，广州：广东人民出版社2015

年版。

[42] （汉）杨孚撰，吴永章辑佚校注：《异物志辑佚校注》，广州：广东人民出版社 2010 年版。

[43] 季羡林：《文化交流的轨迹——中华蔗糖史》，北京：昆仑出版社 2010 年版。

[44] 夏昌世、莫伯治：《岭南庭园》，北京：中国建筑工业出版社 2008 年版。

[45] 黄任恒编纂：《番禺河南小志》，广州：广东人民出版社 2012 年版。

[46] （清）屈大均：《广东新语》，北京：中华书局 1985 年版。

[47] 江滢河：《清代洋画与广州口岸》，北京：中华书局 2007 年版。

[48] （唐）段成式：《酉阳杂俎》，上海：上海古籍出版社 2013 年版。

[49] （清）仇巨川纂，陈宪猷校注：《羊城古钞》，广州：广东人民出版社 1993 年版。

[50] 陈永正选注：《岭南历代诗选》，广州：广东人民出版社 1993 年版。

[51] （晋）嵇含：《南方草木状》，广州：广东科技出版社 2009 年版。

[52] （唐）刘恂等著，鲁迅、杨伟群点校：《历代岭南笔记八种》，广州：广东人民出版社 2011 年版。

[53] 陈梦因：《粤菜溯源录》，天津：百花文艺出版社 2008 年版。

[54] 唐鲁孙：《天下味》，桂林：广西师范大学出版社 2004 年版。

[55] 江献珠：《钟鸣鼎食之家》，广州：广东教育出版社 2010 年版。

[56] 龙迪勇：《空间叙事学：叙事学研究的新领域（续）》，《天津师范大学学报（社会科学版)》2009 年第 3 期。

[57] 郑震：《空间：一个社会学的概念》，《社会学研究》2010 年第 5 期。

[58] 陈忠：《城市空间的弹性：文化自觉与制度转换》，《探索与争鸣》2016 年第 4 期。

[59] 苗伟：《文化时间与文化空间：文化环境的本体论维度》，《思想战

线》2010 年第 1 期。

［60］聂莉：《破解跨文化传播中的语言悖论——以"推普废粤"之争为例》，《前沿》2014 年第 8 期。

［61］聂伟：《新媒体语境下城市文化传播方式创新研究——以郑州为例》，《新闻知识》2015 年第 1 期。

［62］贾雯霞：《自媒体的"旅行叙事"与城市的形象营销——基于对新浪微博"带着微博去旅行"活动的研究》，《唐山师范学院学报》2014 年第 3 期。

［63］王党飞、李登叶：《媒介的"镜像理论"分析》，《十堰职业技术学院学报》2010 年第 5 期。

［64］张慧瑜：《"心灵鸡汤"的文化功效》，《艺术广角》2015 年第 5 期。

［65］萧子扬、常进锋、孙健：《从"废柴"到"葛优躺"：社会心理学视野下的网络青年"丧文化"研究》，《青少年学刊》2017 年第 3 期。

［66］张少元：《符号互动论视角下的微信传播与意义共享》，《新闻知识》2017 年第 1 期。

［67］强乃社：《西方都市文化：从现代性到后现代性的嬗变》，《华中科技大学学报（社会科学版)》2014 年第 5 期。

［68］蒋建国、李颖：《网络涂鸦表情包：审丑狂欢抑或娱乐的大麻》，《探索与争鸣》2017 年第 1 期。

［69］冯溪、刘玮：《符号互动视野下的网络亚文化现象分析》，《陕西行政学院学报》2010 年第 1 期。

［70］王中加：《社交媒体中的符号互动分析——以"表情包大战事件"为例》，《传播与版权》2016 年第 8 期。

［71］胡疆锋、陆道夫：《抵抗·风格·收编——英国伯明翰学派亚文化理论关键词解读》，《南京社会科学》2006 年第 4 期。

［72］王晟君：《弹幕网站 Bilibili 的网络亚文化建构研究》，《东南传播》2015 年第 11 期。

［73］叶虎:《巴赫金狂欢理论视域下的网络传播》,《理论建设》2006 年第 5 期。

［74］蒋述卓:《岭南文化的当代价值》,《华南师范大学学报（社会科学版)》2009 年第 8 期。

［75］黄明同:《岭南文化的三次大兼容与三个发展高峰》,《学术研究》2000 年第 9 期。

［76］徐远通:《充分发挥岭南文化在粤港澳大湾区建设中的作用》,《岭南文史》2018 年第 3 期。

［77］景遐东:《江南文化传统的形成及其主要特征》,《浙江师范大学学报（社会科学版)》2006 年第 4 期。

［78］王战:《解码江南文化》,《社会科学报》,2019 年 2 月 28 日第 6 版。

［79］王战:《江南文化的当代价值》,《文汇报》,2019 年 4 月 7 日第 7 版。

［80］王林生:《现代文化市场体系:粤港澳大湾区文化产业高质量发展的路径与方向》,《深圳大学学报（人文社会科学版)》2019 年第 4 期。

［81］艾瑞咨询:《2016 年中国移动社交系列研究报告——产业篇》。

［82］艾瑞咨询:《艾媒报告:2019—2020 中国二次元视频行业专题研究报告》。

［83］RADMILA GORUP. After Yugoslavia: the cultural spaces of a vanished land. Reference and Research, Book News, Stanford University Press, 2013.

［84］KAPAN, ANDREAS M. and HAENLEIN, MICHAEL. Users of the world, unite! The challenges and opportunities of social media. Business horizons, 2019, 53（1).

［85］WATTS, DUNCAN J. Six degrees: the science of a connected age. New York: Norton, 2003.

［86］EDWARD W S. Beyond postmetropolis. Urban geography, 2011,

（32）4.

［87］ BARNEY WARF, SANTA ARIAS （eds.）. The spatial turn: interdisciplinary perspectives. London and New York: Routledge, 2009.

［88］ EDWARD W S. My Los Angeles: from urban restructuring to regional urbanization. Los Angeles and London: University of California Press, 2014.

［89］ REDHEAD S. The end-of-the-century party: youth and pop towards 2000. Manchester: Manchester University Press, 1999.

［90］ MAFFESOLI M. The time of the tribes: the decline of individualism in mass society. London: Sage, 1996.

［91］ PAMELA SHURMER-SMITH. Doing cultural geography. London: SAGE Publications Ltd. , 2002.

［92］ GUISO, LUIGI, PAOLA SAPIENZA and LUIGI ZIN-GALES. Does culture affect economic out-comes? Journal of economic perspectives, 2006 （20）.

后 记

"都市三部曲"：《都市魔方》（2017）、《都市先锋》（2020）、《都市版图》（2021）终于完成了，也为都市系列研究完成了一个开启段落。

从 2007 年，我在广东财经大学主持成立"80 后"文学与新媒体文化研究中心，到建设广州都市文学与都市文化研究基地，我主持的研究团队，走过了十多年的历程。

广州都市文学与都市文化研究基地由我担任首席专家，在广州市社科联的支持下，迄今为止基地共获批 6 个国家社科基金课题和 20 多个省部级课题，由原有的 12 名研究人员，不断扩大队伍，研究人员涉及校内外多个学科，一批中青年教授、博士成为基地的特聘研究员。我们不仅在《人民日报》《光明日报》《文艺研究》《文艺争鸣》《当代文坛》等发表了一批专题论文，还完成了一批广州市社科联委托的重点课题。课题的代表性成果就是"都市三部曲"。

基地主任原先由贾毅教授担任，他的工作重心转移到佛山校区后，担任了广东财经大学文化创意与旅游学院院长。一年后，基地主任一职移交给人文与传播学院的王文捷教授。

在基地建设的过程中，我们曾发两次学校调函——拟调聂莉博士为基地负责人，但单位不放人，我们只好直接聘任她为基地副主任、研究员。

聂莉不是端坐象牙塔的学者，她早年在金融机构任过职，在大学做过系主任，又是书香羊城推广大使、"开卷广州"项目策划与主持人，参与过"大咖有约"等项目。她才华横溢，聪慧过人，且勤勉用功。

她读了三个颇有跨度的学位：文学学士、经济学硕士、传播学博士。或许在学术研究道路上并不顺当，但也赋予了她独有的优势：研究常常可以在不同的领域中来回穿梭、自由过渡。宽阔的视野，加之她对都市生活直接细致的体验，使得她的研究具有了文化人、媒介人、文艺人，以及从青年学者到中年知识女性丰富人生的"跨界""破圈"优势。

本书主要是聂莉、黄爱东西以及我的论文和文化随笔的合集，也是聂莉、黄爱东西分别主持的广州市社科联课题的结项成果。聂莉集中于以媒介视野探讨都市文化空间在新媒体时代的嬗变与重构，我着重关注都市文学叙事所构建的精神空间，同时加入了黄爱东西对都市生活空间的一些溯源探究——此书从三个不同的侧面切入都市文化，以"都市版图：多元都市文化空间的构建"命名，恰到好处。

我主持的基地团队，本身即是跨学科、跨领域的，团队的研究与成长，也是我学术生活的组成部分，给我以启示，予我以激励。在此一并感谢！

是为后记。

江　冰

2021 年 7 月于广州琶洲西区